实在、知识与灵魂

古希腊哲学研究文集

Reality, Knowledge, and Soul

An Anthology of Ancient Greek Philosophy

曹青云　主编

中国社会科学出版社

图书在版编目(CIP)数据

实在、知识与灵魂：古希腊哲学研究文集 / 曹青云主编. —北京：中国社会科学出版社，2020.8
ISBN 978-7-5203-6544-4

Ⅰ.①实… Ⅱ.①曹… Ⅲ.①古希腊罗马哲学—文集
Ⅳ.①B502-53

中国版本图书馆 CIP 数据核字(2020)第 087094 号

出 版 人	赵剑英
责任编辑	冯春凤　刘亚楠
责任校对	张爱华
责任印制	张雪娇

出　版	中国社会科学出版社
社　址	北京鼓楼西大街甲 158 号
邮　编	100720
网　址	http://www.csspw.cn
发 行 部	010-84083685
门 市 部	010-84029450
经　销	新华书店及其他书店
印　刷	北京君升印刷有限公司
装　订	廊坊市广阳区广增装订厂
版　次	2020 年 8 月第 1 版
印　次	2020 年 8 月第 1 次印刷
开　本	710×1000　1/16
印　张	14.75
插　页	2
字　数	240 千字
定　价	88.00 元

凡购买中国社会科学出版社图书，如有质量问题请与本社营销中心联系调换
电话：010-84083683
版权所有　侵权必究

前　言

近些年来，古希腊哲学研究在中国学术界日益受到重视并有了繁荣的发展。学术共同体不断壮大，年轻一代坚实成长，一些重要的专著和论文先后涌现。在学习、消化和吸收西方学术界研究成果的同时，中国学人也开始进行自己的阐述与重构，并在这个西方思想的传统领域内发声，而且也在一些重要的国际学术平台上与有声誉的学者展开对话和合作。

依托国内的古希腊罗马哲学专业委员会，我们陆续举办了十多届古希腊哲学论坛。论坛围绕一个确定的主题或已成型的研究论文来展开学术讨论，论坛的研讨形式取得了良好的效果。2017年8月，全国第十届古希腊哲学论坛在云南大学举行，论坛以"古希腊哲学中的实在、知识与灵魂"为主题。

古希腊哲学中的实在、知识与灵魂是近些年来在国际和国内学术界讨论得比较多的一个主题。这个主题主要涉及形而上学、知识论和心灵哲学方面的内容，从公元前6世纪的早期希腊到公元2世纪之后的希腊化时代，许多哲学家在这些方面都有重要的理论贡献。"实在""知识"与"灵魂"三个术语虽然涉及不同的研究领域，但它们的关联是紧密的。"实在"研究本体论的问题，例如，哪些东西是基础性的和奠基性的？哪些东西是附属的和衍生的？基础性的东西具有何种结构？附属的东西又是以怎样的方式被奠基的？"知识"研究人的认知活动和知识的划界等问题，例如，知识的标准是什么？这些标准又是如何确定的？人是否有能力或有何种能力获得知识？关于"实在"的知识是什么以及它们是如何被获取的？"灵魂"研究心灵的问题，例如，宇宙是有灵魂的吗？人的灵魂处于本体论中的什么位置？灵魂与身体有怎样的关系？灵魂或灵魂的某个部分是奠基性的实在吗？灵魂是如何获得知识的？所以，这三个领域的研究既有自身的独特性，又是彼此联系和不可分离的。将关于这三个研究主题的论文集结出版，既有利于在具体的重要问题域中深化相关的讨论，又能够在相对广泛的视角上提供更多整体性的理解。

以此届论坛为契机，我们以这个主题出版的研究文集收录了2009年至2019年间，中国学者在这个主题下发表的十二篇论文，由上、中、下三个部分组成。第一部分以"实在"为主题，收录四篇论文；第二部分以"知识"为主题，收录三篇论文；第三部分以"灵魂"为主题，收录五篇论文。这些论文既勾勒了当代中国学者在古希腊哲学研究中的风格和一般特点，又能够为读者了解细节问题和深入追踪学术前沿提供高水平的指引。下面分别做简要介绍。

谢文郁的《巴门尼德的 ἐστιν——本源论语境中的"它是"》一文，从巴门尼德残篇中"ἐστιν"的构词和语义分析入手，阐述了古希腊哲学的本体论在巴门尼德那里的缘起。谢文郁提醒读者注意这个系词搭配的是第三人称单数的主词"它"，因此，我们想要理解"存在"和"是"就得先从"它"入手。但"它是"不是完整的句子结构，我们还需要补足谓词，这就涉及巴门尼德对于"本源"的理解。本源具有三个特点：不生不灭，独一无二，圆满无缺。因此，巴门尼德的"它是"引起了思维的两种转向：一是从时间上在先的本源转向了无时间的空间结构；二是语言学的转向和概念定义的问题。所以，谢文郁指出，从巴门尼德这里开始了苏格拉底对"定义"的追寻，以及亚里士多德对《范畴篇》的实践。

宋继杰的文章《命名作为一种技术——柏拉图名称理论的形而上学维度》，研究了柏拉图的《克拉底鲁篇》对"命名"的讨论。宋继杰认为，柏拉图通过语言分析的路径从经验的、流变的"自然"，转入超验的、本质的"自然"领域，而这个本质的自然就表现为对事物之名称的"本质定义"，这就是柏拉图的形而上学在语言和命名问题上的典型表达。在《克拉底鲁篇》中，柏拉图借助"技艺"来阐述如何对事物给出符合本质的或理想的名称，这不仅表现出柏拉图的理性主义的语言理论，而且阐释了希腊思想从早期的"自然"到"技艺"的范式转化。

聂敏里在文章《回答一个问题：什么是形而上学？》中纠正了对形而

上学的研究对象和研究方式的一种流行误解。他从"什么是存在"这个问题出发，通过区分亚里士多德和海德格尔对这个问题不同的回答方式，揭示了"存在"的核心意义结构，表明对于亚里士多德来说，形而上学是对"存在"的核心意义亦即实体的研究。在此基础上，通过提出"我们为什么要思想存在而不能思想不存在"这个问题，聂敏里展示了一种前形而上学的思维方式，并把它作为形而上学思维方式赖以发生的源始境域，从这一境域中发生的形而上学，不过是对一种绝对的确定性的寻求。由此，聂敏里指出，形而上学在本质上是一种关于世界的先验构想。在文章的最后，他以亚里士多德的《形而上学》作为这一思维方式的典范，通过剖析《形而上学》一书的逻辑结构，具体展示了一种关于世界的先验构想究竟是怎样运思的。

吕纯山在《〈形而上学〉中的实体标准及Z3在ZH卷中的地位》一文中，分析了亚里士多德《形而上学》第七卷（Z）的结构，她认为第七卷第三章是整个第七卷的总纲。她从《形而上学》第五卷第八章中提到的实体的两层意义——终极主体和"这个"与"分离"出发，研究了亚里士多德在《形而上学》第七卷中对"实体是什么"的阐述。实体的第一层含义指涉质料和个别事物，第二层含义指涉形式。第五卷第八章和第七卷的讨论是紧密关联的，并且第七卷第三章提出了形式在实体领域中的首要地位，并通过整个第七卷的分析得以证明。因此，吕纯山认为第七卷是以第一章和第二章为导论，以第三章为总纲要，以本质和原因（$\alpha\iota\tau\acute{\iota}\alpha\iota$）为线索的非线性的发展结构。第七卷中的"本质"的指涉对象是多样的且变化的：从个别事物（Z4-6）到形式（Z7-12），Z13-16论证普遍者不是实体，从反面证明了实体是个别的，而Z17则证明了作为实体的形式就是原因。因此，Z卷在"实体是什么"的问题上是有结论的，即个别的形式。

先刚的文章《苏格拉底的"无知"与"明智"》辨明了苏格拉底自认"无知"的假象。他认为在柏拉图的苏格拉底式对话中，苏格拉底表现出来的所谓的"无知"不是"谦虚"或某种对待知识的"虚无"态度，更不是在知识问题上苏格拉底的"自知无知"与柏拉图的"僭越"的对立，而是一种同时包含了以"知识"和"无知识"为认识对象的"明智"（sophrosyne，又译作"节制"）。因此，苏格拉底的"明智"是一种实质性的、整全的、把肯定和否定双方包含在内的辩证的知识，也是"勇敢""公正""节制"等美德的基础。所以，先刚认为，苏格拉底的"无知"仍然表达了柏拉图对绝对真理的坚守和知识至上主义的立场。

詹文杰的文章《如何理解柏拉图的"知识"和"信念"？》考察了柏拉图在不同的对话中对"知识"和"信念"两个概念的使用。他发现它们的含义是有歧义的，例如在《美诺篇》和《泰阿泰德篇》中，柏拉图对"信念"和"知识"含义的解释与《理想国》的不同，甚至有明显的冲突。在前两篇对话中，柏拉图似乎认为"知识就是得到证实的真信念"——因而它们的关系是兼容的；在后一篇对话中，柏拉图又指出知识与信念是排斥的。因此，詹文杰反对当代学界对柏拉图的"知识"和"信念"的关系作"兼容论"和"排斥论"的解释，主张应当依据不同的语境来判定二者的关系，并区分命题性知识或知识领域与知识能力的不同层次。因此，他指出柏拉图的知识与信念并不是简单的包容或互斥的关系。

章雪富的《从知识到意愿——希腊化和古代晚期哲学的转折》一文，关注了晚期希腊哲学的一个重要议题，即从对知识的探索到对"意愿"的揭示。章雪富认为这是哲学思想史上的一个里程碑，因为它导向了对"主体性"的发现。普罗提诺只是表面上的柏拉图主义者，他另辟蹊径，放弃了把"恶"视作单纯的质料，不在认识论的路径上理解恶，而是透过灵魂的意愿、主动性和欲求来讨论恶的可能。通过对普罗提诺《九章集》第五卷第一章和第九卷第八章中对"意愿"概念的分析，他向读者揭示了这条路线。因此，希腊化时期的整个哲学看似延续着古典时期以"知识"为中心的路线，但一种对哲学路径的重新理解正在发生，这就是从实体论向人的意愿主体性的转变。

吴天岳在《重思〈理想国〉中的城邦—灵魂类比》一文中，重新考察了《理想国》的"灵魂—城邦"类比，他指出柏拉图的这个类比是其正义理论的建构要素，我们无法越过这一类比，直接谈论他的正义理论。但是灵魂和城邦类比的合法性遭到了当代学者的尖锐批评，例如，威廉姆斯（Williams）指出，当我们用因果关系来刻画灵魂和城邦的关系，并将城邦的正义还原为构成城邦的个体的人之正义时，就会在灵魂和城邦两个层面遇到不可逾越的困难。然而，吴天岳认为威廉姆斯的论证误解了

"类比"的对象和哲学论证的用意,并且他的批评忽略了柏拉图在这个类比中突出的理性的优先性,以及理性在系统中的统治地位。因此,柏拉图对"正义"的最终定义并不是"各个部分做适合自己的事",而是"理性统治"。这一苏格拉底式的理智主义命题无疑适用于威廉姆斯所说的主导—部分原则。同时,由于这一命题并不必然导致也不需要假设灵魂的三分,因此,柏拉图的正义理论是可以在理念论的理论背景中得到整体辩护的。

陈玮在文章《灵魂、和谐与"身体的现实性"——亚里士多德的灵魂概念及其对和谐论的批判》中,考察了亚里士多德在《论灵魂》第一卷第四章中对"灵魂和谐论"的批判。"灵魂和谐论"以恩培多克勒为代表,亚里士多德反对以混合物的"比率"来界定灵魂,也反对将灵魂设想为脱离于身体的存在,这表明他要在早期柏拉图和恩培多克勒之间采用一种中间路线。灵魂是一个具有特定功能的、能引起运动的实体,这是一个新的灵魂概念,即"身体的形式"。陈玮指出,尽管亚里士多德对于"和谐论"的概括和批评存在一定程度的误解,但是他消除了"和谐论"的灵魂学说中所包含的宗教色彩,更接近科学主义的思路,并提供了一种新的道德心理学的道路。

曾怡的文章《Thumos:跳出理性与欲望的对峙——亚里士多德对柏拉图灵魂三分说的克服》讨论了柏拉图灵魂三分理论中一个重要的概念,即位于理性和欲望中间的"*thumos*"(译为"意气"或"激情"等)。学者对这个概念在涉及美德和道德实践的解释时常产生困惑,如正义和节制之间的重叠。曾怡从亚里士多德对柏拉图的灵魂三分的批评入手,指出亚里士多德找到了理性和欲望对峙的结构性解决方案,即他更多是基于功能与活动之整体来定义灵魂的,因而取消了将灵魂分为三个部分的必要性。因此,在柏拉图的灵魂理论中处于中介地位的 thumos 就变得不必要了。在这个问题上,她的观点与吴文无疑有着某种可对照的相似性,或许,不仅亚里士多德,而且柏拉图本人对"灵魂三分"也并未持有一贯的立场。

曹青云的文章《亚里士多德论感知:精神活动抑或物理运动?》聚焦了当代亚里士多德心灵哲学研究中的一个重要问题:亚里士多德是如何理解感知活动的本质的?它们是感觉器官的物理运动,还是不涉及感官物理运动的、纯粹的精神认知活动?这两种解释不仅在古代评注者那里就存在,而且在当代学界中也形成了"物理主义解释"和"精神主义解释"的对阵。曹文分析了物理主义解释和精神主义解释的失误，并通过分析《论灵魂》第二卷第十二章中"τὸ δεκτιὸν τῶν αἰσθητῶν εἰδῶν ἄνευ τῆς ὕλης"的含义——感知是"感官接受可感形式，但它不以可感物的质料那样接受可感形式"，指出感知活动不是感官复制可感性质的普通的物理运动，也不是发生在感知灵魂中的、不包含任何物理过程的认知活动，而是由感知灵魂引起的、发生在感官中特殊的物理运动。这种运动在亚里士多德的理论体系中被描述为目的在自身之中的活动。因此，她认为，亚里士多德所谓的感知活动不能在物理和心灵的二分中找到位置，它们是灵魂与身体的复合效果。

田书峰在《亚里士多德论理性灵魂的可分离性》一文中处理了亚里士多德在《论灵魂》第三卷中对理性灵魂的分离性的讨论，他认为亚里士多德所说的主动理性与身体的分离是指"本体论意义上的分离"。他指出，潜能理性的可分离性不是说潜能理性是独立于个体之外而存在的精神实体，也不意味着潜能理性只是一种定义上的分离，而是在相对于感觉能力而言的一种实现意义上的分离，即感觉能力实现的原理与潜能理性实现的原理是不同的。这是两种不同的实现方式，感觉能力的实现需要相应的感觉器官，而潜能理性的实现则没有相应的身体器官。此外，主动理性的分离指的是理性灵魂作为身体的本质形式不会随着身体的消亡而消亡，而是仍然在其自身就能进行某些运作，人的认识能力至少是超越于身体的器官功能的。因此，田文最后认为托马斯·阿奎纳在这个问题上对亚里士多德的解释更为可取。

以上是对文集收录的十二篇论文的简要介绍，读者能够在文集中发现更多重要的思想、哲学论证和前沿文献。我相信这本文集不仅体现了国内古希腊哲学研究的欣欣之貌，而且有益于塑造学术共同体的自我意识、促进自我认知和坚实成长，是为序。

曹青云

2019 年 9 月于英国牛津

目 录

第一部分 实在

巴门尼德的 ἐστιν
　　——本源论语境中的"它是" ………………………… 谢文郁（ 3 ）
命名作为一种技术
　　——柏拉图名称理论的形而上学维度 ………………… 宋继杰（ 16 ）
回答一个问题：什么是形而上学？ ……………………………… 聂敏里（ 34 ）
《形而上学》中的实体标准及 Z3 在 ZH 卷中的地位 ……… 吕纯山（ 52 ）

第二部分 知识

苏格拉底的"无知"与"明智" ………………………………… 先刚（ 85 ）
如何理解柏拉图的"知识"和"信念"？ ……………………… 詹文杰（100）
从知识到意愿
　　——希腊化和古代晚期哲学的转折 …………………… 章雪富（116）

第三部分 灵魂

重思《理想国》中的城邦—灵魂类比 ………………………… 吴天岳（131）
Thumos：跳出理性与欲望的对峙
　　——亚里士多德对柏拉图灵魂三分说的克服 ………… 曾怡（153）

灵魂、和谐与"身体的现实性"
　　——亚里士多德的灵魂概念及其对和谐论的批判 ………… 陈玮(167)
亚里士多德论感知：精神活动抑或物理运动？ …………… 曹青云(180)
亚里士多德论理性灵魂的可分离性 ……………………… 田书峰(199)

参考文献 …………………………………………………………… (215)

第一部分　实在

巴门尼德的 έστιν
——本源论语境中的"它是"*

谢文郁**

摘要：本文局限于处理巴门尼德关于 έστιν（它是）的一段文字。鉴于这个问题在国内学界争论不休，本文希望回到巴门尼德提出"它是"的语境中，来追溯这一用法的问题意识和处理思路。总的来说，笔者认为，巴门尼德的"它是"用法是要对"本源"一词进行界定，而他提出的真理之路的三个标志便是在界定本源概念。然而，他提出问题以及解决问题的方式引发了一个语言问题，即主词界定（概念界定）问题。这个语言问题便是存在论的开始。

关键词：巴门尼德；它是；本源；概念界定

考虑到篇幅限制，本文将仅限于讨论巴门尼德关于 έστιν 的用法。[①]巴

---

* 原载《云南大学学报》（社会科学版）2012 年第 2 期。

** 作者简介：谢文郁（1956— ），山东大学哲学与社会发展学院教授，主要研究古希腊哲学、基督教哲学、中西方比较哲学。代表作包括《道路与真理：解读〈约翰福音〉的思想史密码》《形而上学与西方思维》《蒂迈欧篇》等；发表中英文学术论文近百篇。

① 自从王太庆的《我们怎样认识西方人的"是"》（《学人》第四辑，1993 年）发表以来，国内学术界关于"存在"和"是"问题发表了数十篇讨论文章。我在这篇文章中不打算一一分析这些讨论。相关文章收集在宋继杰编《BEING 与西方哲学传统》，广东人民出版社 2011 年版。我于 1988—1992 年在北京大学教授西方哲学史课程，其间常常去王太庆先生居所请教。因为我当时在写作《西方哲学通史》（古希腊部分），在涉及巴门尼德时，"存在"和"是"问题乃是我们的主要讨论话题。我当时写完巴门尼德一章后，即送给他审阅，其中的写作思路得到了他的首肯。我的手稿（30 万字）后来因为出国留学等原因而遗失。我和王先生虽然在 έστιν 的理解和翻译上彼此意见不尽相同，但是，我在本文中关于该词的处理深深受益于当时的讨论。本文的写作仍然是在当年的思路之中。

门尼德（鼎盛年约西元前6世纪中叶）写了一首哲学长诗，开头部分提到，他是在一位太阳神侍女的陪同下，从黑暗（受蔽于人的各种意见）进入光明（发现这些意见都是错的），驾车来到正义女神面前。正义意味着正确判断，也就是说，正义女神给出的判断就一定是正确的。女神向巴门尼德指出了一条正确的求知之路，即真理之路。如何在这条真理之路上行走呢？巴门尼德指出，真理之路有一些重要的标志，总结起来有如下几点：

> Νόνος δ' ἔτι μῦθος ὁδοῖο λείτεται ὡς ἔστιν. ταύτῃ δ' ἔτι σήματ' ἔασι τολλὰ μάλ', ὡς ἀγένητον ἐὸν καὶ ἀνώλεθϱόν ἐστιν, οὖλον μουνογενές τε καὶ ἀτρεμές ἠδὲ τέλειον.①

笔者先试译如下：

> 剩下的道路只有一条：它是。这个"它"有一些标志，即它是非生成的且不会消失；独一无二且不动；完满无缺。（残篇8:1—4）

这里列举出了三个真理之路的标志。我们注意到，它们是巴门尼德的关注中心。在接下来的讨论中，巴门尼德基本上是在论证这三个标志。笔者想问的是，巴门尼德为什么关心这三个标志？他在和什么人争论？争论的焦点是什么？本文希望通过分析巴门尼德的论证来逐一回答这三个问题。我们发现，巴门尼德的论证开辟了一条以论证为杠杆的思维方式，把

---

① 本文处理巴门尼德残篇希腊文以 Kirk, Raven & Schofield (*The Presocratic Philosophers*, Cambridge University Press, 1983) 的编辑本为原本。中译文根据这个编辑本，我不打算就文本学展开讨论。简略而言，这段残篇收集在辛普里西的《物性论》(78, 5) 中。这个1983年的编辑本对 ἠδὲ τέλειον 一词有重要的改写。Kirk, Raven 和 Schofield 根据 G. E. L. Owen 的解读（"Eleatic Questions", *Studies in Presocratic Philosophy*, Vol. 2: *Eleatics and Pluralists*, R. E. Allen and D. J. Furley eds., London: Routledge, 1975），把辛普里西原引文中的 ἠδ' ἀτέλεστον（未完成的或不完全的，也可译为"无限的"）改写为 ἠδὲ τέλειον（完满无缺的）。参阅该书第248页注释1，我接受这种改写。比较残篇8：32 和 33 有关 οὐκ ἀτελεύτητον（不是不完全的）和 οὐκ ἐπιδεθές（不是有缺陷的）的描述，我们发现，按照辛普里西的原引文会导致巴门尼德残篇文本上的直接矛盾。因此，我认为 Owen 的读法和改写是可取的。特别提醒的是，这个改写文字出现在1983年版，而在该书的第一版（1957年版）则保留了辛普里西的原引文。

希腊哲学引进一条不归之路。

一 "它是"中的语言问题

我们先讨论一下 ἔστιν 的语言问题。就语言形式来看，ἔστιν 是 εἰμί 的第三人称单数。作为系动词，它的功能是连接主语和谓语。由于 ἔστιν 已经变形，所以无论出现在句子中的什么地方，它都指称一个第三人称单数的主语。也就是说，ἔστιν 一词已经包含了一个第三人称单数主语（它、他、她）。古典希腊语在语法上并不太严格①，有一个显著现象可以说明，即希腊人在使用 ἔστιν 时往往省略掉主语。对他们来说，ἔστιν 在语境中已经包含了一个第三人称单数的主语。希腊语的动词都有位格的变化。在涉及其他动词的使用时，省略主语的现象很普遍。因此，我们在阅读时需要把主语补上。准确来说，这个词的翻译是"它是"。英语在处理这个词时一般都用 it is；国内学者在翻译 ἔστιν 时，无论是用"是"还是用"存在"，都省略了其中的主语，这直接导致了在理解中忽略了这个主语。②这种处理是令人困惑的。

我们来分析"它是"的组成。首先，我们可以问，这里的"它"是指什么呢？其次，"是"作为系词，但没有谓词（或宾词）。就句子结构来说，这是一个不完整的句子；就行文而言，巴门尼德接着就加上了三个谓词："非生成的且不会消失""独一无二且不动""完满无缺"。我们问，巴门尼德凭什么加进这些谓词呢？或者，我们能否加其他谓词？要跟上巴门尼德的思路，我们必须回到当时思想界的关注热点。

---

① 希腊化时期，古希腊语出现了一种新的形式，称为普通希腊语（Koine Greek）。使用者通常是那些非希腊本土出身的居民。他们在使用希腊语时有意识地遵循语法。与此相对的是希腊本土流行的希腊语，称为古典希腊语（Attic Greek），为土生土长的希腊人所使用。他们在使用时大都跟着感觉走，没有明确的语法意识。巴门尼德也是这样使用古希腊语的。但是，巴门尼德对 ἔστιν 问题的追问最后推动了亚里士多德开始对希腊语进行语法研究。

② 我在阅读国内学术界的相关讨论时，发现大都忽视了其中的主语。或者说，我没有发现任何文章重视这个主词的讨论。这个忽略导致了一系列想当然的问题和讨论。我不想在这里——指出。这里要指出的是，我们的许多误解和争论都是由此而来的。我在以下的讨论中要召回这个被忽略的"它"，这样做可以帮助我们理解巴门尼德的思想关注和论证思路，以及他的讨论在思想史上所激发的问题。

在巴门尼德之前，人们关于宇宙的思考是在米利都的泰利士（鼎盛年西元前6世纪初）的思路上。泰利士是当时备受尊敬的贤者（有学问的人）。泰利士喜欢到处游览，见多识广。他知道的东西很多，比如，他知道有一种说法认为，地球的四周都是水，所以雨从天降；他还知道有另一种说法，认为地球原来是湿地，后来干涸而成陆地，等等。因此，当他宣称宇宙的本源是水之后，关于本源问题的争论就欲罢不能。①水是一种不定形的存在，用什么容器就成什么样子。用万物做容器，水就可以成为万物的样子。生物在水的滋润中成长，水能生汽；水能成冰（土），等等。所有这些迹象都表明，水是一种原始存在。正因水有此本性，所以用它来言说宇宙的本源就有许多便利。换句话说，水的不定性能够生成天地万物。

不过，泰利士没有想到的是，当他用"水"来言说"混沌"时，他的思维从神话想象转化为经验思维。神话是在想象中进行思维的，一个神是什么样子的，被想象出来之后，对读者或听者来说，跟着去想象就是了。你可以接受它，也可以拒绝它。也就是说，读者、听者没有权利修改神的形象。否则，你所谈论的神就不是原来的神了。然而，在经验思维中，每一个人都有权根据自己的经验观察进行理解。"水"是在经验观察中呈现的，而且作为一个观察对象，水在泰利士眼里和在其他人眼里乃是同一对象。泰利士依据他的观察来谈论水作为宇宙的原始存在（本源），人们也可以从各自的观察出发来理解水如何作为万物本源。比如，在理解泰利士的本源之水时，人们会想到这样的问题：水（湿、冷）火（干、热）不相容，水如何能够生成火？如果水是本源，我们就无法解释火的产生。为了解决这个问题，泰利士的弟子阿那克西曼德顺着水的不定性而提出了"不定者"概念，认为泰利士所说的"水"并不是经验观察中的

---

① 人们关于本源问题的追问可以追溯到古代近东文明中的各种神话。不过，在思想上明确提出本源问题，则要归功于赫西奥德的《神谱》（约西元前8世纪）。我们知道，《神谱》清理诸神起源的最后落脚点是"混沌之神"。和诸神不同的是，"混沌"是不可描述的。一旦加以描述，它就成了诸神之一，而不是诸神之祖。然而，神话中的"神"是在想象中建立起来的。如果不能描述"混沌之神"，我们如何对它进行想象？于是，如何描述这个不可描述的"混沌之神"就成了当时的一个重要话题，推动人们谈论这个作为始祖的"混沌之神"。甚至几百年后，"混沌"问题在柏拉图的《蒂迈欧篇》中仍然是一个主要话题。我认为，当泰利士说本源是水的时候，他是企图用水的不定性来描述"混沌"。

水，而是一种包含万物却又不是万物的一种存在。就它的可变性而言，这个原始存在是一种像水那样的存在；就其包容性而言，它可以生成万物。

　　这里的争论是很原始的。泰利士的水是不定性的，阿那克西曼德的"不定者"是要对泰利士的水进行界定。但是，从理解的角度看，这样做似乎把问题弄得更复杂了。人们对"水"还是可以在经验指称上进行理解，但对于一个"不定者"，我们无法在经验上指称，因而理解起来就困难得多。因此，阿那克西美尼（阿那克西曼德的学生）认为，它是一种气，聚而成某事物，散则复归于气。赫拉克利特（爱菲斯人，鼎盛年约西元前6世纪末）则认为，它是火，在一定尺度燃烧，在一定尺度熄灭。在意大利南部的西西里岛，还有人提出，它是土。还有人认为，它是数，如毕达哥拉斯（萨摩斯岛人，鼎盛年约西元前6世纪中叶）。这些争论者，就其本意而言，都希望给出一个既能够在经验中指称，又能够包含本源的特性的说法。我们看到，关于这个原始存在问题，在当时的希腊思想界是一个争论不休的热门话题。

　　我们注意到，这场争论的焦点是：本源是什么？然而，我们得到的回答是："水是本源""火是本源"，等等。就日常语言来说，"什么是它"和"它是什么"似乎可以不做区别。比如，人们在谈论杯子是什么时，得到的回答却是：桌子上的那个东西就是杯子。但是，在逻辑上，简单的分析就可以指出，"甲是乙"和"乙是甲"乃是两个完全不同的命题。当我们说"水是本源"时，"水"在主词位置上，是全称概念；"本源"在宾词位置上，乃非全称概念。说"本源是水"时，本源是全称的，水则是非全称的。日常思维往往不去追究其中的区别，把"水是本源"和"本源是水"这两个命题同等对待。这种日常用法是会导致思维混乱的。因为，"本源是水"这个命题是对本源一词进行界定；而在"水是本源"命题中，则是关于"水"的界定。它们是两个不同结构的命题，决不能混为一谈。

　　巴门尼德洞察到了这场争论的问题症结。在他看来，就争论本身而言，人们想要搞清楚的是：那个本源（原始存在）是什么？就问题本身来看，这是谈论关于本源的界定。然而，人们在讨论中却在不断争论这个东西或那个东西是本源吗？这样的争论不是在界定本源，而是在界定"某物"。然而，在没有界定本源是什么的前提下，"本源"可以是任何东西。比如，在我不知道"书"这个字的定义的情况下，如果有人告诉我，这块石头（上面刻着字）是书，或那棵树（上面也刻着字）是书，对我来说，都是可以接受的。在这种情况下，我所理解的"书"是在"这块石头"和"那棵树"中界定的。巴门尼德注意到，人们在谈论水（或气、火、土、数等）是"它"时，心里还是有某种关于"它"的界定的。但是，由于对"它"的界定缺乏讨论，以至各说各的，完全无法进入真正的对话。比如，我们可以说"火是本源"，但对于听众来说，由于"本源"不能在经验上指称，因而他们所理解的"本源"是在"火"中被界定。然而，说者心中所认定的"本源"显然比"火"含有更多的意思，即它指的是万物的本源或原始存在。也就是说，如果听者对"本源"没有任何认识，他就只能在他所经验到的"火"中理解"本源"了。反过来，我们也可以说"本源是火"。在这里，"本源"是全称概念，而"火"则非全称。也就是说，"火"包含了某些因素是"本源"所没有的。这个说法的本意是要用"火"来界定"本源"，但是当我们强调那些不属于本源的"火"因素（如水火不相容）时，这个界定也就失效了。因此，巴门尼德认为，如果要解决人们关于"本源"问题的争论，首先必须对"它"（本源）进行界定。本源首先必须作为主语而被界定，只有当我们对本源有了明确的界定，拥有了关于本源的知识之后，我们才能在谓词的位置上使用本源二字。这种关于"它"的界定之追问，在语言上可以表达为：它是。

我们进一步分析这个表达式。作为系谓结构，"它是"尚缺谓词。因此，纯粹从语言上看，这个"它是"是没有完成的句子，因而要求说者完成这句话。完成这句话也就是把所有关于"它"的界定都加上，即它是如此这般。

在完成这个表达式之前，我们需要确定两件事。首先是这个"它"的实在性。我们知道，在经验指称中事物都具有某种实在性。但是，这个本源不能在经验中指称，因而它的实在性是需要加以说明的。如果这个本源根本就是子虚乌有的说法，那么，我们的讨论也就是徒劳一场，这就引出了"它"是否真实存在的问题。巴门尼德对此做了肯定的回答。他的基本思路是：我们谈论"它"或对它进行界定这件事本身就说明"它"是实实在在的。下面我们来分析他的这个思路。

巴门尼德写道：ἡ μὲν ὅπως ἔστιν τε καὶ ὡς οὐκ ἔστι μὴ εἶναι（至少可以确定，它是且它不能不是）（残篇 2：3）——为什么"它不能不是"？他解释道：οὔτε γὰρ ἂν γνοίης τό γε μὴ ἐόν - οὐ γὰρ ἀνυστόν - οὔτε φράσαις（你不可能知道那不是——这是做不到的，你说不出来的）（残篇 2：7—8）。在这里，巴门尼德指出了"它是"和"它不是"在语言上的一个很重要区别。我们可以这样解读，"它是"是对"它"这个主词进行界定，我们加上谓词就可以完成对它的界定或说明；"它不是"在语言上的意思是：不对"它"这个主词进行界定。如果不对它进行界定，这就等于说，别谈论"它"。比如，我们要对本源进行界定，就不能不谈论这个本源，并说明它的特性。既然要谈论或界定它，我们就不能说别谈论它。也就是说，对"它"进行界定和对"它"不加界定这两件事是不能共存的。因此，"它是且它不能不是"。一旦要对主词进行界定，我们就不能同时说对它不进行界定。而且，如果说"它不是"等于说我们对"它"不做界定（或不加谈论），那么，巴门尼德指出，对于那些我们不去谈论或界定的东西，我们是不可能知道的——因为这等于要求我们去谈论或界定不在我们谈论范围内的东西，这当然是做不到的。没有人能够谈论自己不去谈论的事情。反过来说，只要我们在谈论"它"（对它进行界定），它就具有实在性。巴门尼德的这个说明在逻辑上称为反证法。①

其次，为了完成"它是"这个表达式，我们还需要确立在系词之后加上谓词的原则。对于任何一个主词，当我们对它进行界定时，我们不可能随意地加上谓词。比如，对于"水是"这个表达式，我们不能这样加谓词："水是干燥的。"究竟什么可以往上加，什么不能往上加，取决于主词本身。有什么样的主词，就有什么样的谓词。这一点恰好是最为关

---

① 柏拉图在《智者篇》中深入分析了这个反证法，认为巴门尼德在这里犯了一个逻辑错误。柏拉图谈到，我们对主词进行界定时可以有两种方式。其一是正面界定，比如，它是和 A 相同的；另一是反面界定，比如，它是和非 A 相异的。后一种界定可以换一种说法：它不是非 A。比如，在界定人这个主词时，我们可以说：人不是狗，不是树木，不是石头，等等。在实际理解中，这种界定方式不但常用，而且必不可少。巴门尼德认为"它不是"这种说法不是对主词进行界定，因而是说不出来的。然而，柏拉图指出，对于任何一个主词，我们都必须在"它不是"中进行界定。因此，柏拉图认为，巴门尼德在这个问题上是错误的。参阅《智者篇》258c-259e。也可参阅谢文郁译注《蒂迈欧篇》（上海世纪出版集团 2005 年版）的附录一（第三部分）。不过，柏拉图并没有否认"巴门尼德关于主词具有实在性"这一说法。

键的。

我们指出，巴门尼德是在本源论语境中思维的，因而他的 $\tilde{\varepsilon}\sigma\tau\iota\nu$ 中的主词是"本源"。如何填充"本源是"这个句子中的谓词，关键在于你如何理解本源这个概念。由此看来，巴门尼德关于本源概念的理解就是 $\tilde{\varepsilon}\sigma\tau\iota\nu$ 问题的核心了。

二 "它是"和界定本源概念

在本文的开头，笔者引用了巴门尼德的一段话，其中提到真理之路的三个标志："非生成的且不会消失""独一无二且不动""完满无缺"。这三个标志都是对本源概念的说明。巴门尼德在残篇 8 中进一步展开了对这三个标志的论证，这些论证在语言上并没有太多的问题，我这里以分析讨论其中的论证思路为主。我们发现，在论证"它"的标志时，巴门尼德实际上是在界定本源概念。

第一个标志是不生不灭。巴门尼德谈到，这个"它"不可能有一个起源，因而是非生成的。论证：如果"它"有一个起源，那么，这个"它"就不是真正的本源，而那个作为"它"的起源的东西才是本源。按照这个思路，追问起源的起源可以是一个很长的系列，但是，最终还是要落脚于一个本源上。无论如何，那个最后的真正的本源不能有起源。或者，如果"它"的起源不能归为某物，我们能否把"它"的起源归于一个不可界定的"它不是"（无）？然而，这个"它不是"（无）是不能谈论、不可界定的。这样一来，我们就面临一个问题，究竟"它"在什么时候从无中产生？——这是一个无法回答的问题。"无"不能成为我们的思想对象，因而也不能成为我们的谈论对象。因此，这个"它"不能有一个起源，无论这个起源是某物还是无。或者说，我们不能谈论这个作为本源的"它"的起源问题。

而且，这个"它"也不可能消失。谈论"它"的消失有两种情况，一种是过去曾经消失了；一种是未来会消失掉。过去消失必然涉及"它"的产生问题，即已经消失的"它"如何能够又重新出现？这就回到了前面关于起源问题的论证中。未来消失则涉及未来产生问题，即把起源问题推到未来时间中。这样，"它"在未来消失后如何又重新产生？因此，上述关于起源问题的论证也适用于未来消失问题。一旦谈论这个作为本源的"它"的消失问题，就不能不涉及它的产生问题。因此，"它"是不会消失的。

按照巴门尼德的这个论证，"它"是非产生的，也不会消失，因而没有过去和未来，仅仅存在于现在。这就等于说，本源概念不允许"它"存在于某个时间内。恰当的说法是，"它"没有时间性，或者说，"它"存在于任何时间内。因此，谈论本源概念的时间性是不合适的。这个论证对本源概念具有摧毁性。我们还会回过头来分析这个论证在思想史上的作用。

第二个标志是独一无二①且不动。本源概念要求独一无二，如果有两个以上的存在，那必然有一个不是本源。因此，本源必须是唯一的。巴门尼德对"它"的唯一性做了进一步的描述：不可分割、各方相似、均匀分布、处处充满、连续无隙、静止不动。其实，这些特征强调的是这个"它"在空间的存在状态。这种存在状态已经隐含在前面的论证中。如果一种存在没有时间性，它在空间上就不能有任何变化。空间变化包括内在结构变化和外在位置移动，内在变化包括可分割性、内部不同部位的冲突、各处分布不均、不同部位之间出现空隙，等等；外在运动则是空间运动，这种空间变化不可避免地赋予"它"一定意义上的时间性。显然，空间上的任何变化都会导致它在不同时候有不同的存在状态，如在这个时候如此这般，而在那个时候则是另一个样子。

第三个标志是本源必须是圆满无缺的。巴门尼德在论证这个标志时指出："因而它不缺乏；否则，它就需要一切了。"（残篇8：33）这个论证似乎不那么直截了当。一般来说，一件东西如果有所缺乏，那么，只需要补足缺乏部分就行了。缺乏可以有多有少，缺少，需要补足的就少；缺多，则需要补足的就多。为什么一旦这个"它"有所缺乏，它就需要一

---

① 关于这"独一无二"的用法，我采取 Kirk, Raven & Schofield 编辑本的读法：μουνογενές（独一存在）。由于第尔斯所使用的古代抄本在残篇8：4 的文字模糊不清，所以，人们在重建文本时有不同意见，主要有这几种看法，除了 μουνογενές，还有人建议读为 οὐλομελές（单一体）或 μουλομελές（合一体）。伯尼特（John Burnet, *Early Greek Philosophy*, London: A&C Black, 1920, 第四章注释20）谈到，在重建这段文字时，人们对抄本中的 μ, ν, γ, λ 这几个字母难以分辨，在不同理解中就有不同的重建。

切呢？显然，"有所缺乏"和"需要一切"是不对称的。巴门尼德在残篇8接下来的文字中只是重复提到前面的描述：实实在在、不生不灭、处处均衡、唯一不动，等等，并用球体来形容这个"它"的圆满无缺。但是，我们读不到他对"需要一切"这一点进行说明的意愿。

可以这样解读。巴门尼德从"缺乏"这个角度来论证"它"的圆满性，正好表明他是在本源意义上来界定"它"的。从概念的角度看，这个"它"是万物的本源；万物全都由此产生。因此，作为本源，它必须包含一切（圆满无缺）。如果在它里面有一点点的缺乏，那就说明，它无法产生某物；换句话说，万物中至少有一物不是从中产生。那么，在追问本源的思路中，人们可以问，这个"一物"从哪里产生？这就要求我们在这个"它"之外寻找那"一物"的起源。于是，"它"的本源性就被破坏了，无法维持自己的本源地位，即在"它"之外必然还有一个存在作为那"一物"的起源，这个有所缺乏的"它"就不是真正的本源。正是在这个意义上，有所缺乏者无法作为本源而存在。

我们看到，巴门尼德的真理之路所涉及的三个标志实际上是对本源概念进行界定。在他看来，在他之前的那些本源论者都是在对本源概念缺乏界定的前提下谈论何为本源，所以陷入无谓之争。

三 "它是"的思维转向

巴门尼德关于本源概念的界定，就其本意而言，是企图终止人们关于什么是本源的争论。如果本源概念已经界定清楚，那么，究竟什么是本源这个问题就好解决了。剩下的工作，在巴门尼德看来，无非就是根据这些标志去寻找本源。或者说，要解决什么是本源这个问题，就必须首先回答"本源是什么"。巴门尼德大概没有想到，他的本源概念界定引起了一种思维转向。在思想史上，这个思维转向表现在两个方面。一方面，本源概念的时间性被取消之后，人们就只能在事物的空间结构上寻找原始存在；另一方面，对任何一种存在，在进行界定之前无法谈论它，如果我们无法谈论缺乏界定的存在，那么，界定概念就是思维的首要任务。下面我们略加追踪这两个思维转向。

第一个思维转向是宇宙论方面的。巴门尼德在界定本源时取消了本源的时间性，从而也就取消了本源在时间上的在先性。我们知道，本源论者在谈论水（或气、火）是本源时，一个共同的想法是本源在时间上是最先的存在。本源概念源于赫西奥德的《神谱》以及其他神话关于宇宙万物的原始状态的追问。本源产生万物，因而在时间上必须是在先的。这样一个时间在先的存在能否保持自己的本源地位呢？当本源论者深入思考这个概念时，不久也就认识到，时间上在先的本源，一方面，它要求时间在先性；另一方面，它无法在时间中维持自己。比如，随着本源产生万物，本源将不断消耗，以至消耗殆尽，丧失自身。对此，阿那克西曼德提出"正义原则"来回应本源丧失问题，认为万物由之产生，将来必复归于它。但是，对于巴门尼德来说，本源一旦丧失，就存在本源产生问题。如果本源是产生的（无论是产生于过去还是未来），本源就不成其为本源。因此，如果要维持本源存在，本源必须在任何时间内都保持自己的存在，即本源不仅具有时间在先性，而且还有时间的永恒性。这种做法等于取消了本源的时间性。但是，这样一种在时间中恒存的本源如何产生万物？

对于巴门尼德的读者来说，巴门尼德关于本源概念的论证具有强大的逻辑力量，揭示了在此之前的思想家的本源概念之盲点。本源概念要求时间在先性，同时必须在任何时间内都存在。为了满足这个论证，作为万物的本源必须在产生万物之后仍然保持自身的存在。从恩培多克勒提出"元素说"开始，接着出现了阿那克萨哥拉的"种子说"和德谟克利特的"原子论"，他们在谈论万物的原始存在时，都严格遵守巴门尼德的这一论证。他们提出的"元素""种子"和"原子"这些原始存在，在时间上是永存的，不会随着万物的产生而丧失自身；它们和万物的关系乃是在结构上的在先性，即这些原始存在和万物的区别在于空间结构。万物乃是原始存在在不同结构中的表现，它们作为原始存在仍然存在于万物之中。这样一种原始存在，我们看到，已经失去本源论意义上的时间在先性，我们可以称之为"本原"。

第二个思维转向是属于语言学方面的。巴门尼德提出"它是"问题是要追究本源概念的界定。在语言形式上，"它是"就是要把谓词加上，完成整个句子。但是，如何才能把谓词加上去呢？这并不是一个简单的工作。巴门尼德心中想到的是本源概念，因而他在加谓词时所依据的乃是他所理解的本源概念。但是，"它是"中的"它"可以是其他概念。所有的"它"都必须在"是"中被理解。对于任何一个"它"，我们是如何加谓词的呢？

比如，我们为"张三是"加谓词。我们说："张三是北京大学的学生。"（或者："那个在北京大学读书的人是张三。"）如果我们的听众都不是北京大学的学生，那么，这句话对于他们来说是有意义的——它把张三和其他人做了区分。但是，对于那些北京大学的学生，这句话等于白说——因为大家都是。可见，在"它是"中加谓词并不是一件简单的事。实际上，当我们为"张三是"加谓词时，我们是要对张三之所以为张三进行说明。换句话说，"它是"所要求的谓词是要对"它"做本质性说明，是对"它"之所以为"它"的本质界定。巴门尼德对此似乎并没有明确的认识。但是，当他追求对本源概念进行界定时，他已经提出了这个要求。

"它是"问题是概念界定问题。在此之前，人们往往在谈论"什么是它"，而忽略了"它是什么"。比如，我们问，张三是什么？得到的回答却是：（指着那个在那里打球的人）他是张三。现在，这个人坐在凳子上休息，我们还能不能说，他是张三？如果是，那么，究竟那个打球的是张三，还是那个在凳子上休息的是张三？如果都是，那么，我们凭什么这样说呢？——"打球"和"坐在凳子上"在时空上和样式上都是不同的。而且，在球场上还有其他人在打球和在凳子上休息，为什么他们不是张三？这就要求我们首先对张三进行界定。其实，当我们回答说"他是张三"时，我们已经认识了张三，已经对张三做了界定，只不过是还没有说出来而已。"它是"的要求就是把这个界定说出来。

我们可以把这种转向称为"语言学转向"。巴门尼德实际上是把本源论问题转化为语言学问题。我们必须首先界定作为主词的本源，才能进一步谈论本源。概念界定涉及语言上对主词的界定。主词可以用来指称任何认识对象。于是，概念界定也就成了认识论的首要工作。柏拉图推进了这个思路，企图通过理型论来解决概念界定问题。[①] 亚里士多德则明确地从

---

① 相关讨论可以参阅谢文郁《〈智者篇〉和柏拉图理型论的发展》，载《蒂迈欧篇》，谢文郁译注，上海世纪出版集团2003年版。

范畴论的角度来处理概念界定问题。①在亚里士多德的范畴论中，为了讨论的方便，"它是"（$\check{\varepsilon}\sigma\tau\iota\nu$）转化为了"实体是"（$o\dot{\upsilon}\sigma\acute{\iota}\alpha$，或"某物的本质是"），这便是所谓的"实体问题"。

由于巴门尼德的工作，在西方思想史上，"是"的问题（即对在理解上争论不休的主词如何界定的问题，或对这个主词如何加谓词问题）就成了哲学追问的核心问题之一。从此，人的思维方式就改变了。

---

① 关于亚里士多德范畴论和"它是"的关系，参阅余纪元《亚里士多德论 ON》，《哲学研究》1995 年第 4 期。

命名作为一种技术

——柏拉图名称理论的形而上学维度[*]

宋继杰[**]

摘要： 柏拉图的《克拉底鲁篇》系统阐述了一种本质主义的名称理论，他以"制名术"作为名称正确性的根源，命名意味着专门的技术师依据"自然"而制名，但他所依据的不是"自然主义者"所谓的作为"自然状态"的"流变"，而是作为"自然本质"的"理念"。柏拉图不仅为理性主义的语言理论奠基，而且例示了希腊思想从"自然"（*phusis*）到"技术"（*techne*）的范式转换。

关键词： 柏拉图；名称；自然本质；技术

柏拉图的《克拉底鲁篇》可谓唯一与现代语言哲学直接相关的对话，它专注于考察"名称的正确性"问题：如果一个名称正确地被给予某物，那么这种正确性的根源是什么？对话中的两位主角赫摩根尼和克拉底鲁分别给出了两个相互对立的回答，通常被称为"人为约定主义"（Conventionalism）和"自然主义"（Naturalism）的名称理论。作为第三者的苏格拉底揭露了两种观点隐含的困难和问题，特别是它们表面的对立背后的深层的统一性，亦即，赫摩根尼的"人为约定主义"名称理论最终可与作为一种"自然主义"的赫拉克利特主义流变学说相通，"人为约定"仅是

---

[*] 原文载于《哲学研究》2014年第12期。

[**] 作者简介：宋继杰（1969— ），哲学博士，现为清华大学哲学系教授，主攻古希腊哲学，特别是柏拉图的语言哲学和宇宙论。代表作包括《逻各斯的技术——古希腊思想的语言哲学透视》，编著《BEING与西方哲学传统》等。

"流变—自然"的一种人类学变式。①但《克拉底鲁篇》并不是单纯批判性的或悬疑的,实际上,柏拉图借苏格拉底之口提出了一套"制名术"(*onomatopoiea*)作为名称的正确性的根源,并从根本上克服前面两种理论:命名必定有某种人为设定(*nomos*)的因素,但并非如"人为约定主义者"所声称的那样,人人可以任意约定、胡作非为;命名是专门的技术师依据"自然"而制名,但他所依据的不是"自然主义者"所谓的作为"自然状态"(*phusis*)的"流变",而是作为"自然本质"(*phusis*)的"理念"。理念所代表的"本质—自然主义"名称理论,不仅使名称的正确性成为可能,也使得名称或语言本身成为可能。其具体方案就是:依"自然本质"而"立法/制名"。通过对作为一种技术的命名活动的诸要素或基本环节的系统阐述,柏拉图不仅为理性主义的语言理论奠基,而且例示了希腊思想从"自然"(*phusis*)到"技术"(*techne*)的范式转换。

一

在早期自然哲学中,"*phusis*"主要意指"生长过程"和"事物生成的原材料或物质性本原/基质","生长过程"当然也是一个流变的过程,而"物质本原"一般都是"活的",变动不居化生万物;柏拉图曾明确指责其中的"物质性"与"非设计—无目的性"(《法律篇》892b,《智者篇》265c),不难推测,在柏拉图眼里,早期思想家的"*phusis*"概念通常和"流变""混乱""不确定性""无限""混沌""无序""偶然""自发""运气"等观念联系在一起。《克拉底鲁篇》里的克拉底鲁的自然主义名称理论所谓"依据自然"就是在这个意义上被使用,并遭到批判的。

也许是因为"*phusis*"这个词在希腊人的日常语言和学术语言中都过于常用,而且还是个褒义词,柏拉图无法断然拒斥和摒弃它,只好"偷梁换柱""旧瓶装新酒"了。于是,我们看到,"*phusis*"在柏拉图的存有

---

① 详见宋继杰《柏拉图〈克拉底鲁篇〉中的 Nomos – Phusis 之辩》,《世界哲学》2014 年第 6 期。

论中有两种核心的用法：第一种，"phusis"被用来意指整个"理念世界"（《斐多篇》103b5，《理想国》597b6、598a1），不是前人或常人所谓的"自然世界/现象世界"，而是"理念世界/本质世界"才构成严格意义上的"phusis"；第二种，"phusis"也指称组成整个真正自然的理念世界的个别理念，它们是超时空的先验本质，构成了每个事物的真实的"ousia/本质/是什么/有什么/存在"（《会饮篇》210e4－5，《理想国》490a8－b3、501b2－3）。

需要追究的是，在《克拉底鲁篇》中，作为"自然本质"的"phusis"是如何扬弃了作为"自然状态（即流变）"的"phusis"、在名称理论的建构中逐步取得支配性地位的？柏拉图采取了惯用的"技术类比"，首先要论证事物有自然本质——这个在我们看来理所当然的观点，在柏拉图的时代却似石破天惊。

我们看到，通过诉诸智慧与愚蠢、好与坏这些人尽皆知的区分，苏格拉底既拒绝了普罗泰戈拉的相对主义观点（事物就是它们对任何人呈现出来的那样），也拒绝了欧绪德谟的悖论式观点（任何事物既是又不是某些东西）。显然，这些反驳对"流变—自然主义"也有效，由此，他把他的名称理论建立在了一个坚实的本质主义、客观主义的存有论之上，亦即，事物的确具有其自身恒定的本性或"自然本质"：

> 那么，如果既非万物（panta）总是以相同的方式相对于任何一个人而存有/是什么/有什么，也非每一个事物对于任何一个人来说都是私自的，那么，显然，事物具有某种属于其自身的稳定的存有/是什么/有什么（auta hauton ousian echonta tina bebaion esti ta pragmata）：它们不是相对于我们的，也不会按照它们向我们显现的方式而动荡不定，而是由其自身、相对于其自身的自然的存有/是什么/有什么而存有/是什么/有什么（alla kath' hauta pros ten hauton ousian echonta heper pephuken）。（386d8－e4）

这里"ta pragmata"等同于"panta"提示我们，他所针对的是普罗泰戈拉"人是万物的尺度"中的"万物"，而"bebaion"（稳定）则直接指向"流变"，认识论相对主义与流变—自然主义是他所反对的那种思想的一体两面，合而言之，"稳定的存有/是什么/有什么"因其独立于主体、摆脱主体的影响，而是永恒自持的。为了强调事物本质的客观性，柏拉图不厌其烦地连续用"*auta echonta*"（自有）、"*kath' hauta*"（自由）、"*hauton*"（自属）和"*pephuken*"（自然）来描述"*ousia*"。

"苏格拉底"接着把上述结论运用到"行为"上，推论出"行为"也有"自然本质"。其推论可分为直接的和间接的两部分。直接的推论合乎三段论模式，即：

> 一切存有者本身都具有一种自然本质，
> 行为本身属于存有者，也是一类存有者，
> 因此，行为本身也具有一种自然本质，行为依据其自身自然本质而实施。(386e – 387a2)

这似乎是说，行为的自然本质直接来自于它作为存有者的基本规定性。但是，他为此所举的例子却暗示了一种间接性：当我们切割东西的时候，我们不能以我们任意选择的方式和工具进行，而必须"根据切割行为和被切割者的自然本质并使用合乎此自然本质的工具"（387a5 – 6），这就是说：

> 事物 X 具有其自身的本质自然，
> 任何行为，作为与 X 打交道的方式，也有其自身的本质自然，
> 因此，行为从行为者所施为的对象事物的本质自然派生性地获得其本质自然。①

行为对象的自然本质决定了行为本身的自然本质，再决定行为的具体方式与适当工具。无论如何，行为都具有自然本质，而这一结论又被运用于"言语"行为：

> 既然"言语"是一种行为，那么同理，正确的言语要合乎被

---

① 参见 Sedley D., *Plato's Cratylus*, Cambridge: Cambridge University Press, 2003, pp. 56 – 57.

言语对象的自然本质并使用适合言语对象的自然本质的工具。（387b8 – c2）

言及某物、言语之有所关（about something）是陈述的基本前提，而这言说之所及、之所关的东西有其自身的自然本质，因此有关于这东西的言语的方式与工具就必须与此自然本质相吻合，这是言语成真的必要条件。换言之，如果言语对象事物属于能被自然本质性地或非自然本质性地实施的行为，那将主要取决于它是否按照对象事物之自然本质来实施，即合乎被言及的对象事物之自然本质。

柏拉图认为，"命名"（to onomazein）是作为陈述或断言的言语的一部分；言语是一种复合的行为，命名或使用名称是其中的一个成分或要素，人们使用名称说出句子，恰如使用砖头造房子。这就意味着，命名也像言语般具有其自身的自然本质，即，"我们也必须以自然本质的命名方式和自然本质的命名工具来命名事物，而非任意妄为"（387d4）。苏格拉底通过探究一般"行为"的性质来确定"命名"行为正确与否的评判标准：对象的本质自然决定了命名行为的工具和具体方式，这是一种客观的、稳定的约束。在这里，柏拉图既没有区分包括"陈述"与"命名"的"言语"行为和其他的"技术制造"活动，也没有区分"陈述"与"命名"。从技术制造活动的角度设想命名，"工具"很自然地就成了首要考虑，而"名称"就是命名行为的工具。苏格拉底说：

不论你要命名什么，你都得用某个东西来命名……那么你得用什么东西来命名呢？——名称。——没错。因此，名称也是一种工具。……当我们使用作为一种工具的名称来命名的时候，我们在做什么？……我们相互教导某东西（didaskomen ti allelous），并且按照事物之本有（he echei）来划分它们……因此名称是一种教导和划分本质（ousias）的工具，恰如梭子之于网。（388a8 – c1）

所谓"名称是一种教导和划分'本质'的工具"，似乎"教导"在先，"划分本质"在后。但越来越多的学者相信，名称通过划分本质而教导；严格地说，划分本质和教导是名称的同一种功能，而非两种独立的功能。① 首先，"教导"（*didaskein*）不是日常语言使用者的活动，而是辩证法家和制名师的专门技术，是借助于每一个名称所具有的传达其被命名者之性质的能力而实施的，教导者使用名称所划分的"being"不是日常的可感知的存在者，而是存在者之"本质"（*essence*）或"实在性"（*reality*），这里的"*ousia*"或"*he echei*"，按照柏拉图一贯的用法，指的是被命名事物所本有和独有的性质或特征，亦即苏格拉底的问题"what is X?"的答案中所指明和确定的东西，或定义所表明的东西，不是事物所具有的任何特征，而是构成其本质的特征；而名称之所以能够显示事物的本质区别，关键在于，一方面，名称蕴含"分类"（*Taxonomy*）：一个名称，由于是一门既定语言的词汇中的固定部分，划分出某个种作为一个种，例如，我们有名称将"啄木鸟"与"布谷鸟"或"天鹅"等相区分，这一事实表明我们关于啄木鸟作为一个物种而存在的知识，这相应于柏拉图后期对话中的划分法。② 另一方面，名称又蕴含"分析"（*Analysis*）：一个名称，通过描述其对象，将其对象的本性划分成存有论上或定义上的诸成分，例如名称"啄木鸟"（*woodpecker*），把啄木鸟的性质内在地划分成"wood"和"pecker"，表明它是某种由于其啄木活动而得以区分确认的东西。实际上，人们喜欢使用"混成词"（*portmanteau*）为未命名的种杜撰新的名称，目的就是让对象的性质立刻清晰可见，《克拉底鲁篇》长篇的词源分析为此提供了佐证。③

名称通过"分类"与"分析"揭示被命名者内在具有的、区别于其他事物的本质特征，从而传达或"教导"有关被命名者的重要信息。显然，"划分本质"是"传达"或"教导"的前提，没有这个前提，名称

---

① Ackrill, J., "Language and reality in Plato's Cratylus", *Essays on Plato and Aristotle*, Ackrill ed., Oxford: Clarendon Press, 1997, pp. 41 – 42；Reeve, C. D. C., *Plato: Cratylus*, Indianapolis: Hackett, 1998, p. 10；Sedley（2003：60 – 61）；Barney, R., *Names and Nature in Plato's Cratylus*, New York and London: Routledge, 2001, p. 45；此外，Baxter, T. M. S.（*The Cratylus: Plato's Critique of Naming*, Leidon: Brill, 1992, p. 41）则认为，名称通过显示事物的自然本性而有助于区分世界的内容，因此它们不是名称的两种功能，相反，区分功能从属于教导功能。

② Kretzmann, N., "Plato on the Correctness of Names", *American Philosophical Quarterly*, Vol. 8, 1971, p. 128.

③ Sedley（2003：60）．

理论将滑向"人为约定主义";因为名称的"传达"或"教导"的功能是中性的,在"本质—自然主义"和"人为约定主义"之间保持中立,同时为这两种理论所承认。① 因此,要维护"本质—自然主义"的名称理论就必须维护"划分本质"在其整个命名活动中的首要性。

二

按照柏拉图对"技术"的一般规定,既然"名称的制造"是一种非人人可为的专门技术,那么必须存在拥有这种技术的"技术师/匠人",即"制名师":

> 难道你不能告诉我们谁把我们所使用的名称提供给我们吗?——不能。——你不认为是"习俗法律/ ho nomos"提供的?——看起来是的。——那么,当教导专家(ho didaskalikos)使用名称时,他会使用"立法者"的产品(nomothetou ergo)吗?——我看会。——但你认为人人都是"立法者"(nomothetes)呢,还是拥有这技术的人(ho ten technen echon)是"立法者"呢?——拥有这技术的人。——那么,赫摩根尼啊,制名(onoma thesthai)是某类名称制造者(onomatourgou)的事情,而非人人可为;而这类人似乎就是立法者(ho nomothetes),芸芸众生中最为稀缺的制造匠人(demiourgon spaniotatos)。(388d9 - 389a3)

在这里,奇怪的是,这个"制名师"(onomatourgos)更频繁地被称为"nomothetes",即设定法律或习俗的人,或即"立法者"。这种术语上的互换给我们带来了三方面的困惑:首先,无论"nomos"还是"thesis"都是标准的"人为约定主义"的术语,为何柏拉图的"本质—自然主义"也予以援引呢?难道在《克拉底鲁篇》中"nomos"与"phusis"已非截然对立了?其次,"制名师"为何又被称为"立法者"(nomothetes)?难道制名与立法是一回事吗?最后,"制名师"或"立法者"的制名活动是

---

① Ademollo, *Plato's Cratylus*, Cambridge: Cambridge University Press, 2011, p. 112.

一桩关乎语言起源的历史事件吗？

诚然，越来越多的学者相信，《克拉底鲁篇》中"*nomos*"与"*phusis*"的关系已经完全不同于它们在公元前 5 世纪智者中的那种对立："争论背后的对立，不是 *nomos*（习俗）与 *physis*（自然）本身之间的对立，而是单纯习俗与基于自然本质的习俗之间的对立。"① 柏拉图不是要彻底抛弃"*nomos*"（无论习俗还是法律），而是要为它添加一个限制，那就是"*phusis*"（自然本质）。就名称而言，自然主义理论并不否认其中的"设定"活动，但这个"设定"绝非单纯人为的"*suntheke kai homologia*"（协约与同意），而是还有一种使得名称具有正确性的客观标准：此名称设定优于彼，恰是因为前者合乎被命名者的自然本质。"基于自然本质的习俗或法律"亦即"自然之立法"，早在柏拉图之前的《希波克拉底文集》中已有明确表述："在我看来，技术因为形式（the forms）而获得其名称。因为主张形式发自名称是荒谬且不可能的；因为名称是自然之立法，而形式不是设定出来的东西而是生长出来的东西。"（《论技术（De arte）》2.3）在这篇据说反映了智者思想的文献中，"*nomos*"与"*phusis*"已然共生而非对立了，其理由是，"技术"都看重"形式"（产品的外观），因此对各门技术的命名方式本身是反映而非强加这同一些形式，泛而言之，名称派生自事物的本来形式，是"自然之立法"（*nomothetemata*/legislation of nature），事物的形式是自然形成的，不可能来自名称，"'自然之立法'应意指名称乃是体现自然事实之施为/赋予（enactments embodying the facts of nature）；亦即，就名称解码自然而言，名称跟随并反映自然。"② 事实上，"*nomos*"不仅不必根本归属于"人为约定主义"，而且，其中所蕴含的几种观念完全可以与柏拉图"本质—自然主义"的名称理论相契合，并为其所用，塞德莱将其归纳为：（a）"法规汇编"：恰如立法者将大量复杂行为囊括于单一法令之中，同样，一个名称用一串声音将其被命名者的自然本性予以编码；（b）"规则"：立法者将规则强加于全体公民以获得社会生活实践所要求的那种齐一性；而语言的本质则在于一系列人人共享和默认的进行标记的规则，借此他们能够相互理解；（c）

---

① Sedley（2003：68）；Ademollo（2011：118－119）.

② Sedley（2003：72）.

"分配":名词"nomos"源自动词"nemein"(to distribute)分配,语言立法者在柏拉图眼里是分配者或委派者,因为他们将名称分配给事物或者使名称在公共领域通行;(d)"权威性":尽管名称不能像政令那样发布,但要求在公民中间具有最高的权威性,制名者之为立法者的隐喻适合于表达这层意思。①

因此,受到"phusis"(自然本质)制约的"nomos",要么合乎某些客观的自然标准,要么根本不是真正的"nomos",而且,当且仅当某人有能力把握这些客观的自然标准,他才是真正的"nomos"的确立者或"立法者"(nomothetes),而既然这样一种能力由一种特殊的"技术"(techne)所提供,那么,当柏拉图说制名是一门非人人可为的"技术"(techne)时,他已经将"phusis"合入"nomos"了,可以说"技术"(techne)乃是"nomos"与"phusis"得以统合的纽带。显然,"立法者"之为具有专门"技术"从而能够"依据自然而立法",并不局限于"制名",而是对社会生活的方方面面均为有效。

那么,这是否意味着混合了"制名师"与"立法者"双重身份的"最稀缺的匠人"就是政治意义上的立法者(legislators)呢?因为他们似乎有权力制造包括语言在内的各种制度律法,并将其强加于民众。鉴于柏拉图在《高尔吉亚篇》里曾确立了一门"立法技术"(techne nomothetein)并赋予其崇高地位(464b – 465c),而《理想国》的事业被反复描述为"立法活动"(nomothetein)(403b、456b、497d),这种猜测不无道理。但正是基于对《克拉底鲁篇》的这种解读,伊壁鸠鲁主义者反驳说,在语言初创时怎么可能有人已进入必要的政治结构将语言规范强加于民众?他们又如何召唤尚未理解语言的那些被召唤的民众?作为"最稀缺的匠人",他们不可能就是"政治立法者",因为后者在当时的希腊城邦比比皆是。于是,有学者认为他们应该是柏拉图的"假设的语言立法者"(the postulated linguistic legislators)。②

这个说法耐人寻味。首先,制名与立法之间的关联不是柏拉图的发明,而是既存传统的主题:任何试图以词源分析的方式研究名称"ono-

---

① Sedley(2003:73).

② Sedley(2003:69).

ma"的人,都会将其词源与"*ho nomos*"相联系,从而把语言的起源归于某个匿名的"立法者",正因为如此,这段文本在引入"立法者"时,苏格拉底最先表明是"*ho nomos*"把"*onomata*"提供给我们(388d),赫摩根尼和克拉底鲁等对话参与者对此并不陌生。但是,在既存传统和柏拉图之间有一个根本的区别:前者会把所谓的"假设的语言立法者"实化为某个历史时刻的某个伟大天才,而后者恰恰要将其虚化。是的,应该有那么一个语言立法者,但是否真有其人、一个或多个、是谁对于柏拉图来说并不重要,语言立法者是一类人而非一个人,他或他们应该存在而非实际存在于某个历史时刻。[①] 简言之,柏拉图的意思,不是说有一个或几个语言立法者要对现存语言的起源负责,而是说,如果要有一种正确的名称(或理想的语言),那么必须有具备特殊技能、通晓事物自然本质的制名者或语言立法者,过去、现在与未来,概莫能外。

很久以来,学者多以为《克拉底鲁篇》的主题是语言的起源,从而缺乏哲学意义,在柏拉图的对话中属于最不重要的。[②] 罗宾森(Robinson)在批评这种观点时指出了它的两个来源:(1)名称起源问题很快成为其他希腊思想家的共同论题,例如"*phusis*"在柏拉图讨论名称正确性和伊壁鸠鲁讨论名称起源中都格外突出,易使人误以为柏拉图也在讨论名称的起源;(2)对话提到"制名的古人"(411b)、"最早的希腊人"(397c)、"立法者"或"制名者"或"名称的设定者"(389a1、389d),很容易把这种立法者设想为一个梭伦式的历史人物,由此推断柏拉图在此是在作史,描述人类开始说话时所发生的事情,而词源学则强化了这一印象。[③] 罗宾森认为,"他"在那里不是作为历史,而是作为神话机制以便于提出一种抽象的理论。柏拉图对语言的起源问题毫无兴趣,对话中的制名术无关乎某个圣贤在某时某地实际制造名称,他关心的是制造名称的理想方

[①] 注意,《克拉底鲁篇》391 提到立法者时前后都用现在时态。

[②] 例如 Taylor A. E., *Plato: The Man and his Work* London: Muthuen, 1956, p. 78; Shorey Paul, *What Plato Said*, Chicago: Chicago University Press, 1965, p. 259; W. Lutoslawski, *The origin and Growth of Plato's Logic: With an Account of Plato's Style and the Chronology of His Writing*, Longmas, Green and Company, 1897, p. 228; H. N. Fowler, *Plato*, Vol. VI, Ma: Harvard University Press, 1953, p. 4.

[③] Robinson, R., "The Theory of Names in Plato's *Crarylus*", *Revue Internationale de Philosophie* (1955); repr. in Robinson, *Essays in Greek Philosophy*, Oxford: Clarendon Press, 1969, pp. 100 – 117.

式,或正确名称的逻辑上的必要条件。罗宾森的论文可谓西方20世纪后半叶《克拉底鲁篇》研究的转折点。从此,没有人否认,《克拉底鲁篇》的主题以及设立"立法者"的用意在于为理想语言奠定理论基础,语言的一般规范而非任何特殊的历史情形才是柏拉图语言哲学的根本关切,因为理想语言及其一般规范也是哲学性地重估现存的或历史的语言的模型、典范与标准。套用现代哲学家喜欢的"描述的"与"修正的"或"描述性的"与"规范性的"的区分,那么柏拉图从根本上是个修正的形而上学家而非描述的形而上学家,他的道德哲学、城邦政治学甚至宇宙论都是修正的而非描述的,同样,他不关心描述性的语言学,而只关心修正性的语言学,亦即,语言的一般的规范性理想模型①,或"为了使陈述的正确与错误成为可能,为了语词被用于交流信息,必须由名称关系或更一般的语言的符号功能来满足的某些最低限度的条件是什么?"②

对于《克拉底鲁篇》中的"苏格拉底"来说,这种一般的规范就是"制名师"在制造正确名称时必须效仿的"模型"(*paradeigmata*),它被表达为"名称之理念":模仿"名称之理念"就是合乎"自然本质"的制名。这样,我们就来到了柏拉图"本质—自然主义"名称理论的最为重要的环节。

三

完美模型或范型的确立乃是一切修正性思想或规范性理论的题中应有之义,而对柏拉图来说,这是任何真正的"技术"的必要元素:它包含了匠人所造产品的一般形式、外观、比率、功能和目的等基本性质,从而使得技术制造活动必须接受某些客观规则的制约,不服从个人的任意选择。柏拉图以古典时代希腊社会生活中的"技术制造"为境域构建起理念论体系,同时又以这种哲学理论化了的"技术制造"的要素与程序去规范和修正社会生活的一切方面,除了早期对话中的"美德—技术类比"

---

① Baxter (1992: 42).

② Kahn, C., "Language and Ontology in the *Cratylus*", in *Exegesis and Argument*, Lee & Mourelatos & Rorty eds., *Phronesis*, supp. Vol. 1, 1973, pp. 152–176.

和"政治—技术类比",现在我们看到了一种"语言—技术类比"——"技术"的要素与程序自然地渗透到了他对语言的修正性、规范性解释之中。

柏拉图继续举木匠制造梭子事例为类比对象,一方面,说他眼观"自然地适合于编织的东西"或"梭子本身",亦即一般的"梭子之理念",这是说,梭子是编织的工具,编织的对象是布料,无论布料或厚或薄、或棉或麻,都得使用梭子这种工具,这是对同一种类的所有具体事物的同一理念的强调;但另一方面,"木匠又必须用木头把本然地适合于每一类型的编织的梭子做出来"(389b8 – c1),亦即制造出最适合于不同材质所需要的各种特殊的梭子,这意味着,除了一般的"梭子之理念"(the Form of pin – beater)作为普遍的工具的模型,还需要各种特殊的"梭子之理念"(forms of pin – beater)作为具体的工具的模型。

现在,研究者们一致认为柏拉图是在区分"属层次上的理念"(the generic form)和"种层次上的理念"(the specific forms)。[1] 至于二者的关系,很显然,后者从属于前者,每个"种层次上的理念"都契合于一个不同的、具体的、特殊的东西(编织麻衣的梭子有"编织麻衣的梭子之理念",编织棉衣的梭子有"编织棉衣的梭子之理念"),但一个"属层次上的理念"的所有"种"都必须用相同的质料实现出来(无论是编织麻衣的梭子,还是编织棉衣的梭子,都要用木头而非铁块来制造)。这是在两个层次上排除了技术制造活动的任意性,从而强调了两个层次的"自然必然性",于是"自然地契合"一词频繁出现也就不奇怪了。

柏拉图紧接着就把对模型的一般规定应用于制名活动:

> 那么,我敬爱的朋友啊,我们正谈论的立法者必定知道如何将自然地契合于每一事物的名称置诸声音与音节之中;他在制造并设定一切名称时必定还上观那名称之理念,如果他是个权威的制名者的话,不是吗?而假如不同的立法者未将理念置入相同的音节中,我们也未

---

[1] Luce, J. V., "The Theory of Ideas in the *Cratylus*", *Phronesis*, Vol. 10, 1965, pp. 21 – 36, 24; Calvert, B., "Forms and Flux in Plato's *Cratylus*", *Phronesis*, Vol. 15, 1970, pp. 26 – 47, 34; Gold, J. B., "The Ambiguity of 'Name' in Plato's Cratylus", *Philosophical Studies*, Vol. 34, 1978, pp. 223 – 251; Ademollo (2011: 129 – 132).

必认不出它来;因为,尽管铁匠为了相同的目的使用相同的工具,但他们并不用同一块铁来具现形式;而只要各自都具现同一个理念,无论用相同的铁块还是不同的铁块,工具总是正确的,无论它产自此地还是异邦,不是吗?……那么你也可以这样来设想立法者,无论他身处此地还是异邦,只要他用任何种类的音节具现适合于每一个事物的专属的名称之理念,就绝不是什么坏的立法者,无论在此地的还是在异邦的。(389d8 – 390a10)

这里,两个层次的理念的划分是非常明确的:(1)立法者或制名师"上观名称之理念",这是"属层次上的理念",即"属层次上的名称之理念"(the generic form of name/Form of Name);(2)他还知道如何把"自然地契合于每一个事物的名称(的理念)"用作为材料的声音和音节实现出来,所谓的"专属的名称之理念"就是"种层次上的名称之理念"(the specific forms of name)。

关于这两者之间的区别与联系,卡恩认为,恰如"梭子之理念"代表一个梭子的一般功能以及它在编织活动中的作用,而一种特定类型的梭子的专属理念或本性,相应于它必须发挥的特殊具体的功能,同样,"名称之理念"代表任何名称都必须满足的一般条件以及它在进行陈述时的作用,而一个特殊的名称(即一个特殊事物的名称)的"*eidos*"或"*phusis*"则代表那个名称的特殊功能。[①] 换言之,"属层次上的名称之理念"代表了用语词阐述和交流真理所要求的一般符号关系(the general sign relation),在任何个别事物的名称中被指明的语词和所指称的东西之间的关系,是一种"基本的符号关系",而既然理念是本质,是正确定义所指明的东西,那么这个层次上的"名称之理念"就是名称之本质,由名称本身的正确定义所指明的东西;[②] 而"种层次上的名称之理念"则是由被命名的事物的本性所指明的这同一种符号关系,是与个别某物的特殊的符号关系。[③] 因此,在某种意义上可以说,前者与后者的关系是"一

---

① Kahn(1973:162).
② Ademollo(2011:133).
③ Kahn(1973:163).

般"与"个别"、"一"与"多"的关系。①

这种思路有助于解决对话所关心的"名称的正确性"问题。正确的名称应该显示事物的本质，而显示事物的本质就是将其理念符号化，因为理念恰恰就是使知识成为可能的永恒自身同一的本质（ousia）。因此，在属的层次上，名称的正确性（the rightness of names）就是要把理念符号化；而在种的层次上，任何个别名称的正确性则是要确认、指明或符号化某一个别的理念。例如，有"马的名称之理念""正义的名称之理念"，而"马的名称之理念"的定义会告诉我们一个特殊的名称如果是马的正确名称必须具有什么特征；"正义的名称之理念"的定义会告诉我们一个特殊的名称如果是正义的正确的名称必须具有什么特征。显然，任何马的名称所必须提供的是关于马的本质的信息，正义也一样。这里运用"类型/标号"（type/tokens）②的区分似乎易于表达柏拉图的意思：定义确定一个一般的类型（在此是语义类型而非声音类型），其诸标号则是马在各种不同语言中的各种独特名称。既然每一个标号都例示同一类型，种层次上的马的名称之理念提供关于马的相同信息，那么无论它们由什么字母或声音构成，只要它们符号化同一理念，它们就是相同的名称，具有同等的正确性。而阿克柔尔（Ackrill）则把这种"种层次上的名称之理念"视为"概念"（concept）似的东西："理想的名称乃是一种非由声音或字母构成而在语义上得到界定的单位。实际上，它是一组同义词中所有日常名称之意义；人们完全可称之为作为概念的名称（name – as – concept），因为同义词所表达的是同一个概念。"③ 对柏拉图来说，无论"类型/type"还是"概念/concept"，作为不可感的、非物理性的范型或标准，不仅制约着制名师使用可感的、物理性的字母和音节构造具体名称，同时也是评判自古以来各种各样的名称及其构造是否正确的唯一标准，而这正是《克拉底鲁篇》连篇累牍的词源分析所依据的基本假设。无论如何，正如卡恩所言，柏拉图提到"名称之理念"旨在把我们从作为声音结构的名称带回到作为物之符号的名称，并最终回到作为理念之符号的名称。④ 从

---

① Calvert（1970：29 – 30）.
② Kahn（1973：164），Gold（1978：232 – 246），Ademollo（2011：134）.
③ Ackrill（1997：44）.
④ Kahn（1973：165）.

而，理念作为自然本质，成为柏拉图反击人为约定主义名称理论的有力武器。

四

苏格拉底此前曾区分工具的"制造"与"使用"以及工具的"制造者"与"使用者"，前者的生产活动要由后者来评价和监督，现在，他把这种区分应用于名称：

> 那么谁能最好地监督立法者的工作并评判制成的产品，不论在此地或异邦？不是那个使用它的人吗？——是的。——就是那个知道如何提问的人，不是他吗？——当然是他。——就是那个也知道如何答问的人啰？——是的。——但这个知道如何提出与回答问题的人，你只称之为辩证法家吧？——是的，我就这么称呼他。——制造船舵是木匠的工作，但想要这舵是个好舵，就必须有舵手监督这项工作。——似乎是这样。——那么，在我看来，立法者制名的工作也要由辩证法家来监督，如果他要制造出完美名称的话。——是的。(390d1-8)

关于这里出现的"辩证法家"，学者大多纠缠于他和"立法者"或制名师的关系问题：这是两个不同的角色，还是兼具双重身份的同一个角色？从上下文看，"立法者"与"辩证法家"的关系被类比于"木匠"与"织匠"、"制琴师"与"演奏家"、"造船者"与"舵手"的关系，显然不可混合。但立法者的技术在于把适合于被命名者的名称的理念用字母和音节予以具体化，而这必须包含被命名者的本性或本质—自然的知识，但唯有辩证法家拥有这些知识。因此说立法者本身就是辩证法家也不无道理。① 然而，在笔者看来这个问题并不重要，重要的是"名称"和"辩证法"的关系问题，或者说，作为《克拉底鲁篇》主题的"正确的名称"和作为正确的"逻各斯的技术"的柏拉图辩证法之间的关系问题。无视

---

① Sedley 主张分，Baxter、Ademollo 主张合。

这一关系必将低估名称理论的哲学意义，以及《克拉底鲁篇》在整个柏拉图哲学中的地位。

辩证法在柏拉图的哲学中首先是作为一种正确的"逻各斯的技术"，与当时流行的各种虚假和有害的"逻各斯的技术"（诸如修辞术、诡辩术和诗歌）针锋相对，并力图克服后者、教导民众。此外，与这些虚假的"逻各斯的技术"在内容上空洞、形式上任意不同，辩证法作为正确的"逻各斯的技术"，以通过定义所寻获的本质或理念为其实质内容，并辅之以基于严格的演绎推理的假设法、回忆、划分法等关联形式，最终作为柏拉图的"哲学"概念或"理念论"的代名词的"辩证法"，不只是一种论辩方法，而是一个整全的、以"善的理念"为最高旨归的目的论的知识或技术系统。

需要考虑的是，"正确的名称"在这门正确的"逻各斯的技术"中是毫无意义的吗？柏拉图撰写《克拉底鲁篇》是多余的或仅仅为了消遣而玩弄语言游戏的吗？答案显然是否定的。

首先，《克拉底鲁篇》中的"苏格拉底"在"人为约定主义"的标签之下，猛烈攻击以普罗泰戈拉为代表的修辞术和诡辩术等虚假的"逻各斯的技术"，揭示其极端荒谬的相对主义学说的可能的灾难性理论与实践后果，亦即类似于"名不正，则言不顺，则事不成，则礼乐不兴，则刑罚不中，则民无所措手足"的困境，显然，《克拉底鲁篇》的"名称理论"的目标与柏拉图"辩证法"的一般目标是直接一致的。

其次，和现代学者轻易将《克拉底鲁篇》的"制名术"归于一种语言理论（无论自然主义的还是理性主义的，都不重要）不同，"制名"或"正名"对柏拉图来说是理念论的必要理论环节：正确的名称是作为本质的理念得以呈现的工具；严格的定义固然是本质或理念的概念内容，但它必需"外在"的表达形式。可以说，无本质的名称则空，无名称的定义则盲；"名"是"符实"之名，"实"是有名之实；具备正确名称的定义或本质获得了物理性的、可感的代表物，才是真正意义上的可以进行哲学操作的概念。追寻"定义"和制作"正确的名称"是达到本质或理念的并行不悖且相辅相成的思想过程，陈康先生描述两者的关系说：

> 这种密切的关系远远超出了表面上的相似性。第一，名称是逻各

斯的一部分，这里所说的逻各斯，是广义上的对思想或言说的语言表达，因此也包括定义。以定义为参照的制名术构成了所有这一切。第二，命名是对事物本质的表达，定义也是这样一种表达；两种情形所表达的都是 ousia/本质。第三，命名是单独地使用名称，而定义是将名称组合起来使用。二者的工具都是名称。第四，被表达的本质是同一事物的本质，在前者那里是未经分析的、直观的，而在后者那里是在将事物作为一个整体的理解的基础上的，是经过分析的。根据《法律篇》，本质、定义和名称是以这样一种方式相互关联的，即后两者是前者的达乎言词的内容。它们的差别仅在于是经过分析的表达形式还是未经分析的表达形式。①

事实上，名称不仅仅类似于定义或与定义有密切的关联，《克拉底鲁篇》中对名称的词源学处理就是定义，而且就是柏拉图所欲求的那种"实在定义"。早期定义类对话追问"什么是正义？"是要达到关于"正义"这东西——"正义"这名称之所指，而非"正义"这名称本身——的本质信息；《克拉底鲁篇》中的词源分析也是达到事物之本质而非名称的手段，因为柏拉图已经预设，名必符实，正确的名称所意指的无非就是事物之本质。既然名称与其被命名者的关系如此密切，那么，反过来，对名称的考察（例如语义分析）就相当于对被命名者的研究。词源研究——把一个语词分解成它的诸原始构成要素——作为一种语义分析，貌似是从语词到语词的"词—词定义"，按罗宾森的分类，属于名义定义。但这个过程实际上是界定人们过去用某个特殊符号所意指的东西、一个由那个符号所代表的客观存在的事物，因此是实在定义。因此，如果说制名是"编码"，那么词源学就是"解码"，也就是说，一旦理想语言被造出，那么至少在理论上人们可以通过词源学达到事物的自然本质；相反，面对错误的名称，任何词源分析都只会是徒劳。显然，确保词源学研究有效性的关键还是在于制名以及制名的原料、方法和步骤，为此，柏拉图提出了著名的"模仿"方法：把复合名称分析到其诸构成部分，亦即作为"原

---

① Chen, L. C. H., "Onomatopoeia in Plato's *Cratylus*", Apeiron 16, 1982, pp. 86 – 101, esp. p. 94.

始名称"(*prota onomata*)的字母和音节,考虑它们对于实在的模仿值,把它们确认为语言的真实元素、语言中具有语义内容的最小单位,然后反过来用它们来模仿实在的元素。如是,被智者们滥用了的词源学也可以成为正确的"逻各斯的技术"的积极成分。无论制名还是词源学,至少可以为辩证法增删和清理其工具库。①

《克拉底鲁篇》的命名理论例示了柏拉图以"技术"(*techne*)为模型的一般理论探索形式。命名当然是一种"立法形式"(*nomos*),但不是单纯的"人为自然立法",而是"有技术的人"依据"自然"(本质/*phusis*)为万事万物"立法",其中包含"合规律性"与"合目的性"的统一,在柏拉图看来乃是"技术"的本质特征,是一切客观性和确定性的终极源泉,也是通向真善美的必由之路。诚如塞德莱所言,"柏拉图思想方式的特征在于将某些东西的真实目标定位于它所能实现的至善而非日常使用"②,名称可以滥造滥用,但"正确的名称"却只为作为正确的"逻各斯的技术"的辩证法而准备,也只有辩证法家有资格且必须使用这工具来从事其"划分本质和教导"的本职工作,以臻于至善。恰如眼睛是为了实践天文学而最终走向哲学,"正确的名称"也是为了"哲学"——一种整全的目的论的知识或技术系统——而存在。据此,《克拉底鲁篇》研究的语言哲学进路恰恰不是遮蔽,而是彰显了柏拉图思想的形而上学维度。

---

① Baxter(1992:p.69)提到 John Amos Comenius(1592—1670)在《克拉底鲁篇》的影响下设定了普遍语言的原则,并最先尝试制造这样一种语言,这种语言将表达事物的自然本性,作为传播智慧的工具国际通用。其中,名与物之间保持恒久的和谐,简单的东西简单地被表达,同源性质的事物由同源声音来命名;不允许字母有冗余,语词的每一部分,从字母与音节开始,就要意指某物,每个词只承载其前定的意义;这些语词就是其被命名者的适当定义。诸如此类的努力在语言史上不胜枚举。

② Sedley(2003:62)。

回答一个问题：什么是形而上学？

聂敏里

摘要： 什么是"作为存在的存在"，形而上学如何研究"作为存在的存在"，是形而上学的首要问题。本文在排除了从最普遍的存在者的类的角度对"作为存在的存在"的研究，以及海德格尔式的从生存论的现象学的角度对存在的研究以后，运用亚里士多德的核心意义理论表明，"作为存在的存在"所指的是一类核心存在者，即严格作为自身的存在。形而上学是对严格作为自身的存在的存在方式的研究。在此之后，本文提出一个更为源始的问题：为什么要研究存在自身？由此本文勾勒了一个前巴门尼德的绝对变化的世界，指出作为形而上学奠基人的巴门尼德之所以要提出研究存在的任务，就是为了要在一个绝对变化的世界中去设想一个绝对不变的世界。形而上学对严格作为自身的存在的思考就是对世界的确定性的思考和寻求。形而上学是对一个绝对不变的世界的先验构想，它构想这样一个世界究竟应当以何种方式存在。最后，本文以亚里士多德的《形而上学》著作本身为例，通过对亚里士多德形而上学研究计划的说明，具体展示了形而上学是如何对一个本质主义的世界进行先验构想的。

关键词： 形而上学；作为存在的存在；作为自身的存在；先验构想；本质主义

---

* 原载于《现代哲学》2019年第1期，收录本文集时作者有修订。

** 作者简介：聂敏里（1971— ），中国人民大学哲学院教授，博士生导师。主要从事古希腊哲学和近代哲学史的教学和研究。出版有学术专著《存在与实体——亚里士多德〈形而上学〉Z卷研究（Z 1-9）》《实体与形式——亚里士多德〈形而上学〉Z卷研究（Z 10-17）》《西方思想的起源：古希腊哲学史论》，译著有《20世纪亚里士多德研究文选》《前苏格拉底哲学家——原文精选的批评史》《范畴篇 解释篇》。

一

什么是形而上学？

当我们提出这个问题的时候，对哲学史的专业研究者，甚至对哲学史的初学者来说，都会有一个现成的答案，这就是，形而上学是关于存在的科学。而受到过海德格尔哲学影响的人，甚至还会就这里的存在特别加以强调，表明它与存在者的根本差别，从而强调形而上学不是关于存在者或诸存在者的科学，而是关于存在本身的科学。① 而作为形而上学这门学科实际奠定者的亚里士多德，所向我们提供的也正是这个答案。因为，正是在那本被后人题名为"形而上学"（《物理学之后诸篇》）的著作中，亚里士多德明确地告诉我们，有一门科学不是对具体的存在者进行研究，也不是对存在的这个部分或那个部分的研究，而是对存在本身的研究，而这也就是"作为存在的存在"。② 显然，"作为存在的存在"就向我们表明了形而上学研究的基础性质，表明甚至是在亚里士多德那里，形而上学也不是对存在者或诸存在者的研究，而是对存在本身的研究，它研究的是"作为存在的存在"。

但什么是"作为存在的存在"呢？或者说，形而上学如何对存在本身进行研究呢？

流俗的见解认为"作为存在的存在"指向的是作为最普遍的类的"存在"。例如，人是动物，动物是生物，而生物是存在；铁是矿物，矿物是无生物，而无生物是存在；甚至白色是颜色，颜色是性质，而性质是存在。在这一系列的由具体的存在者向它们所从属的最普遍的类的关系的推演中，我们总是能够最终停在"存在"这个概念上，因为，一切都是存在，从而，很自然地，存在就是最普遍的类。而形而上学对"作为存在的存在"的研究，也就是对作为最普遍的类"存在"的研究，研究一切具体的或一般的存在者所从属的那个最普遍的类——"存在"。

---

① ［德］海德格尔：《存在与时间》（修订译本），陈嘉映、王庆节译，熊伟校，陈嘉映修订，生活·读书·新知三联书店2000年版，第11—13页。例如，第13页："与实证科学的存在者层次上的发问相比，存在论上的发问要更加源始。但若存在论在研究存在者的存在时任存在的一般意义不经讨论，那么存在论发问本身就还是幼稚而浑噩的。"

② 参考《形而上学》Γ1, 1003a20 - 30。

但是，这条似乎最容易从亚里士多德那里得出的研究路径，事实上直接就被亚里士多德自己所否认了。因为，亚里士多德明确地讲，存在不是属①，而这也就是说，我们不能把"存在"作为一个普遍的类来把握，并没有这样一个最普遍的类。

事实上，想想也会知道，这样一条思路是有着根本的逻辑悖谬的。因为，如果有"存在"这样一个最普遍的类，它将全体存在者涵括在内，而自身又是一个保持类的同一性的存在者，那么，它本身又将归属于什么呢？一切存在者无论是作为个体还是类，都可以用属加种差的方式来进行界定，但是，我们又将如何界定"存在"这个最普遍的类呢？因为，我们不仅找不到一个比它更高的属，也找不到一个与它异质的种差来对它加以界定，因为"存在"涵括一切，一切都是存在。②

所以，正确地理解亚里士多德所说的"存在不是属"的观点，所指的是这一事实，即根本没有"存在"这样一个最普遍的类，在"存在"概念之下真实存在的是各个存在者的类，类的概念只属于它们，而不属于"存在"。一旦我们将"存在"作为类概念来把握，我们也就将它作为一个具有类的同一性的存在者来把握了。但是，并没有这样一个自身作为最普遍的类而存在的存在者，只有各种具体的不同的存在者的类。例如，我们可以有效地分别植物的类、动物的类、矿物的类，并且将前两者归于生物的类，而将后者归于无生物的类。但是，并没有一个自身还保持着类的同一性的被叫作"存在"的最普遍的类。在"存在"这个最普遍的概念下，真实存在的只是各种具体的事物的类，而"存在"本身并不是类。这就是亚里士多德所说的"存在不是属"的真实内涵。

当海德格尔强调"存在"不是"存在者"时，他把握的也正是"存在"的这层内涵③，即一旦我们将"存在"看成是最普遍的类，我们就将

---

① 《形而上学》B3，998b22。
② 这里的论证当然也是由亚里士多德本人提供的，参见《形而上学》B3，998b22－27。
③ 参见［德］海德格尔《存在与时间》（修订译本），陈嘉映、王庆节译，熊伟校，陈嘉映修订，生活·读书·新知三联书店 2000 年版，第 4 页。"如果存在者在概念上是依照类和种属来区分和联系的话，那么'存在'却并不是对存在者的最高领域的界定；……存在的'普遍性'超乎一切族类上的普遍性。"第 5 页也论述道："确实不能把'存在'理解为存在者……令存在者归属于存在并不能使'存在'得到规定。"第 8 页进一步说明："存在者的存在本身不'是'一种存在者。"另见［德］海德格尔《形而上学导论》，熊伟、王庆节译，商务印书馆 1996 年版，第 40—41 页。

它作为存在者来把握了，而并没有"存在"这样一个最普遍的类作为一类存在者真实存在，真实存在的只是各种存在者的类。

从而，按照流俗的见解，把"存在"作为最普遍的类来加以研究，无论这样的研究是一种逻辑学的或语义学的研究，还是一种观念论的或实在论的研究，都注定要行进在一条错误的道路上。形而上学并不是这样一种从普遍的类的角度对存在本身的研究，"作为存在的存在"所指的也并不是这样一种作为普遍的类的存在。

如我们所知，在否定了可以从普遍的类的角度对存在展开研究之后，海德格尔由此便转向了从生存论的角度对存在的研究，他从历史性生存的角度来把握存在，把人的此在的历史性生存维度看作存在的现象学显现的机制。① 这是一条现代形而上学的思路，它实际上是从主体的生存体验的角度来理解存在，由于它格外地强调主体的情绪性的、感性的、非理性的生存体验，由此，它也就将对存在的理解非理性化了，它实际上所把握的是现代个体人的主观化的命运性的存在。海德格尔的生存论的现象学不过

---

① ［德］海德格尔：《存在与时间》（修订译本），陈嘉映、王庆节译，熊伟校，陈嘉映修订，生活·读书·新知三联书店 2000 年版，第 15 页。"此在能够这样或那样地与之发生交涉的那个存在，此在无论如何总要以某种方式与之发生交涉的那个存在，我们称之为生存〔Existenz〕。""此在总是从它的生存来领会自己本身：总是从它本身的可能性——是它自身或不是它自身——来领会自己本身。……生存问题总是只有通过生存活动本身才能弄清楚。以这种方式进行的对生存活动本身的领会我们称之为生存上的领会。……追问生存的存在论结构，目的是要解析什么东西组建生存。我们把这些结构的联系叫作生存论建构〔Existenzialitaet〕。"第 21 页讲道："在隐而不彰地领会着解释着存在这样的东西之际，此在由之出发的视野就是时间。我们必须把时间摆明为对存在的一切领会及解释的视野。……为了摆明这一层，我们须得源源始始地解说时间性之为领会着存在的此在的存在，并从这一时间性出发解说时间之为存在之领会的视野。"第 23 页说道："此在的存在在时间性中有其意义。然而时间性也就是历史性之所以可能的条件，而历史性则是此在本身的时间性的存在方式。"第 32 页阐述道："随着存在的意义这一主导问题，探索就站到了一般哲学的基本问题上，处理这一问题的方式是现象学的方式。"第 42 页说道："无论什么东西成为存在论的课题，现象学总是通达这种东西的方式，总是通过展示来规定这种东西的方式。存在论只有作为现象学才是可能的。"第 44 页讲道："就课题而论，现象学是存在者的存在的科学，即存在论。……通过诠释，存在的本真意义与此在本己存在的基本结构就向居于此在本身的存在之领会宣告出来。"另见［德］海德格尔《形而上学导论》，熊伟、王庆节译，商务印书馆 1996 年版，第 42 页。"我们追问这个问题：在是怎么一回事？什么在的意义？我们这样追问并非是为了建立一个传统意义上的本体论，也根本不是要针对其以前的尝试清算错误。事关完全另外一回事。要做的事情是，要把人类历史的此在，同时也总是我们最本己的将来的此在，在规定了我们的历史的整体中，复归于有待原始地展开的在之威力中去。"

就是对现代个体人的这一生存体验的现象学的描述而已。

但是，作为形而上学的奠基者，当亚里士多德指出形而上学就是对存在本身的研究时，他给出的却是一条完全不同的思路。这就是，"存在"作为最普遍的一个概念，当它被作为形而上学的研究对象来加以研究时，它所指向的并不是一个类，因为，并不存在这样一个类——真实存在的是各种具体存在者的类——而是指向一类核心存在者，这就是仅仅作为自身的存在。因为，"存在"是一个同名异义词，在亚里士多德看来，"存在"之所以不是类，就在于它不是一个具有统一含义的词，从而，它当然不能作为类而存在，因为，任何一个类都有一个统一的所指，但"存在"却不是这样，它有多种意义。① 在《形而上学》Δ7 中，亚里士多德区分了"存在"的四种含义，这就是"作为自身的存在""作为偶性的存在""作为潜能与现实的存在"和"作为真的存在"。② "作为真的存在"涉及我们认识的正确性，属于思想命题的研究。"作为偶性的存在"涉及任何两个事物的偶然结合，无论例如白色与一个具体的人的结合，还是白色与文雅的结合。显然，既然形而上学是对存在本身的研究，那么"存在"的这两种含义就不是形而上学的研究对象，剩下的能够作为形而上学研究对象的就是"作为自身的存在"和"作为潜能与现实的存在"。其中，首要的就是"作为自身的存在"。

但是，一切事物当它们就其自身来考虑时，都是作为自身的存在，从而，不仅人就其自身而言是作为自身的存在，而且白色、文雅就其自身而言也是作为自身的存在。所以，当提到"作为自身的存在"时，亚里士多德所指的并不仅仅是一种存在，而仍旧是多种存在，具体来说，这就是在他的范畴理论中所提到的十范畴的存在。③ 十范畴就是十种作为自身的

---

① 参考《形而上学》Γ2, Δ7, Z1。另外，也可参考《尼各马可伦理学》A6, 1096a24 – 29。在那里，针对"善"，亚里士多德这样说："再者，既然善与存在有同样多的意义（因为它既在这一个中进行陈述，例如这个神，这个心灵，也在性质中进行陈述，例如诸德性，也在数量中进行陈述，例如适度，也在关系中进行陈述，例如有用，也在时候中进行陈述，例如适时，也在处所中进行陈述，例如居所，以及这一类的其他），那么，显然，就不可能有一个普遍而单一的善；因为那样的话它就不会在所有这些范畴中进行陈述，而是只在一个范畴中进行陈述。"

② 参见《形而上学》Δ7, 1017a23 – 25；E2, 1026a34 – b1。

③ 参考《论题篇》I9, 103b20 – 39。对《论题篇》这部分文本的细致解释与分析，参考 Michael Frede, "Categories in Aristotle", *Essays in Ancient Philosophy*, Michael Frede ed., Clarendon Press, Oxford, 1987, pp. 29 – 48。

存在。但是，形而上学却不是对十范畴的研究，而是对十范畴中的一类核心存在的研究，这就是实体。因为，十范畴中的其他范畴虽然当就其自身而言时也是作为自身的存在，但是，它们却不是绝对地就其自身而言的存在，它们总是要相对于另一个存在来说。例如，白色，我们总说是某某东西的白色；文雅，我们总说是某某人的文雅，等等。而它们所相对而言的另一个存在就是实体，实体是绝对地就其自身而言的存在。

从而，如果形而上学是对存在自身的研究，那么，真正作为存在自身的不是别的，就是实体，形而上学是对实体的研究。但是，它不是对具体的这个实体、那个实体的研究，它是对实体如何绝对地作为自身存在的研究，也就是说，它所关注的恰恰是实体作为一个严格意义上的"作为自身的存在"，它的那种存在的特殊方式。所以，当亚里士多德明确形而上学作为对"存在"的追问最终所问的不外乎就是"什么是实体"时[①]，这个问题的内涵所指的正是"什么是作为自身的存在"。

毫无疑问，当斯宾诺莎把实体作为自因来理解时，他正是行进在亚里士多德的这一传统路线上，自因正是对亚里士多德的实体的正确把握。[②]尽管表面上看起来，亚里士多德的实体有无数个，并且被分成可感实体（包括月下世界的有生灭的实体和月上世界的无生灭的实体）和不可感实体两大类，而斯宾诺莎的实体只有一个，这就是神或自然，但是，在根本上二者是一致的，因为，绝对地作为自身而存在的实体在亚里士多德那里也只有一个，这就是第一推动者——神。

这样，我们就明确了，形而上学是对存在自身的研究，而这也就是对一类核心存在的研究，即实体。而研究实体不是就这个或那个具体的实体进行研究，而是就实体的实体性加以研究，也就是说，是对实体之为实体的存在方式的研究，它研究的是实体如何作为自身而存在。显然，正是这样的研究使得形而上学既是一门专门科学，又是一门普遍科学。专门科学是说，它不是对"存在"的泛泛意义的研究，例如，对"存在"作为一

---

① 参考《形而上学》Z1，1028b3-4。

② 参考（荷兰）斯宾诺莎《伦理学》，贺麟译，商务印书馆1958年版，第3页。"自因（causa sui），我理解为这样的东西，它的本质（essentia）即包含存在（existentia），或者它的本性只能设想为存在着。""实体（substantia），我理解为在自身内并通过自身而被认识的东西。换言之，形成实体的概念，可以无需借助于他物的概念。"

个最普遍的概念的逻辑内涵的研究，它不研究随便什么存在，而仅仅关注一类存在，这就是仅仅作为自身的存在，是对这类存在的存在方式的研究，从而，它是特别专门的一门科学。就最严格的意义上真正作为自身的存在，只有神而言，它就是神学。但是，就一切存在者都有其作为自身的存在，从而都需要了解严格意义上作为自身而存在是怎样的而言，很显然，形而上学又是一门最普遍的科学，它研究的仿佛又是存在的最普遍的意义。但这不是在类的意义上的普遍意义，而是在核心意义上的普遍意义，一切存在者最终都要诉诸这个作为自身的存在。所以，形而上学既专门又普遍，它作为一门专门科学却高踞于各门具体科学之上，具有普遍意义。①

二

但是，现在我们要提出一个海德格尔式的问题。我们知道，在《形而上学导论》中，海德格尔曾经提出过这样一个问题，即，"究竟为什么在者在而无反倒不在"②。由此，他展开了关于存在问题的一种现象学式的思考。③ 我们既已辨明了海德格尔式的形而上学的现代特质，那么，我们不必非要按照海德格尔的那种方式来思考问题。但是，我们却同样可以向我们自己提出这个问题，即，究竟为什么要思想存在自身或作为自身的存在？为什么非要有一个存在自身或作为自身的存在？为什么要对存在自身加以研究？为什么要有形而上学？

无疑地，这样一个问题就把我们首先引向了巴门尼德。因为，亚里士多德虽说是形而上学这门科学的实际奠定者，但是，形而上学的开端并不是亚里士多德，而是巴门尼德。因为，如果说形而上学就是对存在本身的

---

① 参见《形而上学》E1，对亚里士多德的两种形而上学概念的统一性的解释，参见 Michael Frede, "The Unity of General and Special Metaphysics: Aristotle's Conception of Metaphysics", *Essays in Ancient Philosophy*, Michael Frede ed., Clarendon Press, Oxford, 1987, pp. 81–98。

② [德] 海德格尔：《形而上学导论》，熊伟、王庆节译，商务印书馆1996年版，第3页。

③ 这尤其可以参看海德格尔《形而上学导论》第60页以下。在那里，在从语言学的角度对在者之在做了一番思考之后，在将在者之在把握为"出现而立""常住而立""自获其界"后，海德格尔即转入对存在的一种现象学的把握，他说："这个自立于此者就变成自身亮相者，它就把自身亮于像外观所显的事物中。"这样，一种现象学式的对存在的把握即成为可能。

思考，那么，开创这一思考方式或思想路线的恰恰是巴门尼德。正是在巴门尼德那里，存在成为思想所关注的唯一对象。形而上学作为存在论，正是从巴门尼德开始的。但是，由此一来，我们就必须要询问，巴门尼德为什么要思考存在？他通过对存在的思考究竟企图做什么？关于存在的思考是怎样一种性质的思考？

我们认为，这个问题与"为什么要思想存在自身或作为自身的存在"是一个问题。而一旦我们将思维转向这样一个更具基础性质的问题，而不是像一开始所做的那样，将对存在自身的思考当成是对"什么是形而上学"这个问题的现成答案，我们立刻就会发现，我们进入了一个源始的问题境域。也就是说，我们必须能够首先设想，在诸存在者中我们无法区分基础性的存在者与依附性的存在者。我们不能像我们之前通常思维的那样认为，白色一定是某某东西的白色，文雅一定是某某人的文雅。显然，在我们这样的思维中，我们已经活动在一个形而上学所奠定的基本思想模式中，也就是说，我们已经在按照形而上学的方式去思考问题，我们已经能够区分基础性的存在者与依附性的存在者，能够区分实体与属性，并且认为属性类的存在者必须依附于实体类的存在者，它们不具有存在的独立性，即它们不能是严格意义上的真正作为自身的存在。而且更严重的是，我们仿佛一定要这样来思维才能够思想世界，也就是说，我们一定要给世界设想一个基础性的存在者，仿佛不这样来思想，我们就不能够思想世界。我们说，这就是一种形而上学的思维方式。但现在的问题是，我们为什么非要这样来思想世界，我们不这样来思想世界就不行吗？

显然，正是这样的问题将我们带入了形而上学的源始问题域，也就是形而上学作为思想存在自身的科学所源始活动于其中的那个领域。在那个领域，还没有存在自身，而形而上学要确立存在自身，即在诸存在者中要确立起一类基础存在者，这类存在者在严格意义上仅仅作为自身而存在。

有这样一种前形而上学的思想境域吗？我们不是自始就活动在那样一种一定可以区分出一类基础性的存在者和一类依附性的存在者的思想境域中吗？我们不是一旦脱离了这种思想境域就仿佛不能够思考世界了吗？

在这里，我们就要让我们的思想回到某种前形而上学的思维中去，也就是回到形而上学思维方式产生之前的思想境域中去。可以先引老子《道德经》中的一段话：

> 道可道，非常道。名可名，非常名。无名，天地之始；有名，万物之母。故常无欲，以观其妙；常有欲，以观其所徼。此两者，同出而异名，同谓之玄。玄之又玄，众妙之门。

这里的"有名"所标示的就是一个形而上学的思想境域，这时有了物，有了这个物和那个物的明确的区分；而"无名"则是对一个前形而上学的思想境域的标示，这时我们尚不能够区分物，还没有这个物和那个物的区分和区分方式。而老子把这个前形而上学的思想境域特别称为"妙"与"玄"，要求我们能够经常性地将自己的思想处于这个"玄之又玄"的"众妙之门"之中。

在此之后，再引庄子《齐物论》中的一段话：

> 古之人，其知有所至矣。恶乎至？有以为未始有物者，至矣尽矣，不可以加矣。其次以为有物矣，而未始有封也。其次以为有封焉，而未始有是非也。是非之彰也，道之所以亏也。道之所以亏，爱之所以成。……
>
> ……虽然，请尝言之。有始也者，有未始有始也者，有未始有夫未始有始也者。有有也者，有无也者，有未始有无也者，有未始有夫未始有无也者。俄而有无矣，而未知有无之果孰有孰无也。今我则已有谓矣，而未知吾所谓之果有谓乎，其果无谓乎？

在这里，庄子对有物之前和有有之前的认识的追溯，实际上就是对一个前形而上学的思想境域的追溯。在这个思想境域中，我们尚不知道何谓物，从而我们也就没有是非之分、成亏之分；我们尚不能够区分有与无，甚至连有与无是什么我们都不知道，从而我们处于不知"有谓"和"无谓"之间。

如果我们透过老子和庄子的这两段话能够对所谓的前形而上学的思想境域有所领会，那么，我们也就知道了什么是非存在了。这不是什么都没有，而是不以存在的方式存在。而在西方思想史中，这就是在巴门尼德之前的思想者们的认识，亦即米利都学派的思想境域或赫拉克利特的思想境域。

因为，我们可以清楚地看到，正是在这个前巴门尼德的思想境域中，基础性的存在者不是实体，也不是任何一种存在，因为任何一种存在都是可以发生变化的，从而根本就没有像基础性的存在者这样的东西和与之相关的思维方式。对于米利都学派的思想家或赫拉克利特来说，唯一真实的东西就是变化，而思想所要核心关注的不是不变化的什么东西，而是变化的机制。所以，原始统一体的分离，稀疏与凝聚，对立面的矛盾与转化，就是他们所反复探讨的东西。在这里，你很难说它们是一些基础性的存在者，因为，它们并不是什么存在者，而是变化的方式。另外，他们也不排斥用更为具体的方式来展现变化，例如，热与冷，干与湿，就像中国哲学中的阴与阳一样。你不能说阴与阳是两种基本的存在，它们只是对变化和变化的内在机制的象征与刻画，同样地，热与冷、干与湿也是对变化和变化的内在机制的象征与刻画，这就是前巴门尼德的思想境域。显然，在这样的思想境域中是没有基础存在者的，也不会区分实体与属性。实体类的存在也一样处于变化之中。从而，对前巴门尼德的思想者来说，一切都是可以通过变化来说明的，并没有一类始终不变的基础性的存在者和一类总是处于变化之中的非基础性的存在者。而在亚里士多德的哲学史中所描述的存在于米利都学派和赫拉克利特思想中的质料类的基础存在，① 显然只是亚里士多德的误解，因为，亚里士多德已经不能以一种前形而上学的方式来理解前巴门尼德的思想世界。②

当我们这样源始地返回到一个前巴门尼德的思想境域，素朴地面对这样一个世界，即，在这个世界中我们不能确定什么是基础性的存在者，什么是依附性的存在者，甚至我们还根本没有做这样思考的现成思想方式，一切都是变化的，人与马的存在并不比颜色与气味的存在更为稳定，它们都是在不停地流变之中，也就是在不断地生成与消灭之中，我们甚至可以用热与冷或凝聚与疏散来构成实体，而不是相反。就此而言，人与马的变灭性丝毫不亚于一阵风或一股烟，这时，我们就可以真正有所准备地来面对我们在上面提出的问题了，这就是：在这样一个源发的思想境域中巴门

---

① 参考亚里士多德《物理学》第一卷第四章至第六章,《论生成和消灭》第一卷第一章。

② 对此的开创性批评，可以参见 W. A. Heidel, "Qualitative Change in Pre‐Socratic Philosophy", *Archiv für Geschichte der Philosophie*, Vol. 19, 1906, pp. 337‐338。

尼德为什么提出要仅仅思想存在？我们为什么要思想存在自身或作为自身的存在？

现在，一旦我们提出这个问题，答案就是清楚的，这就是：一个一切都在变化的世界也就是一个不具有唯一性的世界，而这也就意味着一切都是不确定的和偶然的，一种存在并不比另一种存在更为稳定。如果我们不能接受这样一个世界，那么，相反地，我们就必须尝试构造一个只能如此而不能别样的世界，这也就是一个具有绝对的稳定性和确定性、从而排除了一切变化的世界。所谓"存在"或"存在自身"指的正是这样一种绝对的自我肯定性，从而，它是一、永恒和不变；它的反面则成为不可能，也就是"无"或"不存在"。从而，对"究竟为什么在者在而无反倒不在？"这个问题的回答就是：因为我们只能以这种方式来思想世界，而不能容许以任何别的方式来思想世界，"存在"就是对只能这样而不能别样的绝对肯定，"不存在"或"无"则意味着对这样一种绝对肯定的否定，当我们不能容许对这样一种绝对肯定的否定时，我们就只能思及存在，而不能思及不存在。在前巴门尼德的世界中，一切都是变化的，并没有什么固定不变的东西，这也就意味着并没有什么绝对的存在，相反的一切都有可能。当这一点不能被接受并进而被彻底否定时，我们也就只能以某种固定的方式去思想存在。因此，当巴门尼德要求仅仅去思想存在时，他也就是在向思想提出这样一个任务，即在一个绝对变化的世界中去设想或存想一个绝对不变的世界，并且把这个世界当成唯一真实的世界，而与之相反的变化的世界反倒是不真实的世界，是无，是不存在。巴门尼德的这条思想路线当然在后来有所调整，因为逐渐地，凡是不能够被作为不变的存在被设想的事物不再被认为是不真实的存在，而是被认为是依附性的存在，这样，到亚里士多德那里，就可以区分实体类的存在和属性类的存在了。实体和属性，或者本质与现象，或者必然与偶然，这些形而上学的基本擘画，它所指向的正是这样一种思想方式，即，绝对变化的世界是我们不能接受的，因而我们必须能够思想某种绝对不变的东西，并且把它作为一个变化的世界的基础。

显然，一旦我们能够这样来把握，我们就知道，例如在《范畴篇》中，亚里士多德所做的是怎样一种源发性的思考，即他在尚不能够区分基础性的存在者和依附性的存在者的地方区分了它们，这就是实体类的范畴和非实体类的范畴，前者是稳定的、不变的存在；而后者是不确定的、可变的存在，后者依附于前者。实体类范畴与非实体类范畴的划分因此便展示了这样一个基本的形而上学的意图，即，我们必须能够做到在诸存在者中划分出一类基本的存在者，它是稳定的、不变的，而其他存在者都依附于它、以它为主体。亚里士多德就是以这样一种"形而上学的"精神来从事《范畴篇》中的范畴划分和界定工作的，诸范畴对于他来说不是现成的，而恰恰是通过划分基础性的存在者和非基础性的存在者的工作才最终得到确立的。从而，例如，实体范畴不是他工作的开端，而是他工作的结果，只是由于确定了有一类存在者可以被其他存在者所陈述而自身却不陈述其他存在者，是终极主词和终极主体，这类存在者才被命名为实体（第一实体）。但是，如果我们现成地把十范畴接受下来，并且把这种现成的思想方式投射到《范畴篇》中，那么，我们就会认为亚里士多德完全没有做什么创造性的工作，他只是将人们头脑中早已存在的十范畴从逻辑学的角度逐一做了细致的讨论而已。如果是这样，我们也就完全欣赏不到他的工作的形而上学的奠基的意义，更不用说达到那个源发性的前形而上学的思想境域了。

  但是，撇开这点不论，我们现在就知道了形而上学究竟是在怎样一种思想境域中产生出来的。它起于这样一种思想要求，即，应当有一个根本不变化的世界作为真实的世界或者基础的世界存在，世界完全可以按照这样一种方式来进行设想和构造。当我们指出这一点，我们现在立刻就能认识到，这样一种关于世界的思想方式不是别的，就是关于世界的先验构想。所以，很清楚，形而上学就是对世界的先验构想，它在世界的变化之中或者脱离了世界的变化而构想出一个永恒不变、绝对唯一的世界，它把这样的一个世界叫作真实的存在，而这也就是作为自身的存在。"作为自身的存在"表明了这个世界的唯一性和永恒性，表明它就是它自身，它仅仅作为它自身而存在，它没有异于自身的存在。形而上学就是对这类存在的断言和坚信，也就是说，它坚信一定有这样一类存在，并且以一种探寻的方式去构想这类存在。这就是形而上学基础主义的思想欲求。

  这样，我们就回答了我们在上文提出的问题，即，为什么要思想存在自身或作为自身的存在？为什么要有形而上学？而我们要顺便指出的是，像这样一种基础主义的思想方式，这样一种关于绝对不变的存在的先验构想，在休谟针对因果关系的必然性所做的深刻怀疑之后，已经成为不可能，它属于心灵单纯主观构想的性质已经得到了清楚的揭示。

三

在我们对形而上学这门科学的性质有了上述清楚的认识之后，我们现在可以转回来考虑一下，如果形而上学是这样一种对存在本身加以先验构想的科学，那么，它通常会怎样来进行？在这里，我们首先要指出的是，形而上学不是对存在本身是什么加以构想，而是对存在本身应当如何存在进行构想，这也就是说，形而上学作为一门科学，它所研究的并不是一个具体的本质主义的世界（这恰恰是在形而上学之下的各门具体科学的任务），而是对一个本质主义的世界的基本存在方式加以研究，它研究我们应当如何来先验地构想一个绝对不变的世界。

当我们指明了这一点，亚里士多德的《形而上学》这本著作作为形而上学这门科学的奠基之作，它的基础性质就显现出来了。因为，在《形而上学》这本著作中，亚里士多德所关注的恰恰不是具体的存在，而是作为自身的存在的基本存在方式，这也就是他说形而上学研究作为存在之存在的原因和本原的真正内涵所在。[①] 因此，当我们尝试设想一门形而上学的科学如何对作为自身的存在的基本存在方式进行构想时，亚里士多德的《形而上学》就恰恰为我们提供了最一般的展示，就此而言，亚里士多德的《形而上学》一书确实是形而上学这门科学的经典范本。

我们将以古代书目[②]所记载的十卷本的《形而上学》为基础，结合现代关于《形而上学》一书基本结构的研究来说明这个问题。在最古的一份书目中，亚里士多德的《形而上学》不是现在的十四卷，而是十卷。[③] 据此，研究者们认为，它应当不包括现在的 α 卷（第二卷）、Δ卷（第五

---

① 参见亚里士多德《形而上学》Γ1。

② 有关亚里士多德著作古代书目的问题，参见 Carnes Lord, "On the Early History of the Aristotelian Corpus", *The American Journal of Philology*, Vol. 107, No. 2, Summer 1986, pp. 137 – 161。

③ 该份目录载于一位匿名作者所著的《美纳吉亚那传》（*Vita Menagiana*）中，经由赫西丘斯（Hesychius）传下。

卷)、K 卷(第十一卷)和 Λ 卷(第十二卷)。① 关于 α 卷、Δ卷和 K 卷的插入性质，我们认为是毋庸置疑的。但是，关于 Λ 卷的插入性质，我们虽不否认它具有相当的独立性，而且也可能是后来才插入到原始的十卷之中的，但是，我们认为，相较于 α 卷、Δ卷和 K 卷这三卷来说，它与亚里士多德的《形而上学》一书的整体研究计划的关系显然要紧密得多。因为，假设形而上学的研究能够缺少了对第一推动者——神——的研究，这显然是说不过去的。因此，现在，研究者们更为倾向的一个观点是，Λ卷是亚里士多德晚年的作品，亚里士多德写作它的目的正是为了提供一个完善的实体理论，尤其是针对分离的、不可感的实体——神——的研究。② 所以，在下面，我们将排除掉 α 卷、Δ卷和 K 卷，按照 A（第一卷）、B（第三卷）、Γ（第四卷）、E（第六卷）、Z（第七卷）、H（第八卷）、Θ（第九卷）、M（第十三卷）、N（第十四卷）、I 卷（第十卷）、Λ（第十二卷）的顺序，来对亚里士多德在《形而上学》中的形而上学研究工作逐一进行说明。其中，ABΓEZHΘMNI 这十卷的顺序是由罗斯确定的。之所以将原本处于第十卷位置上的 I 卷放到 MN 两卷的后面，这是由于 MN 两卷在文本上和讨论的问题上与核心卷 ZHΘ 有着更为紧密的逻辑关联，而 I 卷虽然也与之前的各卷存在文本上的关联，但是，这种关联相较于 MN 两卷要更为松散一些。③ 而如果我们确定了 ABΓEZHΘMNI 这十卷是载于《美纳吉亚那传》的亚里士多德著作目录中原始十卷的《形而上学》，那么，对独立性十分显然、但对形而上学的研究又是不可或缺的 Λ（第十二卷），我们就只能够将它放在最后。这从某种意义上来看也是符合亚里士多德一般的研究顺序的，即首先处理前人的观点，然后再讲述自己的观点。MN 两卷由于只是处理了柏拉图学派的理念和数，而且在 M 卷一开始亚里士多德就说："有关可感实体，我们不仅在对物理事物的

---

① 参考 W. D. Ross, *Aristotle's Metaphysics*, Vol. 1, Oxford: Oxford University Press, 1924, p. xxiv。

② 参考 Michael Frede, "Introduction", *Aristotle's Metaphysics Lambda*, Michael Frede and David Charles eds., Oxford University Press, 2000, pp. 1–52。这篇导论的中译文见聂敏里《20 世纪亚里士多德研究文选》，华东师范大学出版社 2010 年版，第 313—359 页。

③ 关于这方面的详细的讨论，请参考 W. D. Ross, *Aristotle's Metaphysics*, Vol. 1, Oxford: Oxford University Press, 1924, pp. xx–xxiii。

有关质料的研究中,而且后来又在就现实性而言的方面,已经讲了它是什么。既然研究是,究竟是否存在什么在可感实体之外的、不动的、永恒的东西,以及如果存在的话它是什么,那么,首先就应当考察其他人所讲过的话……"① 因此,它们被置于 ZHΘ 之后就更为合理。而只是在否定性地处理了前人的观点后,亚里士多德才从正面论述自己关于最高实体的观点。但是,我们也必须指出,这不是绝对的,现在通行的《形而上学》将 Λ 卷放到 MN 之前,并非就是没有道理的。

在 A 卷中,亚里士多德提出了"什么是智慧"的问题,而就他对智慧的界定——智慧是对首要的原因和本原的探究而言,这个问题实际上也就相当于"什么是形而上学"的问题。而从他在第一卷中对在他之前的哲学家的观点的概述来看,他已经将这个问题同对基础性存在者的探究联系在一起了。因为,在他看来,在他之前所有那些能够被称作哲学家的人,他们所从事的工作不过是在针对基础性存在者提供他们各自认为是正确的答案,而这些答案无一例外都可以最终被归入质料和形式这两类基础性存在者中。这样,在《形而上学》A 卷中,亚里士多德已经开始了对形而上学这门科学的工作性质的一个初步界定。

在 B 卷中,他则提出了与形而上学的研究相关的一些基本的思想难题,并且对这些难题做了最初的、具有辩证性质的探讨。只是在此之后,在Γ卷和 E 卷中,他才明确提出了形而上学就是对基础存在的探究,也就是研究作为存在的存在及其原因。这样,形而上学这门科学的性质、问题和研究对象都得到了确定。

而从 Z 卷开始,亚里士多德就正式进入到了具体的形而上学的研究之中。但是,正是在这里,亚里士多德采取了一种特殊的研究方式,即他虽然已经指出了形而上学就是研究存在自身或作为自身的存在,而我们前面也已经指出,对亚里士多德来说,真正严格意义上作为自身的存在只有一个,就是第一推动者、神,而亚里士多德在《形而上学》E 卷中也明确指出了形而上学就是神学,但是,他并没有在正式的形而上学研究中开始神学的研究,亦即对第一推动者、神进行研究,而是首先对一类我们熟悉的存在者展开研究,这就是可感实体。这样做的理由当然也是显而易见

---

① 《形而上学》M1,1076a8 – 13。

的。因为对作为研究者的我们来说，我们自身恰恰是可感实体，并且生活在一个可感实体的世界中。对于在严格的意义上仅仅作为自身的存在、亦即不可感实体，我们在我们的方式上并不熟悉。从而，这就决定了我们必须从对于我们熟悉的东西开始，而达至那真正作为自身的存在。对可感实体的研究并不会妨碍我们对真正作为自身的存在的研究，因为可感实体也是一类作为自身的存在，不同的只是它不是仅仅或完全作为自身的存在，它的作为自身的存在不是以现实的方式存在的，而是以潜能的方式。也就是说，可感实体作为一类特殊的作为自身的存在，它有一个从尚不是自身的存在到实现自身的存在的过程。而正是这个过程决定了它是一个有质料的存在，因为，质料就是它的那个尚不是自身的存在；同时这也决定了它是一个有偶性的存在，因为质料是偶性的原因，质料可以是这样，也可以是那样。

正是鉴于可感实体在存在论上的这一特征，亚里士多德在《形而上学》Z 卷中首要的工作就是要对可感实体本身进行逻辑分析，要从中分析出可感实体的作为自身的存在，而将它的偶性的存在和质料的存在排除出去。这样，《形而上学》Z 卷的第 4—6 章所从事的就是将可感实体的作为自身的存在与其偶性的存在区分开来的工作，它是在对"是其所是"加以界定的名义下进行的；第 7—9 章则是将可感实体的作为自身的存在亦即形式与其质料的存在区分开来；第 10—16 章则是明确形式就是可感实体的作为自身的存在。这样，通过上述连续的工作，亚里士多德在《形而上学》Z 卷中就最终确定了可感实体的作为自身的存在，亦即可感实体的形式。

一旦分析出这一点，《形而上学》对可感实体的逻辑分析性质的工作就结束了，现在，研究的目光自然地就聚焦于可感实体的作为自身的存在—形式之上，研究它究竟如何存在。《形而上学》Z17 表明，形式不仅是可感实体在逻辑上的作为自身的存在，而且是可感实体在存在论上作为自身而存在的原因，亦即可感实体在存在论上就是要作为自身而存在，因此，形式便作为可感实体存在的原因使得可感实体作为自身而存在。我们由此可以说，作为《形而上学》核心卷的 H 卷和 Θ 卷与同为核心卷的 Z 卷的不同之处在于，前两者开启了对可感实体的一个形而上学性质的研究，也就是从存在论的角度对可感实体的存在方式的阐明；而 Z 卷则是对可感实体的一个逻辑性质的分析。具体而言，H卷通过一系列的论证强化了形式作为可感实体存在的原因这一命题，从而就将研究很自然地引向了对可感实体的形而上学的存在机制的研究上去，这也就是《形而上学》Θ卷的工作。

《形而上学》Θ卷表面上看来是对潜能与现实概念的研究，实际上则是对可感实体的形而上学存在机制的研究。因为对于不可感实体来说，潜能与现实的概念并不适用，因为不可感实体如上所说，是完全作为自身的现实存在，从而，在它这里根本谈不到潜能的问题，因此只有在可感实体这里才能谈到潜能与现实的关系问题。而潜能与现实的关系所展示的不是别的，就是可感实体如何作为自身而存在的存在机制。因为，可感实体不是现实的作为自身的存在，从而，其作为自身的存在就是它存在的原因，它要作为自身而存在，而这个要作为自身而存在的过程也就是一个从潜能到现实的过程。所以，潜能与现实的关系所探讨的就是可感实体究竟是如何作为自身而存在的，这无疑是一个纯粹的形而上学的探讨，虽然它处理的是一类特殊的存在者，即可感实体这样一类存在者。亚里士多德在《形而上学》Θ卷中所展示的实际上就是可感实体的形而上学的存在机制。

显然，一旦从对可感实体的分析中找出其作为自身的存在，并且对它如何作为自身而存在依据潜能和现实的关系进行了研究，那么，那个完全现实的作为自身的存在，亦即不可感实体、第一推动者、神，也就会被启发出来，它构成了所有作为自身的存在者存在的原因，因为，所有作为自身的存在者都是对这个完全现实的作为自身的存在者的存在的模仿。这样，对这个存在者的存在方式开始进行正式研究就成为必然。

但是，按照《形而上学》原始十卷的顺序，亚里士多德并没有立刻开始对不可感实体本身进行研究。相反，他在M卷和N卷两卷中首先对不可感实体不是什么进行了考察，而这涉及的就是柏拉图学派的数学对象和理念，因为，柏拉图学派认为它们是存在的，而且就是不可感的实体。只是在对此进行了批判性的考察，并且在I卷中对"一""相同""相异""相反"这些与形而上学问题密切相关的概念进行了探讨之后，在Λ卷中，亚里士多德才开始了对不可感实体亦即神的研究，它最终揭示了形而上学的研究对象——严格作为自身的存在——的本性，这就是它是永恒的、不运动的和不可感的，它就是思想对自身的思想。

这样，通过对亚里士多德《形而上学》研究计划的展示，我们现在也就知道了形而上学这门科学应当如何来进行。这就是，它应当在诸存在者中首先确立基础性的存在者，也就是作为自身的存在，然后对这类作为自身的存在本身进行研究，即研究它如何作为自身而存在。而这当然也就是一个针对世界的先验构想。它不是去具体地构想一个永恒不变的世界具体是如何，而是去研究如果我们要构想一个先验的世界，应当如何去构想，这就是确定基础性的存在者和基础性存在者的存在方式，在这个基础上，各门自然科学就会进一步地、实证地来设想这个世界。

《形而上学》中的实体标准及 Z3 在 ZH 卷中的地位*

吕纯山**

摘要：本文从亚里士多德在《形而上学》Δ8 和 Z3 所阐释的实体的两个标准——"终极主体"和"这一个"（及分离），其中"这一个"更为严格——出发，详细讨论了各自的内涵和指涉对象，即前者指涉质料和个别事物，后者指涉形式，因此形式是第一实体，但实体与形式的关系却并不从 Z4 正式论证开始就清楚明白，而是逐步发展的，或者说整个 Z 卷论证的就是 Z3 的结论，因此本文认为 Z3 是 Z 卷的总纲。

关键词：终极主体；这一个；实体；本质；形式

一 引言

本文试图从亚里士多德《形而上学》哲学词典卷第八章（Δ8）和第七卷第三章（Z3）对实体（οὐσία）的两层意义——一层意义是终极主体（ὑποκείμενον ἔσχατον），另一层是"这一个"（τόδε τι）和分离（χωριστόν）——的规定出发来讨论 Z 卷的核心问题：实体是什么？从哲学词典出发来讨论实体，似乎在现有的研究著作中不太常见，大部分研究者惯于从具体文本出发提出观点，给出论证，至多引用哲学词典来做一下

---

* 原载《世界哲学》2011 年第 2 期，收入本论文集时有修订。

** 作者简介：吕纯山（1974— ），天津外国语大学欧美文化哲学研究所副研究员。出版有专著《亚里士多德的实体理论——〈形而上学〉ZHΛ 卷研究》，获天津外国语大学第十一届社会科学优秀成果一等奖；在《哲学研究》《哲学与文化》《世界哲学》《求是学刊》《哲学门》《外国哲学》、*Frontiers of Philosophy in China* 等刊物上发表中英文论文和译文 20 余篇。

印证。不过也有研究者从《形而上学》哲学词典出发来思考核心卷（ZHΘ）思想的。如余纪元在讨论核心卷中"Being（是）"的结构的时候，突出强调了在哲学词典卷 Δ7 中，亚里士多德明确地说要讨论范畴之 Being 和潜能与现实之 Being，并由此出发详细分析了核心卷中"Being"的结构，指出 Z1－16 和 Z17—HΘ 分别讨论这二者。① 伯恩耶特（Burnyeat）在他的书中也指出："我们都发现 Δ 卷对于研究亚里士多德的《形而上学》是不可缺少的。"② 本人甚为认可他们对 Δ 卷的重视。因为在对《形而上学》核心卷，尤其是 Z 卷中的实体进行具体考察的时候，笔者发现研究者们至今对 Z 卷结构的理解无法达成一致。③ 实际上理解核心卷，特别是 Z 卷中实体是什么的问题，在一定程度上取决于如何理解这一卷的结构。另外，笔者在对文本的考察中发现，哲学词典卷 Δ8 是如此明确地规定了实体的两个标准，而且这两层意义与 Z3 中的表述竟然如出一辙！就笔者所知，研究者们鲜有把这两处文本联系起来思考问题的，更没有从这两层意义出发来把握实体的内涵。④但笔者认为，从这两处文本所规定的实体的两层意义出发来考察实体，更能提纲挈领地把握住亚里士多德的实体的根本主旨，更有助于理解 Z 卷的结构，这也是本文尝试要做的。

我们先来看看 Δ8 中亚里士多德是如何规定实体的：

---

① 见 Yu, J. （余纪元）, *The Structure of Being in Aristotle's Metaphysics*, Kluwer Academic Publishers, 2003, p. xiii.

② Burnyeat, M., *A Map of Metaphysics Zeta*, Pittsburgh: Mathesis, 2001, p. 12.

③ 如伯恩耶特认为，整个 Z 卷是由 Z1 和 Z2 为总纲，Z3、Z4－12、Z13－16、Z17 四组并列的非线性结构。见 Burnyeat, M., *A Map of Metaphysics Zeta*, Pittsburgh, Pa.: Mathesis, 2001, p. 6。而韦丁认为 Z4 中的 γένους εἶδος （他翻译为 form of genus）是 Z 卷讨论的中心。参看 Wedin, M. V., *Aristotle's Theory of Substance: The Categories and Metaphysics Zeta*, Oxford: Oxford University Press, 2000, pp. 7－8。关于这一点在后文第四部分有详细的讨论。

④ 哈尔珀（E. C. Halper）即属于这些少数研究者。哈尔珀联系 Δ8 和 Z2－3 来讨论实体，认为这两处都有两个实体系列且相互对照，并认为实体的标准是统一性和分离性。见 Halper, Edward, C., *One and Many in Aristotle's Metaphysics: The Central Books*, Ohio State University Press, 1989, pp. 20－31。但笔者对他的观点不敢苟同，所谓的统一性标准缺乏文本支持，分离性被亚里士多德并入了"这一个"标准而更强调后者，且 Z2 的诸多观点不适合与 Z3 并列提及，因为前者不过是流行意见，并非亚里士多德要予以论证的观点。

实体指那些单纯的物体,例如土、火、水及诸如此类的东西,以及一般的物体,和由这些物体构成的动物、精灵及其部分;这些全都叫作实体,因为它们不谓述一个主体,而是其他东西谓述它们。另一方面,实体又指那内在于那些不谓述一个主体的东西之中、是其存在的原因的东西,例如灵魂之于动物。再者,实体指那些内在于这些东西之中、界定并且表示这一个的部分,它们一旦毁灭整体也就毁灭,例如,面之于体,又如某些人所说,线之于面;一般来说,数在某些人看来便是这样的实体(因为它一旦被取消就无物存在,而且它界定一切)。再者,本质($τὸ\ τί\ ἦν\ εἶναι$)①,对它的描述就是定义($ὁ\ λόγος\ ἐστὶν\ ὁρισμος$),也被叫作每一个东西的实体($καὶ\ τοῦτου\ οὐσία\ ἑκάστου$)。这样,实体就以两种方式($κατὰ\ δύο\ τρόπους$)被说,即不再谓述其他东西的终极主体($τὸ\ ὑποκείμενον\ ἔσχατον$),和那可以是这一个($τόδε\ τι$)和分离的存在的东西($χωριστὸν$),每一个个别事物的形状($ἡ\ μορφὴ$)和形式($τὸ\ εἶδος$)便是这样的东西。(《形而上学》Δ8,1017b10-26)②

Δ8 的内容主要分为两个部分,第一部分列举了四类实体:第一类是火气水土这类简单实体,动植物及它们的部分,它们是谓述的主体;第二类是内在于事物中的原因,如灵魂;第三类是线、面、体这样的数;第四类是本质。③ 第二部分总结了实体的两层意义:(a)终极主体;(b)这

---

① 在苗力田先生翻译的《形而上学》中,$τὸ\ τί\ ἦν\ εἶναι$ 的翻译是"是其所是"或者"所以是的是","是其所是"更为人所熟知,而笔者窃以为"是其所是"这个翻译在中文的词性上与希腊文不对应,$τὸ\ τί\ ἦν\ εἶναι$ 的字面意思是"过去一直是的那个是",是动名词形式,而"是其所是"显然不是动名词形式,甚至不是词,而是一个缺主语的判断句,因此笔者认为这个翻译不是很完美;"所以是的是"表达了"是"的名词特征,然而"所以是"没有表达过去一直是的意思,仅仅强调了原因,也与字面上的意义不相符。鉴于现在学界没有统一表达,笔者采用保守的传统翻译,用"本质"来表达,这个表达虽然是意译,但是确实表达出了 $τὸ\ τί\ ἦν\ εἶναι$ 的内涵。

② Jaeger, W., *Aristotelis Metaphysica*, Oxford Classical Texts, 1957. 本文的希腊文由笔者翻译,下同。

③ 在这里,亚里士多德列举了四类实体,显然在 Z 卷中,第四类"本质"最受关注,第二类也有所讨论,第一类中的动物、植物这样的质形复合的个别事物,是 H 卷和《范畴篇》等著作的讨论重点,当然也是 Z 卷的出发点。第一类实体中提到的如火气水土等简单实体,是其他文本如《论生灭》所重点讨论的。而第三类数、面、体之类的实体是 MN 卷所讨论的。

一个和分离，就是每一事物的形状和形式。那么是否实体的两层意义所指涉的就是前面的这四类实体呢？亚里士多德所强调的形状和形式与前文的四类实体或其中某类是什么关系呢？更进一步，两层意义之间又是什么关系呢？限于哲学辞典卷言简意赅的特点，我们无法得知更为详细的信息。幸运的是，这里所表述的两层实体意义，在 Z3 竟再一次出现了，且有了更为具体的论述！尤其值得注意的是，如果说在 Δ8 中终极主体指动物、植物这样的个别事物，那么 Z3 运用剥离论证所阐述的终极主体却是质料，这两种指涉如何获得融贯解释？而如果说在 Δ8 直接说明形状和形式满足"这一个"标准，那么在 Z3 文本中，对形式是"这一个"及分离的表述竟然有几分强行推出的意思，是在论证终极主体只能是质料的结论中突兀地提出的！但紧接着的文本却告诉我们，要从我们最熟悉的可感实体即质形复合物开始论证。Z3 如此做法的主旨何在呢？与 Δ8 如此相似的文本说明了什么？本文要解释的就是上述提出的种种疑问。因此本文的主旨在于，阐明正是 Δ8 和 Z3 明确规定了实体的两个标准，详细讨论终极主体和"这一个"如何决定了形式、质料和二者的复合物是实体，指出 Δ8 和 Z3 两处文本的说法都起到了提纲挈领的作用，尤其 Z3 既重申了 Δ8 实体的两层意义，又强调了形式在实体领域中的首要地位，但形式是"这一个"和实体并非一开始就明确的，而是整个 Z 卷所要论证的一个结论。本文还要证明 Z3 如何决定了 Z 卷的大部分内容和论证的思路，凸显这一章在整个 Z 卷的总纲地位。

在上述引文中，我们需要强调指出的还有被亚里士多德罗列的第二和第四类实体。《形而上学》Z 卷最终肯定的实体就是内在原因，如灵魂和本质，尤其是本质，因为本质是每一事物的实体，原因和本质最终都统一到形式身上。而我们知道，亚里士多德对本质的阐释，是从它与定义的关系中进行的，也就是说，本质就是定义的对象，或者说对本质的描述就是定义。因此，如何理解定义的对象，实际上也决定了对实体的理解，正是因为对定义对象的理解的不同，人们对实体的理解才争论不断，所以实际上本质构成了亚里士多德讨论实体问题的一个非常重要的线索，我们将在后文专门指出，正是因为本质所指涉的对象是变化的，所以亚里士多德要证明的结论实际上是最后才明晰起来的。而 Z 卷第一次提到"本质"就是在 Z3 开篇，对它的论证都是从 Z4 开始的。这一点也说明了 Z3 的纲要地位。

二 终极主体标准

我们知道，亚里士多德在《形而上学》Z 卷中的根本目的是要探讨实体（οὐσία）是什么，这是他在 Z1 提出来的问题，紧接着在 Z2 列举了一些哲学家的观点之后，他在 Z3 开始隆重地设计了如何讨论实体的问题。首先他在开篇举出了四个实体选项：本质（τί ἦν εἶναι）、普遍者（καθόλου）、属（γένος）以及主体（ὑποκείμενον），并紧接着探讨了这个主体标准。他说：

> "现在，主体就是那别的每一个事物表述它，而它本身不表述别的任何事物的。因而我们必须首先确定这个东西的本性；因为看起来首要的主体最是实体（μάλιστα γάρ δοκεῖ εἶναι οὐσία τὸ ὑποκείμενον πρῶτον）。在一种意义上，质料（ὕλη）被说成是具有实体的本性，在另一种意义上，形状（μορφή），而在第三种意义上，这两者的结合也被说成是实体。"（1028b36 – 1029b3）

从这段话我们可以知道，主体是谓述的对象，其他的都谓述它而它不谓述别的，这一点与《范畴篇》和《物理学》A 卷中的说法是一致的，只是与后两个文本相比较，这里的表述似乎少了"不在一个主体之中"这一限定；且用了"首要的主体"；另，《范畴篇》中有第一实体和第二实体之分，而后者的依据就在于是主体，但这里却丝毫不见种属的影子，却提及了质料、形式和二者的复合物。那么究竟主体这个标准是如何来确定实体的呢？

在《范畴篇》中，亚里士多德是按照谓述的——存在论的依存关系来解释的，他认为实体和其他范畴是非对称的表述关系，也就是说，其他范畴都是表述实体的而实体不表述其他范畴。他说，实体最严格地、首要地是指既不谓述某一主体又不在某一主体中的东西，如个别的人和个别的马。[①]

[①] Minio – Paluello Lorenzo, *Categoriae et Liber de interpretatione*, New York：Oxford University Press, 1992. 不同版本的亚里士多德文献的中文译文出自笔者（下同）。

(2a11) 其中，是否"在主体中"区分的是实体与其他范畴，也就是实体与偶性；是否"述说主体"区分的是个别事物和种属。如果实体不存在，那么其他范畴也无从依托，而种属是谓述个别事物的，并不是一种实存。不过，他并没有因此强调主体的终极性和绝对性，相反，在《范畴篇》中，第一实体是所有其他东西的主体，而第二实体的种是属的主体，种和属又是实体之外的其他范畴的主体。（3a1-4）也就是说，在《范畴篇》中，主体是一个相对宽泛的概念，除了个别事物，种和属也是其指涉的对象。换句话说，表示一个特定的"这一个"，如个别的人和个别的马的第一实体，和种属，亦即表示一类事物的共同本性，且与其他范畴之表述某方面的属性不同，表述的是普遍属性的第二实体，在主体标准下都是实体，或者说主体标准尚不足以区分第一实体和第二实体。于是，亚里士多德又提出另一个实体标准"这一个"，在他看来，关于第一实体，毫无争议的是它们每一个都表示一个特定的"这一个"（3b10），因为它们是不可分割且数量上为一的。而第二实体种属则不是"这一个"，它们都是普遍的。因此，在《范畴篇》中，"这一个"标准显然是比主体更为严格的实体标准，亚里士多德利用这一标准，把第二实体从严格的实体概念中排除了出去。

在《物理学》A卷中，亚里士多德引入了三个因素用以解释变化的过程，每一个变化都有变化的开始点（如没有教养），目标点（有教养）以及一个主体，在它上面变化得以完成（如个别的人，由无教养的变成有教养的）。主体在数量上是一，而不是在形式上，因为是人并不等于是有教养的。在这个变化过程中，主体是一直保留着的。在《物理学》中，"主体并不是作为一个基本的对象被打上记号，而是被用作在所有可能的变化过程中的一个统一的解释模型"①。这一结构可以适用于所有变化的方式上：适用于形状的变化上，适用于一个数量的增加或减少上，同样适用于一个发生过程上。在这些变化中主体各不相同。在数量或质量的变化过程中，一个个别的物体作为基础，发生的过程被解释为作为主体的质料和参加进来的形式的不同。在所有这些变化中，实体的变化是绝对的，所以在实体的变化中，主体等同于质料，变化成为质料、缺失和形式三者参

---

① Otfried Höffe (Hrsg.), *Aristoteles - Lexikon*, Alfred Kröner Verlag Stuttgart, 2005, S. 281.

与的过程,"人、金子等——一般说,质料——是可以数的。因为它差不多可被视为一个'这一个'"①。(190b24)"因为主体对实体,也就是对'这一个'和存在的关系,就像铜对铜像,木料对床,或者质料和取得形式以前的未定形式对已获得形式的事物的关系一样。"(191a8 - 10)简言之,在《物理学》中,主体既是所有变化的基础,对于实体的变化来说,又是质料,这样就从主体这一基础的概念中引申出了质料概念。同时我们也注意到亚里士多德在这里对质料的说明,一方面,如引文 190b24 所说"质料差不多可被视为一个'这一个'","质料和实体相近,并且在某种意义上自己也是实体"。(192a6)另一方面,"质料乃是每一事物的首要的主体 (τὸ ὑποκείμενον πρῶτον),事物绝对地由它产生,并且继续存在下去"。(192a32)《物理学》A2 在对主体的第一次介绍中,也强调了主体是一切谓述的对象。(185a31)总之,我们从《范畴篇》的主体标准中可以得出指涉个别事物和种属的结论,而从《物理学》的这些表述中得出主体指涉个别事物和质料、质料是首要主体、主体是谓述对象的结论,两个文本都没有出现"终极主体"或"终极"的字眼。

让我们回到《形而上学》Z3 的文本。这里没有再提及是否"在主体中"这一条件,笔者认为已经排除了偶性是实体的可能性;不仅如此,事实上,如果我们的阅读足够细致,应该注意到这段话中主体添加了"首要的"这个限定词,意思就是第一的、原初的主体,而这样对主体的限定是在《范畴篇》中从未得见的。不过,对于这里"首要的"这个限定词,并非为所有研究者察觉,例如罗斯的翻译是:"For that which underlies a thing primarily is thought to be in the truest sense its substance."② 这样的翻译没有突出 πρῶτον 的意义。而两个德文译本的翻译注意到了这里对主体的限制:

> Denn es ist das ursprünglich Zugrundeliegende, welches am ehesten als οὐσία angesehen wird. ③(弗雷德和帕齐希的翻译)

---

① Ross, W. D., *Aristotle's Physics*, Oxford: Oxford University Press, 1960.
② 见 Barnes, J., *The Complete Works of Aristotle*, Princeton University Press, 1984。
③ Frede, M. & Patzig, G., *Aristoteles, MetaphysikZ*: *Text, Übersetzung und Kommentar*, Verlag C. H. Beck München, 1988.

Denn in ganz besonderem Maβe gilt als Substanz das erste Substrat. ①
(T. A. 斯勒扎克的翻译)

德译本不仅准确地翻译了"首要的主体",而且弗雷德和帕齐希专门就"首要的主体"(ὑποκείμενον πρῶτον, ursprünglich Zugrundeliegende)进行了详细的解释,认为 ursprünglich Zugrundeliegende 可以以三种方式被理解:可理解为由长、宽、高组成的体积,可以是主体链条末端的事物,也可以是形式和质料。② 弗雷德和帕齐希认为这三个方面不能互相排斥,并且进一步指出,这里的 ὑποκείμενον πρῶτον 与 Δ8,1017b24 的 ὑποκείμενον ἔσχατον 相对应,还提示我们在 Z3,1029a24 中也有 ἔσχατον(终极)这个词。③ 在笔者看来,弗雷德和帕齐希把"首要的主体"理解为主体链条末端的事物,同时也理解为形式和质料,在宽泛的意义上是可以成立的,如果主体链条末端的事物就是个别事物,就是质料形式的复合物的话。然而,他们显然并不认可个别事物和质形复合物是同一对象,认为形式和质料的复合物仅仅是一个理论概念,④ 这是我们无法苟同的,因为上述引文紧接着的一句话已经提示我们,他所说的复合物就是个别事物:"质料,我是指例如这块铜,形状例如这个形式的构成,由它们构成的东西例如整个这座雕像。"(1029a4)另外,他们把长宽高组成的体积也肯定为首要的主体的理解也无法得到我们的首肯,毕

---

① Szlezák, Thomas Alexander, *Aristoteles Metaphysik*, Akademie Verlag GmbH, Berlin, 2003.
② Frede, M. & Patzig, G., (1988:37-39). 具体来说就是,第一,在 1029a15-16 中,亚里士多德说到实体是体积(长宽高)。第二,是指主体与以它为主体的事物之间的关系,就像在范畴中,在主体的链条末端的事物就是实体。在《形而上学》Z 卷以及范畴学说中,主体和以它为主体的事物之间的关系并不总是谓述关系。因为虽然偶性谓述实体而实体谓述质料,并且偶性也以质料为主体,但是由 a23-24 的文本可知,偶性并不谓述质料。所以原初主体是这样一种主体,以它为主体的事物并不必然谓述它。第三,当人们询问实体是主体,人们是在询问与事物本身不同的东西,也可以询问究竟什么是每个规定以之为基础的东西。这个区别很重要,因为很容易理解为经验对象的规定的主体。在 a2-5 中,亚里士多德已经表明首要的主体是形式、质料和二者的复合物,因为只有无偶性的事物能够作为事物本身,这个很明显就是质料和形式。至于复合物,可以看作一个理论概念,因为仅有质料和形式的复合物并非可观察到的对象,后者一定还包含着偶性。
③ Frede, M. & Patzig, G., (1988:39).
④ Frede and Patzig (1988:39).

竟，长宽高在亚里士多德那里指"数量"这一范畴。因此，他们的翻译固然准确，但其解释却有过度的嫌疑。在笔者看来，如果我们仅联系《范畴篇》来考察，《范畴篇》把个别事物和种属都列为主体，那么这里"首要的主体"无疑要把种属排除出实体范畴，而只指涉个别事物。如果我们再综合《物理学》中提到质料为事物的首要主体的说法，以及下文严密的剥离论证所得出的结论，那么，我们就可以知道，最严格意义上的"首要的主体"指的就是质料，当然，因为质料不脱离形式，因此形式和二者的复合物在某种意义上被称为"首要的主体"，这也是文本所表达的。

让我们继续文本的分析。既然排除了种属，又把个别事物进一步分析为质料和形式，接下来的问题就是，质料、形式与个别事物哪一个是终极主体或者准确地说更是实体呢？紧接着的剥离论证究竟是肯定了哪一个又否定了哪一个甚至是省略了哪一个呢？我们需要详细分析。实际上研究者们对于剥离论证的用意和最后的结论一直争论不休，比如他是否否认了质料是主体或实体？还是主体标准本身被否定了？甚至是否他推论出一种最初质料？对这些问题的理解一直是亚里士多德质料概念的注释史上非常热闹的争执之处。下面我们展开分析。

首先他开始对质料进行描述：当所有别的东西都被剥离之后，显然没有什么东西而仅仅只有质料会保留下来——

> 因为，其他东西是物体的性状、产物和潜能，而长、宽、高又是一些数量而不是实体……但是，当撤开了长、宽、高，我们将看不到有什么剩余下来，如果有什么的话，只有被它们所规定的那个东西，所以，按此考察，质料必然显得是唯一的实体。（1029a14 – 19）

> 我所说的质料是指那个本身既不是特殊事物也不是某种数量，也不是指派给任何其他的用来规定存在的范畴的事物。（1029a20）

> 因为，有某种东西，上述这些东西中的每一个都是表述它的，它的存在是不同于每一谓词的存在的（因为不同于实体的诸谓词都是表述实体的，而实体是表述质料的）。（1029a22 – 23）

如果把物体的所有范畴都从其本身剥离，没有数量的大小，没有任何性状，那么我们得到的就是质料本身，因为我们剥离的是所有范畴，但是在这里我们要提请读者注意，剥离并没有去掉质料的物质性和它作为事物成分的根本特征，也就是说，经过剥离后的质料仍然是像铜像的铜这样的质料，只是这样的铜尚不具备形式和任何的范畴，它不同于常识上的比如一堆材料，因为即使材料也有一定的形状，而是尚不具备任何范畴规定性的那物质。质料，在这里被冠以"终极"（τὸ ἔσχατον，1029a24）的称谓。正是从这些文本出发，有学者认为亚里士多德所论述的就是"最初质料"，而1029a20的这段话就是对它的定义，如许布纳。同时，他又认为这个概念无法理解，没有确定性，是空的。① 然而，他忘记了亚里士多德在专门论述最初质料的文本《论生灭》中明确了最初质料就是火、气、水、土四种元素，Z3这里的质料非但不是最初质料，还是与形式构成复合物的最终质料/终极质料，也是《形而上学》最为关注的对象。但质料究其本身而言，其存在不同于其他的谓述，但它却是实体的谓述对象，用亚里士多德的话讲就是：

  实体是谓述质料的。（1029a23）

  这也是这段话中唯一对其进行肯定的一句话，认为质料是实体的谓述对象。但是，它不是一个事物，不是数量，也不是任何范畴，而是一个终极主体，不过这一终极主体不是其他范畴谓述的主体，而是实体谓述的主体。在笔者看来，亚里士多德在这里既强调了个别事物和质料作为终极主体的不同（关于这一点，后文还有文本能证实），也强调了质料和形式在存在上的不可分离性。基尔（Gill, M. L.）在《亚里士多德〈形而上学〉再思》一文中，特别提到Z3的剥离过程："亚里士多德做了一个思想实验：剥除掉所有范畴属性。剩下的是什么呢？一个'其存在不同于所有谓词'的东西（1029a22 - 23）。他宣布，最后的事物本身既不是一个东西，也不是数量，也不是其他任何范畴存在。所有的属性都作为偶性属于它（1029a23 - 26）。质料被揭示为一个终极主体，在存在上区别于它的

---

① Hübner, J., 对"πρώτη ὕλη"这一词条的解释见 Horn, Christoph Und Rapp, Christof (Hrsg.), *Wörterbuch der antiken Philosophie*, München: Verlag C. H. Beck oHG., 2002, S. 337。

所有属性。"① 因此，这里既不是否定质料是主体或实体，也不是质疑终极主体标准，而是提出另一更严格的标准来论证何为更严格的实体。他说：

> 对于由此考察的人来说，这就意味着实体是质料；但这是不可能的；因为可分离者（χωριστὸν）和这一个（τόδε τι）看起来最（μάλιστα）属于实体。（1029a26 – 27）

亚里士多德说的是，如果我们按照剥离思路，那么实体就是质料，或者说质料可能就是实体的唯一候选项和首要选项。因为，我们已经看到，如果把所有范畴和性状等剥离掉，确实只有质料这个没有独立存在性的对象存在了。但是，亚里士多德没有沿着终极主体的思路来否认质料的实体性，反而提出另一个实体标准来说明形式而非质料的实体地位。显然，主体标准或者终极主体标准看来不足以让我们认识到形式的重要性——亚里士多德显然并不打算承认质料是第一实体，而是要推出形式。同时我们也注意到，在与《范畴篇》中"这一个"标准比"主体"标准更为严格这一点上是一致的——只能推出"这一个"（τόδε τι）和可分离性（χωριστὸν）的标准来限定实体。

或者说，按终极主体的标准，排名首要的是质料；而按照"这一个"标准，首要的是形式。更多时候亚里士多德似乎只强调终极主体是复合物和质料，并不强调形式。这一层意义不仅在 Z13，1038b5 被重复："主体有两种意义，或者作为'这一个'，就像动物是属性的主体，或者如现实的质料。"而且 Θ7 显然进一步明确了作为终极主体的个别事物和质料的关系，或者明确了终极主体和"这一个"的关系：如果谓述是其他范畴、被谓述的是"这一个"的话，这样的终极就是个别事物；而如果谓述是形式或"这一个"的话，终极就是质料。

---

① Gill, Mary Louise, "Aristotle's *Metaphysics* Reconsidered", *Journal of the History of Philosophy*, Vol. 43, No. 3, 2005, pp. 223—251. 此文被聂敏里收录在聂敏里选译《20 世纪亚里士多德研究文选》，华东师范大学出版社 2010 年版，第 472—510 页，作者为基尔，本书引用的这篇文章均来自聂的译文，第 487—496 页。

区分被谓述的某物，也即主体的，就是是否为"这一个"……因此一方面是这样的话，终极就是实体（τὸ ἔσχατον οὐσία）。但另一方面不是这样的话，谓词是一个形式或者"这一个"时（εἶδός τι καὶ τόδε τι τὸ κατηγορούμενον），终极就是质料和质料性实体（τὸ ἔσχατον ὕλη καὶ οὐσία ὑλική）。（Θ7，1049a25-37）

在这段文字中，也体现了终极主体和"这一个"的关系与《范畴篇》不同。虽然《范畴篇》中严格的主体就是"这一个"，就是偶性谓述的对象个别事物，但亚里士多德却给予主体更宽泛的指涉，把第二实体种属也包括在主体之中。而这里，"这一个"不仅具有与《范畴篇》相同的比主体更为严格的意义，而且主体与"这一个"的关系，也解释了个别事物与质料是在不同意义上的终极主体：是否"这一个"，决定了主体究竟是偶性谓述的对象（个别事物），还是形式谓述的对象（质料或质料性实体），只有前者是"这一个"而后一个不是，反而是"这一个"来谓述它。这段话中终极的两层意义——个别事物和质料，排除了形式，毕竟从根本的意义上说，形式是谓述质料的。或许正因为主体指涉的对象是个别事物和质料，在 Λ3，1070a10 中，亚里士多德再次提及质料、形式和个别事物时，不再用主体概念，而直接说三种实体。总之，主体和终极主体这两个概念都有宽泛和严格意义之分。

其实，Z3 主体性标准一直是学界争论的一个话题。有些学者认为这里亚里士多德否定或贬低了主体标准，如阿尔普（C. Arpe）就认为亚里士多德否定了质料的实体性。[①] 如罗宾森（R. Robinson）认为亚里士多德在这里是对主体标准的贬低，他认为根据 Z3 的批评，主体标准本身已不能满足实体，需要补充分离性和"这一个"，第一实体必须既是主体，又是分离的和"这一个"。[②] 余纪元认为，亚里士多德批评主体性标准是因为自身关注的形而上学对象不同，《范畴篇》中的主体性原则是区分实体和其他范畴的标准，而这里是第一实体内部的区分，主体性标准已不足以进

[①] Arpe, C., *Das τί ἦν εἶναι bei Aristoteles*, Hamburger Dissertation, 1938, p. 31, n. 50.
[②] Robinson, H. M., "Prime Matter in Aristotle", *Phronesis*, Vol. 19, 1974, p. 185.

一步区分形式和质料了。① 对于这些学者的观点，笔者的看法是，他们忽视了《范畴篇》中"这一个"标准本就严格于主体标准，或者说主体标准从来就不是实体的严格标准。因此这里并非批评，也非贬低，当然更非放弃，只是在综合了种属、个别事物、质料等对象之后，不得不更为严格地限制究竟哪一个更是终极主体罢了。另外，在罗宾森所谓的"第一实体必须既是主体，又是分离的和'这一个'"的说法中，"第一实体"指《范畴篇》中的个别事物，还是《形而上学》Z卷的形式，指涉不明。余纪元说的在第一实体内部"主体性标准已不足以进一步区分形式和质料了"也令人疑惑，形式并非严格的主体，相反，亚里士多德多用"这一个"来限定它，且在质料和形式的关系上，前者是后者的主体，主体性标准恰恰是可以区分质料和形式的。

也有些学者认为亚里士多德不仅没有否认终极主体标准，而且是和"这一个"标准共同构成了实体的标准。比如弗雷德认为，亚里士多德根本没有否认主体性标准，并且认为正是因为主体标准而使形式具有个别性特征，并认为形式而非质料符合主体性标准。他说："他（指亚里士多德——笔者注）有其他的理由认为形式是实体，但是仍然想保留《范畴篇》作为一个终极主体的实体的观点，或者有一种看质料的方式，这一方式使得把形式当作终极主体直接成为可能的。"② 厄文也认为亚里士多德并没有否定主体标准，他认为"1028b36（如前文所引）这段话的第一句话通过谓词公式指明了主体标准，把主体描述为谓词的终极承载者。在说到实体'主要地''第一'或'首要地'是主体时，亚里士多德暗示一个实体能够比另一个更多或更少地是一个实体。为了鉴定实体的最高等级，他扩大了主体标准；他得出结论说最高等级的实体是首要主体的子集。如果有首要的主体，它们必须符合一些除了谓词公式以外的进一步的条件，这些条件简单地就会挑出主体。一些主体必须优先于其他，以在第一章所区别过的三种方式中的一种或更多种；这些是首要的主体。这时，亚里士多德强硬地提出形式是一个首要的主体，……并暗示形式满足于主

---

① 见 Yu, J.（余纪元），*The Structure of Being in Aristotle's Metaphysics*, Kluwer Academic Publishers, 2003, p. 84。

② Frede, M., "Individuals in Aristotle", *Essays on Ancient Philosophy*, Frede ed., Oxford Clarendon Press, 1987, p. 75.

体标准"①。基尔同样认为:"Z3 是否是对主体标准的否认?我认为不是。原因是(1)Z3 并没有说主体标准应该降级;(2)Z13 用主体标准来反对普遍事物的实体性,如果主体标准被降级那么这种反驳是没有力度的;(3)H1 总结 Z 卷,并提到普遍事物和属已经被排除了,然后回到主体性,提到质料、形式和复合物都是主体,然后说质料作为一个主体也是实体。所以说 Z13 和 H1 都强调了主体性标准仍然是实体性的一个必要标准。Δ8 中亚里士多德的总结更是明确地指出主体的意义之一就是它是终极主体。"② 弗雷德和厄文都认为,亚里士多德的批评并不意味着他对实体是主体思想的放弃,而只是暗示需要一些改动,即形式的实体性仍由其主体性构成,要证明形式是第一实体就是证明它是第一主体,形式能够是第一实体,就是因为它比质料和复合物更是主体。

  对于主体性标准,笔者赞同弗雷德、厄文观点的地方是,亚里士多德并没有否认这个标准,而且始终是坚持着的,这一点与他在《范畴篇》所坚持的主体标准和个别性标准是基本一致的。他在这里所否认的只是质料的第一实体的地位。因为用主体的标准来看,质料是首选项。然而,说形式的实体性由主体性决定,以及形式比质料和复合物更是主体,则是对亚里士多德思想的误解,这也是笔者与弗雷德和厄文观点的不同之处。亚里士多德并没有明确提到形式就是主体或终极主体(只在含糊或宽泛的意义上这么说),相反,他在更多的文本如 Δ8 末尾、Z3,1029a 上下以及 Θ7,1049a 上下强调的都是形式在另一种意义上是实体,在"这一个"和"分离"的意义上的实体,严格意义上,终极主体在他那里指的是质料和复合物。弗雷德坚持的主体性导致了个别性的解释难以获得文本支持。当然,基尔的观点因其持中温和,笔者没有异议。在 Z3 中亚里士多德只提到终极主体不足以突出形式的地位,所以在确定何为第一实体的时候,只能用后一层意义,即个别性和分离性来框定,因为只有在后一标准之下,形式的优先性才鲜明地被突出了。而且我们联系哲学词典卷 Δ8 和《范畴篇》中的表述,主体标准和个别性分离性标准是赫然并列的。如果说,

---

① Irwin, T. H., *Aristotle's First Principles*, Oxford: Clarendon Press, 1988, p. 205.
② Gill, M. L., "Aristotle's *Metaphysics* Reconsidered", *Journal of the History of Philosophy*, Vol. 43, No. 3, 2005, p. 229.

按照终极主体标准，质料和个别事物当选，而按照个别性和分离性标准，无疑形式和个别事物当选，那么，既然实体是用两个标准来框定，形式、质料和复合物就都是实体了。

但是我们还是要问，为什么 Z3 这里的实体/第一实体不是个别事物，而是形式呢？也就是说，为什么个别事物满足不了实体的条件了呢？对于这个问题，弗雷德的解释是，亚里士多德在《形而上学》中面对了一个在《范畴篇》中不曾面对的问题。"苏格拉底是健康的"这个表述引入了两个独立存在物，即苏格拉底和健康。那么，如果健康和它的主体是相区别的一个独立存在物，那么什么是"健康"的主体？在构成苏格拉底的多个独立存在物中，什么是和像健康这样的属性相对的事物本身，它构成了健康的基础？所以他要把一个具体的特殊物体中的成分而不是具体物体本身作为属性的基础①②，而笔者认为这是《物理学》中自然物（和人工物）被进一步分析为质料和形式的哲学发展使然。《范畴篇》中的个别事物是在与种属及实体之外的其他范畴的相互区分中得以成为第一实体，而《形而上学》Z 卷的问题是，如果个别事物本身就是质料和形式的复合物，那么质料和形式哪一个决定个别事物的本质和其个别性呢？在亚里士多德看来，只有形式能起到这样的作用，因而将形式升格为《形而上学》中的第一实体。

罗斯认为，什么被认为是一个实体在 Z 卷的开始就已经被解决了，亚里士多德在 Z3 所关心的是进一步的问题：什么是实体的本质或实体？而"实体的形式"是对此的回答。③ 但这种看法值得商榷。正是要考察 Z2 罗列的几类实体，亚里士多德才提出了实体的两个标准，并没有暗示说这个问题已经通过赞同特殊的事物而被解决了，现在是在回答更进一步的问题：个别实体的实体是什么？而且，在整个 Z 卷中，亚里士多德关

---

① Frede, M., "Substance in Aristotle", *Essays in Ancient Philosophy*, Frede ed., Minneapolis: University of Minnesota Press, 1987, p. 75.

② 对于质料如何成为终极主体，弗雷德表示比较难理解，且认为亚里士多德没有进行深入的探讨。参看 Frede, M., "Substance in Aristotle", *Essays in Ancient Philosophy*, Minneapolis: University of Minnesota Press, 1987, p. 75. 但笔者认为 Z3 正是对这个问题的解释，而对于主体和质料的关系，或许上文提到的《形而上学》Θ7 末尾和《物理学》A7、A9 的论述能给人以启发。

③ Ross, W. D., *Aristotle*, London and New York: Clarendon Press, 1987, p. 166, p. 172.

心的是一个相同的问题：究竟实体是什么？或者说最严格的实体是什么？显然，个别事物不能满足他的要求，最严格的实体或者第一实体应是事物的本质和原因，他的好几个选项都在回答同一个题目。所以笔者认为，他所要考察的是个别事物中决定其个别性的东西，是它的本质，这样的事物才是首要意义上的实体。

三 "这一个（τόδε τι）"和分离（χωριστόν）标准

"那可以是'这一个'（τόδε τι）和分离的存在的东西（χωριστόν）；每一个个别事物的形状（μορφή）和形式（εἶδος）便是这样的东西。"（Δ8，1017b26）

（一）分离（χωριστόν）

亚里士多德将分离主要用在两个方面：其一，也许是他反对柏拉图理念论的最重要的不同意见；其二，在他自己的哲学中用作实体性的中心标志。①

根据《形而上学》M9，1086a32-34，亚里士多德把分离作为柏拉图理念论最核心的荒谬之处来批评，也就是说，柏拉图及其学派的人同时把理念看作是普遍的和个别的，就是因为他们把理念看作是分离的，才导致理念作为范型，既是现实事物的普遍的类，又是独立存在的事物，因而又是个别的。但是对于亚里士多德来说，只有个别事物才是完全独立（分离）存在的。当理念自身是一个它所代表的概念的个别情况时，它也需要一个范型，因此造成了哲学史上著名的"第三人"的无限后退。②

上文所述的其二是这里用作实体的标准之一。分离用在实体理论中的时候，亚里士多德首先在因为研究对象的不同而区分学科时才用到，其次是与"这一个"一起，作为最严格意义上的实体的标准之一。在《形而上学》E1，1026a10-16 中，他谈到根据所研究对象的不同而分不同的学科种

---

① 参见 Liske, M.-Th. 编辑的"χωριστόν"的词条；另外见 Höffe, Otfried（Hrsg.）, Aristoteles-Lexikon, Alfred Kröner Verlag Stuttgart, 2005, S. 102。

② 同上。

类时,在分离的标准旁边加上一个"不动的"(ακίνητον)的标准:如果事物是永恒的、不动的和可分离的,那么就是第一科学研究的对象(物理学研究的对象是分离的却不是不动的,数学研究的对象是不动的但不是可分离的)。从分离和不动这两个标准来看,亚里士多德明显认为分离更高一点。①

而在 $\Delta 8$ 和 $Z3$ 中,亚里士多德在提到"分离"的时候都是与"这一个"一起提到的,并认为形式是最符合这一实体标准的实体,而个别事物和质料都是在其次的意义上是。但是,在这两个地方都没有详细地展开论述这三个实体概念究竟在何种意义上是分离的。对这个问题的详细说明是在 $H1$, $1042a28-31$ 中:

> 主体是实体,而这在一种意义上就是质料(我用质料指的是那不是作为一个现实存在的"这一个",而是一个潜在的"这一个"),而在另一种意义上就是描述或形状(那存在为一个"这一个"的东西在描述中是可分离的),而第三种就是这二者的生成物,只有它才有生成和毁灭,是无条件地可分离的;因为可被描述所表达的实体一些能一些不能。($H1$, $1042a25-29$)

在 $H1$ 所表述的这一段文字中,质料是没有分离性的,因为它永远只能存在于潜能状态,它自身是完全不确定的,而且只是一个确定的个别事物的可能的前提。② 亚里士多德肯定了形式与个别事物具有分离性,而形式的分离是在描述中的分离,也就是我们认识的对象,只有后者即个别事物是无条件可分离的。按照里斯克(Liske, M. -Th.)的理解,使一定的质料成为个别事物的形式本身是确定的、可认识且是分离的,因为分离能和形式同时被表达为产生适合存在的确定性的原则。当质料仅仅通过一个外在的原则保持所有的确定性时,形式意味着由自身而来或分离的确定性,并奠定了它是一个个别事物的基础。因此,形式不仅是一个原因,也是一个某物可认识的原因,这个某物也就是"这一个"。③ 换句话说,作

---

① Hoeffe (2005: 102 – 103).
② Hoeffe (2005: 103).
③ Hoeffe (2005: 103 – 104).

为质料和形式合成物的个别事物之所以是无条件地分离地独立存在，其内在的原因就是形式，形式是个别事物的确定性和分离性的原因，是个别事物独立存在的原因，也是个别事物的本质，是定义的对象，形式也正是在这个意义上成为第一实体，这也是 $\Delta 8$ 和 $Z3$ 所表述但没有详细说明的内容。显然，在作为本质和原因的意义上，形式比个别事物更具有分离性和个别性。而且对于学科研究对象以及形式的分离性，亚里士多德在 Λ 卷也再次有所说明：

> 既然有些东西是可分离的，有些东西是不分离的，而前者是实体，那么万物就有着相同的原因，因为没有实体就既没有属性也没有运动。($\Lambda 5$，$1071a1$)
>
> 形式作为分离物是现实的，还有两者的组合物和缺乏，如黑暗和疾病，质料则作为潜能而存在，因为它具有正反双方得以生成的能力。($\Lambda 5$，$1071a9-11$)

实际上这两段话还是分别强调了个别事物和形式的分离性，前者与万物相对照，后者与质料相对照，并且强调了形式的现实性。可以说，形式是分离的道理所在，也就是形式之所以是第一实体的道理所在，形式解释了为什么个别事物是完全的独立分离存在的。

作为亚里士多德严肃提到的一个实体标准，"分离"却是在亚里士多德文本中更多地作为对柏拉图理念论的批评而出现的，因此说"分离"是亚里士多德哲学中的一个重要术语，不如说他对老师的批评核心更准确。就亚里士多德本人的哲学而言，"分离"更多地与"这一个"是同义的，均强调实体在存在上的个别性，因此在 Z 卷文本中，亚里士多德竟然没有太多提及这个概念，反而不厌其烦地强调实体是"这一个"。也从这个意义而言，笔者很难同意陈康先生在其博士论文中就"分离"这一主题而进行的发挥，更不同意他所认为的亚里士多德并没有批评柏拉图的理念的分离而是一个柏拉图主义者的说法。[1]

---

[1] Chen, Chung-Hwan, *Das Chorismos-Problem bei Aristoteles*, Berlin, Georg Olms Verlag Hildesheim, New York, 1976.

(二) 这一个 (τόδε τι)

本着尊重文本的原则，我们在前文首先论述了作为终极主体的质料。然而，我们也在字里行间发现，亚里士多德虽然花很大的笔墨肯定了质料的主体地位，但是他的论述似乎从开始就反对这种说法，比如他说：

> 这样，假如形式先于质料更是存在，那么它也将由于同样的理由先于由它们构成的东西。(1029a6)

> 但是，我们千万不能仅仅把质料谓述为这样的；因为这是不充分的。这个谓述本身是含混的，而且进一步说，按照这个看法，质料就成了实体。(1029a8 - 10)

> 所以，对于像这样来考虑问题的那些人来说，只有质料必定像是实体了。(1029a18 - 20)

> 如果我们采取这种观点，那么就会得出质料是实体。但是，这是不可能的；因为分离性与"这一个"这两者都被认为是主要地属于实体的。(1029a27 - 29)

于是，在这段"如果这不是实体，那就使我们难以说它是别的什么东西"(1029a10 - 11)的竭力为质料的主体地位辩护的文字里，我们把握的却是模棱两可的结论：虽然毫无疑问地肯定了质料是终极主体（因为它是被谓述的对象），但是又不愿得出质料是实体的结论（虽然根据标准之一，主体是实体）。结合我们上文所引的段落，可以认为，亚里士多德更倾向于把形式规定为实体，或者说第一实体，但是形式如何成为实体呢？他已经说过："当所有别的东西都被剥掉之后，显然地没有什么东西而仅仅只有质料会保留下来。"(1029a11 - 12) 单单从这段文字中，我们毫无疑问地会否定形式的主体地位，因为这里其实纯粹是对质料的主体地位的论证。但是，亚里士多德用强硬的论断肯定了形式是实体，而且是比质料更优先的实体，提出了比终极主体更为严格的实体标准——"这一个"和分离。

在用终极主体和"这一个"与分离标准衡量形式、质料和二者复合物的时候，亚里士多德在这里的表述比较含糊，尤其是将二者的复合物这样的个别事物,用这两个标准来衡量的话究竟应该处于什么位置?我们看到 Z3 这里符合终极主体的似乎只是质料。但如我们上文已指出的,Z13,1038b5 和 Θ7,1049a25－37 均强调终极主体有两个指涉——个别事物和质料,其中质料是首要的主体。或者可以这样理解,说形式是实体,实际上表达的是"形式是第一的、首要的实体"。质料虽然是终极主体,却不是现实的"这一个",也没有分离性,所以不足以成为第一实体。无论如何,在《形而上学》中,形式和质料与二者的复合物相比是亚里士多德更为看重的实体,因为它们是事物的本原和原因。因为按这个新的标准来衡量,形式自然是实体的首选或者说第一实体,虽然形式与质料的复合物也符合这一标准,但却是在后的、表面的:

> 因此,形式和由二者构成的东西可能相比于质料更是（μᾶλλον）实体。此外,由二者构成的实体,我是指由质料和形状所构成的实体,应当放弃,（ἀφετέον）因为它是在后的而且是表面的,（ὑστέρα γὰρ καὶ δήλη）而质料在某种意义上也是表面的（φανερὰ δέ πως καὶ ἡ ὕλη）。（1029a29－32）

"这一个",就是指事物的个别性,是一个确定的事物（τὸ ποιὸν）以及与某个形式（εἶδος τι）同等使用的。根据这个提示,只有实体才符合,才是个别的,也就是说只有实体才是分离的和个别的。[①] 我们上文曾提到 Z3,1029a26－27 和 Θ7,1049b25－37 这段话,亚里士多德明确地强调了"这一个"比主体标准更为严格,在前者的剥离论证下,如果按主体标准,质料就是第一实体,但是按"这一个"标准,形式才是;在后一段话中,主体如果是"这一个",那么实体就是个别事物,主体如果不是"这一个",它就是不确定的质料。如同在《范畴篇》中,主体标准之下有第二实体的存在地位,而"这一个"标准下却没有。或者说,按终极主体的标准,排名首要的是质料,其次是个别事物/质形复合物,再次或宽泛意义上是形式;而按照"这一个"标准,首要的是形式,其次是复合物,再次是质料。实体必须是"这一个",他所追问的是一个事物之

---

① Höffe（2005：600）.

为一个事物的本质和原因，你之为你的那个形式、灵魂。他的个别性为形式决定一事物之为它的原因，是"这一个"的原因的个别性，是在可感事物之中的决定本质的那个成分，而非其他。但是我们必须认识到，"这一个"虽然是形式作为实体的特点，但是这个特点却绝不是 Z 卷一开始就明确了的，相反，亚里士多德本人也承认，形式问题是最困难的。所以我们要讨论形式是实体，要从可感事物中的实体——个别事物——谈起，因为其最容易为我们所把握。而讨论实体，亚里士多德认为就是事物的本质和原因。于是，以本质和原因为线索，亚里士多德论证了形式的第一实体地位。

在 Z4-5 中，亚里士多德认为"本质"就是"由于它自己"（περὶ αὑτοῦ）而是的，本质是与个别事物①相等同的，他认为必须考察是否有每一个事物的"本质"的描述，而这个逻各斯就是一个定义，定义与 τί ἐστι 一样，都有多种意义，但是在首要的绝对的意义上，定义是关于实体的，而且 τί ἐστι 的首要意义就是 τόδε τι 和实体。Z6 论证每一个别事物（ἕκαστον）与它的本质相同，每一事物不能不同于它的实体，而本质是每一个事物的实体，所以说每一事物的存在与本质是相同的，或者说二者是一个东西，就像苏格拉底和是苏格拉底之本质相同一样。Z10-11 提到了"普遍的复合物"（也即种属）并不是实体，而被普遍地应用到个别事物之上的，并强调定义的对象和定义的组成中只是或只包括形式。著名的 Z13-16 是佐证个别性实体的最好的章节。亚里士多德直接指出，任何普遍者（καθόλου）都不是实体，因为实体是特指一个个别事物的本质的，

---

① 在这一章里出现"只有属的种（γένους εἶδος）才有本质"这样的说法，传统上认为"本质"既是个别事物所有，又是种所有，从而认为实体既是个别的，又是普遍的，或者只强调其中一个。但是对这里的解释一直是很有争议的。弗雷德和帕齐希（1988）虽然将其翻译为 Form，但认为它是种差，见 Aristoteles , Metaphysik Z: Text, Übersetzung und Kommentar, S. 66。而 Bostock 虽然在肯定意思上是种，但他还是将其译为 form 而不是 species，见 D. Bostock, Aristotle's Metaphysics Book Z and H, 1994, p. 5。此外，有的学者认为这里的 εἶδος 不是种，而是形式，认为是属的形式，如 Wedin（见 M. V. Wedin, Aristotle's Theory of Substance, 2000, p. 230）。Szlezák 的德文译本也把它翻译为 Art，是种，见 Szlezák, Aristoteles Metaphysik, 2003, S. 113。我认为这里传统的翻译没有问题，是指属的种。而且从我们对 Z7-11 的分析来看，亚里士多德的观点是同一种下的个别事物具有相同的形式，也就是说，这里种具有的那个本质，就是这个种下个别事物的个别形式，只是与其他事物的形式相同。

唯属于一个事物,而普遍是公共的,自然属于一个以上的事物。进一步说,实体意味着并不述说一个主体,但普遍总是述说一些主体。亚里士多德在这几章所针对的是种、属概念以及柏拉图的理念,他明确地否定了这些对象的实体地位,可以说 Z13-16 是从否定性角度来说明实体的个别性。虽然关于定义的问题在 Z 卷最终没有一个明确的结论,但是说明形式作为实体是"这一个"还是有结果的,或者说,亚里士多德通过证明形式是本质和原因(Z17)来说明形式是第一实体。而 H 卷笔者认为通过引入潜能和现实概念,重新定位形式和质料,最终肯定了形式是现实的"这一个",质料是潜在的"这一个",是最终质料,它们本身就是一,从而补充解释了实体的个别性。

四 Z 卷的结构讨论

从来没有一本书或其中的一卷像亚里士多德的《形而上学》及其 Z 卷一样,因为对其结构的理解的不同,竟然造成了理解上的巨大差异,甚至可以说,Z 卷之所以晦涩难懂,在一定程度上就是因为其结构或者说各章之间如何组织的问题解决不了。所以理解 Z 卷,首先必须了解其结构。

众所周知,按现有章节划分的亚里士多德《形而上学》的希腊文本是 1550 年出现的,是 15 世纪的一个拉丁译本,我们应该相信,这些章节可能是过去的翻译者和读者共同确立的、他们认为是理解这个文本的最好方式的一个顺序,但实际上"我们目前的章节划分并没有古代或中世纪的权威依据"[①]。当然这是亚里士多德著作的共同特点,所以正是在亚里士多德哲学研究方法上,有了在 20 世纪耶格尔的发生学方法和欧文逻辑分析方法,以及其他如系统论等研究方法,在前半个世纪是发生法占统治地位,后半个世纪是逻辑分析方法占统治地位,具体到《形而上学》这本书,这两种方法的争锋尤其激烈。而这些方法无非是为了使读者对这本书能融贯地理解,尽可能地接近亚里士多德的本意。然而,无论耶格尔,还是欧文,他们的尝试总是被后人指出这样那样的偏颇,这真是令人泄气的事情。不过经过近一个世纪学者们的努力,笔者相信我们还是离亚里士

---

① Burnyeat, M., *A Map of Metaphysics Zeta*, Pittsburgh, Pa.: Mathesis, 2001, p. 11.

多德的原意越来越近了。

对于 Z 卷，一般认为它是由几组论文构成的，如 Z1-2，Z3，Z4-12（Z7-9 和 Z12 被认为后来插入），Z13-16 以及 Z17，而具体的理解因人而在细微处有异。罗斯认为是 Z1-6 和 Z10-12 的连续被 Z7-9 打断，① 他认为 Z4-6 和 Z10-12 是对本质的讨论，Z13-14 是对属的讨论，Z3 讨论主体，对属的讨论没有单独的章节，但是 Z13-14 对普遍者的讨论也就是对属的讨论，因为每个属就是一个普遍者，如果普遍者不是实体，属也不是。罗斯认为形式不是在本质的名下讨论的，也不是在主体的名下讨论的，因为本质和主体是同普遍者和属一起出现作为实体地位的竞争者的，如果普遍者和属是有交叉的，那么本质和主体也是有交叉的。②

弗雷德和帕齐希认为 Z 卷有 7 个部分：Z1-3，Z4-6，Z7-9，Z10 和 Z11，Z12，Z13-16，Z17。其中，Z7-9 和 Z12 明显是后来插入的，而 Z3 和讨论本质的 Z4-6 并非不间断地相联系，Z13 追溯了除前三章之外的之前各章，所以说认为 Z10 和 11 是关于整体和部分的关系的讨论看来是离题了，而 Z17 是一个新的对实体的考察的开始。Z1-3 是导论，问题的介绍。③ 弗雷德和帕齐希认为，Z4-6 讨论 Z3 所提出来的本质而没有过多评论它与形式的关系，他们认为在这几章里，亚里士多德所谈论的本质指涉的是形式而非个别事物。弗雷德和帕齐希清醒地意识到，只有到 Z7-9 时才首次出现形式④。而对 Z7-9 的作用，他们认为是通过证明无质料的形式在事物的生成过程中扮演一个领导角色，来为 Z10-11 做准备，也就是指出每个事物的实体，不是其他而是形式，是事物的根本的存在。⑤ 门恩（Stephen Menn）在《〈形而上学〉Z10-16 和〈形而上学〉Z 卷的论证结构》⑥ 一文中，反对通常将 Z3-16 三分为 Z3/Z4-12/Z13-

---

① Ross, W. D., *Aristotle's Metaphysics*, vol. 2, Oxford University Press, 1924, p. 181.
② Ross（1924：164）.
③ Frede & Patzig（1988：31）.
④ Frede & Patzig（1988：112）.
⑤ Frede & Patzig（1988：33）.
⑥ Menn, Stephen, "Metaphysics Z10-16 and the Argument-structure of Metaphysics Z", *Oxford Studies in Ancient Philosophy*, Vol. 21, 2001, pp. 83-134. 聂敏里翻译成中文：《〈形而上学〉Z10-16 和〈形而上学〉Z 卷的论证结构》，收集在聂敏里选译《20 世纪亚里士多德研究文选》，华东师范大学出版社 2009 年版，第 398—444 页。

16 的方法，而认为 Z10 - 16 是一个统一的部分。他认为 Z3 论证了一个可感实体的实体作为主体不是限于它存在的更深一层的实体；Z4 - 9 论证了一个可感实体的作为本质的实体不是先于它存在的更深一层的实体；Z10 - 16 证明了无论逻各斯的物理的还是逻辑的部分，都不提供一个事物的真正的本原；而 Z17—H 卷接着表明，尽管如此，如何仍然可能提供有关一个事物的实体的定义。① 从而他用很长的篇幅来论证 Z10 - 16 的统一性。

而相对于前述学者对于 Z 卷的线性阅读方式，如我们上文所详细表述的，2000 年，伯恩耶特提出，Z 卷的安排根本不是一种线性的结构，由导论和几个不同的相对独立的论文组并列而成。他认为 Z 卷是以 Z1 和 Z2 为导论，分别由 Z3、Z4、Z13、Z17 开始的各组相互并列的不同的讨论，而这些不同的讨论都指向一个目标，就是作为实体的形式，在这几组讨论中，实体分别是作为主体、作为本质、作为普遍者和作为原因，而且他认为 Z1—16 是为 Z17—H 做准备。

伯恩耶特极富创意的对 Z 卷的解释给了笔者很大的启示，因为过去的解释者基本上是线性地理解文本的，所以在各章具体所指涉的对象不同的时候往往分歧很大，特别是把 Z3 和 Z4 线性地来阅读，会产生很大的问题。所以笔者极为认可伯恩耶特的非线性的看法，但具体的解释却不敢苟同。笔者同意他非线性的说法和几组论文的提法，但是对于他把 Z1 和 Z2 理解为总纲，而认为 Z3 仅仅是几组独立论文的其中之一且对其主题的理解，以及各组论文是并列关系且有相同结论的说法严重不同意。Z1 和 Z2 只是提出问题，充其量只是一个导论，说 Z3 论述了作为主体的实体，并把其并列于其他论文组，实际上大大地降低了 Z3 作为总纲的重要作用。提到 Z3 作为总纲的作用，首先有必要澄清一种理解，即绝大多数学者强调的仅仅是 Z3 开篇所罗列的四个实体候选项——本质、主体、普遍者和属——决定了整卷的主要内容，如门恩所讲的："但我认为他们在 Z3 的头一句话正在提出何种计划上出了错，因为他们（像除伯恩耶特、科德和维特以外的绝大多数最近的文献一样）使之适合于一个对 Z 卷的标

---

① ［美］门恩著：《〈形而上学〉Z10 - 16 和〈形而上学〉Z 卷的论证结构》，聂敏里译，载聂敏里选译《20 世纪亚里士多德研究文选》，华东师范大学出版社 2009 年版，第 398—400 页。

准和候选项的解释。"① 但是在笔者看来,这是对 Z3 总纲作用的大大的误解,开篇所列的四个候选项根本不是并列关系,而是突出了第四个候选项——主体这一就像在 Δ8 所表述的实体的标准或意义之一,而且 Z3 也不仅仅强调主体是实体,这一章还提出了"这一个"和分离的特点来规定实体,因此在形式、质料以及二者的复合物这三种实体中,暗示了形式更适合作为实体,当然这是需要证明的结论。这样看来,与其说 Z3 主要罗列了四个实体候选项,不如说提出了与 Δ8 的表述完全一致的实体的两层意义或者说标准——终极主体和"这一个"及分离,并确定了形式作为实体候选项。虽然 Z3 除了罗列本质之外,没有只言片语对其进行进一步的阐述,但是毕竟作为候选项罗列出来了,这也是与 Δ8 相一致的,只是将实体是原因的说明放在了 Z17,作为一个新的探索的开始,但是如果把 Z17 与 Z3 结合起来与 Δ8 相对照,就会发现它们彼此之间惊人的一致性和相关性。因此,Z3 并没有开始进行具体的论证过程,而是提出了实体的意义和论述的提纲,并进而指出要证明形式是"这一个"和分离是一个十分困难的问题,我们恐怕需要从我们所熟悉的可感实体开始进行论证,这最后一段提示性的语言经常为人们所忽视,其实它告诉我们证明形式作为实体是一个渐进的过程。如果把 Z3 与其他几组论文并列理解,并且认为 Z3 仅仅是对实体作为主体的解释,就大大降低了 Z3 在整个 Z 卷的核心地位和灵魂所在——它是整卷所出发和所归依的起点和终点,决定了整个 Z 卷的主要内容,不突出 Z3、不把它看作整卷的目标,还是无法准确把握其中无数的矛盾晦涩产生的原因所在,事实上也无法真正理解 Z 卷的结构。Z3 表面上固然用很大篇幅论述了作为主体的实体,但更重要的是给出实体的两个标准——终极主体和"这一个",确定在这两种标准之下有形式、质料和二者的复合物三种实体,但其中形式是第一实体。且我们联系后文来看,本质与形式相等同,而且伯恩耶特直接把 Z4-12 划分为一组,认为其论证的目的是实体是本质,而忽视了期间本质所指涉的对象由个别事物进一步具体到形式的变化,忽视了 Z7 第一次突出形式是实体的重要作用。对于弗雷德和帕齐希对 Z 卷结构的描述,笔者不同意

---

① [美] 门恩著:《〈形而上学〉Z10-16 和〈形而上学〉Z 卷的论证结构》,聂敏里译,载聂敏里选译《20 世纪亚里士多德研究文选》,华东师范大学出版社 2009 年版,第 405 页。

他们对 Z3 的看法，把 Z3 仅仅放在导论的位置显然是太低估它了，只有 Z1-2 是导论，Z3 应该是总纲和全卷要达到的唯一的结论。同时笔者必须指出的是，弗雷德和帕齐希认为 Z4-6 讨论 Z3 所提出来的本质是形式而不是个别事物，因为在他们看来，首要的实体一直是形式，他们没有明确地意识到其实亚里士多德的实体是有一个变化过程的，在这几章里指个别事物。他们意识到只有到 Z7-9 才首次出现形式，但忽视了这正是本质所指涉对象的变化而导致的。而他们认为 Z7-9 是为 Z10-11 做准备的解释不足以突出本质在论证实体过程中的作用，没有意识到正是用本质，亚里士多德才从个别事物到形式再到现实，最终论证了形式是"这一个"。而且他们是线性的思考方式，认为从 Z 卷一开始，亚里士多德就已经明确地把形式定位在了个别的特征上。

五　Z3 是 Z 卷的总纲

因此，笔者的一个大胆猜测就是，Z 卷是以 Z1-2 为导论，Z3 为总纲要，以本质和原因（αἰτία）为线索的非线性的发展的结构。也就是说，Z 卷中最为关键的本质的指涉对象是多样的且变化的：从个别事物（Z4-6）到形式（Z7-12），Z13-16 论证了普遍者不是实体，从反面证明实体是个别的，Z17 证明作为实体的形式就是原因。因此，在实体是什么这个问题上，笔者认为 Z 卷是有结论的——个别的形式。同时，对于如何描述本质，也就是说如何构成实体定义，Z 卷却没有给出最终的结论，需要在 H 卷进行说明。因为形式作为定义的对象，它在某种意义上还是普遍的，但是 Z 卷根本没有解释形式在什么意义上是普遍的。因为亚里士多德论证的渐进性，以及对一些问题的未完成的处理，最终造成了整个 Z 卷似乎指涉混乱的印象。而一旦认识到形式既是个别的又是普遍的，我们将能够很好地了解这一卷的内容。笔者要有力地、不厌其烦地抬高 Z3 在整卷中的地位，因为这一章事实上说明了将要在后面各章所探讨的内容、要达到的目标以及论证方式，并暗示了探讨一定是艰难的，我们不可能从开始就有一个十分明确的概念，而是在经过层层论证、穿过重重迷雾之后，我们才能得到那个亚里士多德似乎是强硬地推出，而事实上用整整一卷都在论证的结论：个别的形式是第一实体，也就是事物的本质和原因。

就具体的 Z 卷的结构而言，Z1 和 Z2 可以说是前言或导论，前者首先从范畴角度给出实体，并提出"实体是什么"的问题，后者列出哲学史上的哲人们所提及的一系列实体。Z3 是整个 Z 卷的核心和灵魂，不仅回答了前两章提出的问题，指出实体是终极主体和"这一个"及分离的，还规定了后面章节要讨论的内容以及出发点。Z4 直接讨论本质，认为本质属于个别事物，也就是说，Z4 所说的实体并非 Z3 所说的形式，如果按线性的阅读方式，一定会认为矛盾重重，因为 Z4 其实是从我们所熟知的个别事物谈起，首先肯定了本质与个别事物直接相关，并没有提到形式。Z5 是紧接 Z4 的，强调了定义首要的就是对实体的定义。Z6 论证了本质是每一个个别事物。由此看来，Z4-6 所谈到的本质和定义都是与个别事物相关联而丝毫没有提到形式概念。形式概念在 Z3 以后的第一次出现是在 Z7，正是从这一章起，亚里士多德开始证明形式就是事物的本质与实体。但令我们感到困惑的是，Z7-9 所出现的形式却并非 Z3 所暗示的是 τόδε τι，反而是 τοιόνδε，指出同一种下的事物的形式是相同的或者说普遍的，甚至就是种，也因此让形式概念和种属概念纠缠不休，于是在首次对形式进行论述的章节中引入了普遍性问题。Z10-11 进一步肯定了定义是对事物的形式而非质料部分的定义，并指出种和属不是实体，只是对个别的形式和质料普遍看待罢了。但是 Z7-11 仍然遗留了一个问题：同一种下个别事物中相同的形式究竟是什么？形式与种究竟如何相互区别？Z13-16 呼应了 Z3，否认了普遍者是实体，强调属、种和柏拉图的理念不是实体，再次强调个别事物不能定义，更重要的是，这实际上从反面证明了实体的个别性。Z17 是独立于 Z3 的一章，认为实体或形式是原因，却与 Δ8 相呼应。H 卷因其关注的对象是质形复合物而与 Z 卷有了区别，明确肯定了质料在定义中的重要性，它不再是如 Z10 和 Z15 是可灭的对象不能定义，而是具有实体地位的潜在实体，与现实的"这一个"，即形式一起都会在定义中体现出来，而且我们看到，本质作为现实，进一步等同于形式，等同于实体，也只有到了这一步，形式是"这一个"才得以最终确立。而定义也就是最切近的质料和形式构成，它们一个是潜能的，一个是现实的。需要指出的是，传统上大家讨论 Z10-11 时习惯于与 Z4-6 放在一起讨论，认为是讨论定义，而 Z7-9 是讨论生成，强调它们是插入的，打断了前后的论证思路。然而在笔者看来，即使 Z7-9 是后来才插入的，也的确讨论了生成问题，但是它更主要的是借生成的题目来强调形式的支配作用，从而第一次鲜明地强调了形式的第一实体的作用。事实上 Z10-11 综合了 Z4-6 和 Z7-9，因为只有 Z7-9 才提出本质是形式，而且在对实体的理解上，恐怕与后者更为一致，那就是形式，而不是 Z4-6 中的个别事物，讨论的中心包含了形式和个别事物以及定义。因为 Z10-11 讨论了那么多有关定义的问题，Z12 顺理成章地给出一种定义的方式，这是最合适也最合理不过了，虽然这是一种未果的讨论。

六 Z3 是纲要的其他理由

我们详细讨论了 Z3 中实体的两层意义，认为这两层意义提纲挈领地掌握着 Z 卷的行文方向，但仅凭这两层意义而肯定 Z3 是 Z 卷总纲的论断，显然还有几分单薄。我们在这里还要指出两个理由。

其一，Z3 开篇就提出的实体至少应被应用在四个对象之上：本质、普遍者、属、主体，这四个候选项实际上几乎是整个 Z 卷的中心内容，特别是本质，事实上构成了亚里士多德论证实体是形式的关键线索。我们看到，对主体的专门讨论就是在 Z3 这一章，指出主体包含有三个选项，而形式是最符合实体标准的第一实体；对形式的讨论主要集中于 Z7-12；而对普遍者和属的讨论是在 Z13-16，对于后者，亚里士多德持否定的态度，也就是否定了普遍者和属是实体。对本质的讨论集中于 Z4-12，其中，Z4-5 认为本质是个别事物所具有的；到 Z6，亚里士多德断言只有个别事物和本质是等同的；而从 Z7 开始，本质进一步与形式等同起来，从而把形式直接与实体等同起来，对实体的讨论就转化成对形式的讨论，因为形式是在对主体讨论时引入"这一个"来确定的，所以可以认为 Z7-12 同时是对本质和主体的讨论。当然在具体的讨论中，我们发现形式问题的确是非常复杂的，专门对形式进行探讨的 Z7-12 并没有能够证明形式就是 Z3 中所说的"这一个"，因为在这几章中，只能证明同一种下个别事物拥有相同的或者说普遍的形式，并用了"这样的""这类"（τοιόνδε）这样的字眼，而"这样的"形式与"这一个"形式是不同的。而且 Z10-12 中作为定义对象的形式是否等同于作为实体的"这一个"形式也是存疑的。Z12明确地说，最后的种差就是形式和实体，但是如何得到最后的种差，恰是由分类法所得到的，虽然亚里士多德强调要用正确方法分类，但是什么是正确的方法呢？如果不知道什么是实体，我们终究找不到最后的种差，比如定义"人是两足的动物"中的"两足"并不是人的实体。但是亚里士多德在这里强调的实体的定义恐怕不是属加种差，而是包含有种差的公式，在种差的公式中是不包含属这个概念的。Z13－16从否定的角度直接呼应了Z3。但至此也没有明确的结论。Z17独立于Z3这一总纲，或者与其并列，强调了实体是原因，即形式是原因，表示要重新开始讨论实体问题。而对这一观点的支持，还有亚里士多德本人的说法。在Z13的开篇，亚里士多德说：

> 让我们再次回到我们所讨论的主题上，即实体。主体、本质、（复合物）以及普遍者被称为实体。关于其中的两个我们已经讲过了（即关于本质和主体）。（1038b1－2）

我们知道关于主体的讨论就在Z3，而关于本质的讨论恰恰就在Z4－12，因此在Z13亚里士多德讨论了普遍者与实体的关系。

其二，我们应该注意到，Z3论证了实体的两层意义：终极主体和"这一个"及分离，但并没有直接而明确地告诉我们形式就是符合这两层意义的实体，或者说，亚里士多德并没有说"这一个"和分离更属于形式，而只是说更属于实体，并认为形式作为实体这个问题是很复杂的问题，暗示这需要一番好好的考察。紧接着的下面的一段话，总被人误解，甚至有人说这是误插在这里的一段话，似乎跟上下文不相接。然而，在笔者看来，这段话是很重要的，它说明了我们要考察的形式问题是一个非常困难的问题，我们只能从我们最熟悉的可感事物谈起，最后才能达到我们要追求的那个目标，也正是这段话暗示了Z卷的论证思路，即从我们所熟悉的个别事物开始谈起（这是Z4－6的内容），逐步进入到对形式的讨论（Z7－12）：

> 大家同意在可感事物之中有一些实体，因此我们必须首先在它们之中进行考察。因为（由此）进展到更可知的东西是有利的。因为

对于所有的人来说学习的程序都是以这种方式——通过本性上较不可知的东西向更可知的东西；……因此这正是我们的工作，即从对其本身来说更可知的东西开始并使本性上可知的事物对其本身是更可知的。……一个人必须从几乎不可知但是对自己是可知的东西开始，努力明白什么是就自身是可知的，正如已经说过的那样，通过这种方式过渡，即正是这些一个人明白的事物的方式。（1029a34 – b13）

因为这里似乎讲的是认识的顺序问题，与我们所要讨论的实体不相关。殊不知这里恰恰说明了我们在认识无质料的形式的时候，无法直接达到形式本身，而必须从可感事物出发，从对与质料相结合的形式的认识开始，才能达到对无质料的形式的认识。在核心卷中，亚里士多德集中于对可感事物中形式的考察，而他的最终目的还是要达到对无质料的形式本身的认识，虽然后者没有在核心卷中体现出来。Z4 实际上才真正开始了对实体的论证，上引这段话恰好为 Z4 讨论个别事物而不是形式提供了理解的可能性。所以整个 Z 卷，甚至 H 和 Θ 卷的讨论对象其实和《物理学》并无二致，都是有质料为其组成成分的可感的物体，只是各自关注的角度和问题不相同。

综合这里所讲到的 Z3 的内容，可知这一章不仅是最困难、最重要的，实际上这一章确定了整个 Z 卷的研究对象、途径和主要内容，是整卷的核心章节，也是总纲。

第二部分 知识

苏格拉底的"无知"与"明智"[*]

先 刚[**]

摘要：在柏拉图的某些对话录中，苏格拉底坦诚的"无知"常被看作谦虚的象征，由此人们或者制造出苏格拉底和柏拉图的对立，或者把二者都解释为一种不可知论。但通过更深入的考察，苏格拉底—柏拉图的"无知"其实是一种同时以"知识"和"无知"为对象的知识，即"明智"（sophrosyne）。明智作为一种整全性的、总是把对立双方包揽在自身之内的辩证知识，也是"勇敢""节制""公正"等美德的基础。简言之，苏格拉底的"无知"仍然是柏拉图的知识至上主义的一个反映。

关键词：无知；明智；节制；辩证法

一

苏格拉底的"无知"是人类思想史上的一个经典议题。在柏拉图的《苏格拉底的申辩》（以下简称《申辩》）中，苏格拉底以一种明确的口吻宣称，他之所以被德尔菲的神钦点为"最智慧的人"，是因为他——相比那些自诩掌握了智慧，实则并不具有智慧的人——知道自己"不是智慧的"（Apol. 21b）、"配不上智慧"（Apol. 23b），等等。与此同时，在柏拉图的另一些对话录（尤其是所谓的早期对话录）里面，一方面，苏格

---

[*] 原载《哲学研究》2017年第8期。

[**] 作者简介：先刚（1973— ），北京大学哲学系教授、德国图宾根大学哲学博士，主攻德国古典哲学、古希腊哲学和西方哲学史，代表作包括专著《柏拉图的本原学说：基于未成文学说和对话录的研究》《永恒与时间——谢林哲学研究》，译有黑格尔的《精神现象学》，发表学术论文若干。

拉底在探讨许多具体问题的时候,多次表示自己陷入到了"疑难"(Aporia)之中,和他的对话伙伴一样,也不知道真正的答案;另一方面,苏格拉底在《会饮》《斐德罗》等对话录里面多次宣称,只有神才握有智慧,而人是不可能掌握智慧的,只能追求智慧。这些情况似乎也印证了苏格拉底的那个自我评价。

虽然苏格拉底从未把习见的"无知"(agnoia, anepistemosyne, amathia)概念用在自己头上,但一直以来,人们就把上述言论概括为苏格拉底的"无知",并且通过单纯的字面意思来理解和赞扬苏格拉底"谦逊"的美德。这仿佛是说,只要我们像苏格拉底一样承认自己的"无知",也可以跻身于"最智慧的人"的行列了。然而在人们对此的一片赞美之声中,他们显然没有注意到一个明确的事实,即在古希腊人津津乐道的大量美德之中,什么都提到了,恰恰没有提到"谦虚"这个东西。

近代以来,人们从对于那种"谦虚"的赞美出发,引申出另外一些认识判断,这些判断尤其是和柏拉图联系在一起。这里面的代表意见大致有如下两种:

1. 以沃纳·菲特(Warner Fite)、本杰明·法灵顿(Benjamin Farrington)、卡尔·波普(Karl Popper)、乔治·萨顿(George Sarton)为代表的一些当代英美学者,把苏格拉底和柏拉图对立起来,指责柏拉图"严重背叛"了自己的老师苏格拉底,[①]因为柏拉图在很多地方看起来并没有那么"谦虚",不是坦然承认各种开放的可能性,而是野心勃勃地建立了一套把形而上学、自然科学、认识论、伦理学和政治学包揽无遗的体系。

2. 近代的德国浪漫派(尤其是弗利德里希·施莱格尔)把苏格拉底和柏拉图等同起来,主张柏拉图哲学的核心精神同样也是以"无知"为旨归,因此在柏拉图那里,同样不存在对于终极问题的答案,不存在绝对

---

① 与此同时,他们宁愿推举苏格拉底的另一位学生安提斯特涅(Anthistene)才是苏格拉底精神的真正传人(见[美]乔治·萨顿著《希腊黄金时代的古代科学》,鲁旭东译,大象出版社2010年版,第520页)。而众所周知,安提斯特涅仅仅关心实践上的道德修养,对理论思考并没有多大兴趣。他的学生希第欧根尼按着这个方向建立了犬儒学派,对于希腊化时期的敌视知识的怀疑主义产生了重要影响。

意义上的真理，至多只有对智慧和真理的"无限趋近"。①

我们看到，这两种意见在对待柏拉图的态度上是正好相反的，与此同时，它们在另一个问题上却达成了一致意见，即苏格拉底（乃至柏拉图）的"无知"确实是最高智慧的表现，是所有后世哲学家的榜样。但遗憾的是，他们对于"无知"的推崇仍然局限于字面上的那个意思，即对于真理"不具有知识"，而在这种情况下，"知道自己无知"只不过是一种谦虚的心态的表现而已，在内容上并不比"无知"包含着更多的东西。

我们承认，始终保持谦虚的心态无论对普通人还是对哲学家来说，都具有重要的意义。然而在涉及客观事实和真理的时候，过分强调"无知"毋宁说是一种虚伪的表现。毕竟我们都知道，总是把"知道自己无知"挂在嘴边的人，和哲学中的"不可知论者"，和那些反对知识而推崇信仰的宗教信徒，几乎只有一步之遥。

笔者在2014年出版的《柏拉图的本原学说——基于未成文学说和对话录的研究》一书中，主要驳斥了上述第二种意见。②我在那里的主要观点是，苏格拉底和柏拉图之所以强调自己的"无知"，辞让"智慧"，其实是为了和那些智术师自诩的所谓"智慧"划清界限；反过来，从柏拉图的口传学说和那些包含着大量理论建树的对话录的实际表现来看，柏拉图无疑认为自己掌握的"真知"（phronesis, episteme, gnosis）才是真正的"智慧"。就此而言，至少柏拉图不是像德国浪漫派所曲解的那样，只愿意追求真理和智慧，却不能甚至不愿意掌握真理和智慧，毋宁说事实恰恰相反。

---

① 比如施莱格尔是这样说的："在苏格拉底和柏拉图看来，哲学的对象是如此地超越于人类理智的紧促界限之上，如此地超脱于人类理智的有限的理解能力，所以他们宣称，即使通过最大的努力也绝不可能完全认识到无限的真理，不可能完全穷尽无限的真理；这个真理只能以揣摩、猜测和暗示的方式被把握，人们只能通过一种永不止息的持续追求、通过一种上升式的追求完满的教育、通过推崇一切精神力量和行为，才能接近它；但要完全达到它，这对于人来说是一个不可解决的问题。" Friedrich Schlegel, *Von der sokratischen und platonischen Dialektik*, *Friedrich Schlegel's Philosophische Vorlesungen aus den Jahren 1804 bis 1806*, Hrsg. von C. J. H. Windischmann, Erster Teil, Bonn 1836. S. 31.

② 参阅先刚《柏拉图的本原学说——基于未成文学说和对话录的研究》第六章"柏拉图的'哲学'理想"（尤其是其中的第191—222页），生活·读书·新知三联书店2014年版。

二

然而在《柏拉图的本原学说——基于未成文学说和对话录的研究》里，笔者对这里所说的第一种意见并未深入讨论。因此这是本文的主要议题。也就是说，笔者希望进一步澄清苏格拉底—柏拉图的"无知"的哲学意蕴，同时希望表明，在知识问题上，所谓的苏格拉底式"谦虚"和柏拉图式"僭越"之间的对立压根就是莫须有的。就后一个问题而言，那个捏造出来的对立从一开始就忽略了如下一些情况：

1. 那个"谦虚的"苏格拉底形象根本就是出于柏拉图的手笔，因此在某种意义上其实是柏拉图本人的学说的一种表现。① 既然如此，柏拉图怎么可能自己"背叛"自己，自己"僭越"自己呢？

2. 在柏拉图的另一些对话录里，苏格拉底并不"谦虚"，而是以一种正面积极的方式提出了一套涉及方方面面的完整学说——针对这个现象，人们把其中的"苏格拉底"自动切换为一个"僭越式的柏拉图"或"独断的柏拉图"，认为这些是柏拉图本人的观点，不应当算在苏格拉底的头上。② 问题在

---

① 在这个问题上，我们很难同意泰勒的观点，他认为柏拉图的早期对话录阐述的是苏格拉底的思想（其理由是早期对话录里面的思想不够成熟和完整），主要是为了纪念苏格拉底，使之永垂不朽（参看 [英] 泰勒著《柏拉图——生平及其著作》，谢随知等译，山东人民出版社1996年版，第31页），只有中期和后期的对话录才是柏拉图自己的思想的反映。然而泰勒的这个观点缺乏证据，至于他的那个理由"柏拉图的早期对话录只是不成熟的思想的反映"，早就已经遭到了学界的驳斥，尤其是图宾根学派的学者令人信服地指出，那些对话录的所谓的"不成熟"仅仅是因为柏拉图在写作它们时有所保留，没有把探索方式和答案过早地书写下来。因此笔者的这篇文章并没有在苏格拉底和柏拉图之间做出区分，即是说要把那种遭到曲解的"无知"头衔从苏格拉底和柏拉图的头上都摘下来，而本文标题之所以采取了"苏格拉底的'无知'"的说法，原因仅仅在于，苏格拉底是这个曲解的更大的受害者。

② 有些学者为了在苏格拉底和柏拉图之间划清界限，甚至宁愿采纳色诺芬笔下的苏格拉底形象，也不接受柏拉图勾勒出的苏格拉底形象。其理由是，柏拉图过于强大的哲学才华必然会给真实的苏格拉底披上很多本非属于他的华丽外衣，反之不那么聪颖的色诺芬才会老老实实地忠实复述苏格拉底的思想。这个观点同样遭到了另外一些学者的反驳，因为色诺芬笔下的"苏格拉底"根本就是一个非常平庸的人，因此他的问题不在于他是否忠实地复述了苏格拉底的教诲，而是在于他究竟是否真正领会了苏格拉底的教诲。因此到头来，即便是要把"苏格拉底"和"柏拉图"划分开来，也仍然得依靠柏拉图的著作本身。关于这个问题，详参 Helmut Flashar u. Klaus Döring, *Grundriss der Philosophie der Geschichte* (*Ueberweg*), Band 2/1, Zweites Kapitel: *Sokrates, die Sokratiker und die von ihnen begründeten Traditionen*, Schwabe &Co. AG Verlag Basel, 1998。

于，这里的"苏格拉底"和前面那个"苏格拉底"凭什么可以区分开来呢？

3. 最后，无论是苏格拉底还是柏拉图，明明比任何人都更强调"知识"的极端重要性，甚至提出"美德就是知识"（*Men.* 87*d*）这样的坚定命题。他们反反复复拒斥"无知"，甚至明确斥之为"最大的恶"（*Tim.* 88*a* – *b*）、"万恶的根源"（*Epist.* Ⅶ 336*b*）、"最丑陋的东西"（*Alki. I* 296*a*），而这些言论怎么能够和对于"无知"的推崇结合在一起呢？

这些疑问促使我们全面而深入考察苏格拉底的"无知"的真正意义。这里的关键问题是，无论如何，人们不应当按照字面意思来轻松随便地接纳苏格拉底的"无知"概念，而是应当在这个概念出现时的语境中考察其真正的含义。

在这个问题上，我们首先从著名的《申辩》出发，考察苏格拉底大谈"无知"的具体语境。这里首先需要注意的是，当苏格拉底得知神谕宣称他为"最智慧的人"的时候，他并未否定这个神谕的真实性〔"神是无论如何不会撒谎的"（*Apol.* 21*b*）〕，而是不明白这个断言的理由〔"很长一段时间我都不理解，那个神谕是什么意思"（*Apol.* 21*b*）〕。因此苏格拉底试图通过和一些所谓的"智慧之人"的交流来探寻那个理由。具体说来，是如下三个步骤。

1. 首先通过和政客的交流，苏格拉底发现，他们最大的特点是"自认为自己是很智慧的，但实际上根本不是如此"。（*Apol.* 21*c*）"这些最有名望的人在我看来几乎是一些最可怜的人。"（*Apol.* 22*a*）这类人是对智慧完全"一无所知"的人。

2. 随后在和诗人的交流中，苏格拉底发现，他们虽然也说出了很多真理，但本身却不理解这些真理；他们和预言家、神谕颁布者一样，能够说出很多美好的东西，但却不理解自己所说的那些东西。（*Apol.* 22*b* – *c*）这类人已经"具有"了某种程度的智慧，但并没有真正"掌握"它们。

3. 接下来是和工匠的交流，这些人确有一技之长，知道很多东西（这里指他们在自己的专业领域里面不仅知其然，而且知其所以然，因此在这些领域里确实是"智慧的"，比诗人又胜一等）。问题在于，工匠虽然在各自的专业领域里是智慧的，但却认为自己在"其他最重要的事物"

上面也是很有智慧的,而实际上,他们对此根本也是一无所知的,因此"他们的这个愚蠢就抹杀了他们的那个智慧"。(*Apol.* 21c – 22e)

通过这些检验,苏格拉底发现德尔菲之神所言不虚,最重要的是,他明白了那个神谕的理由,即他和那些自认为具有智慧,实际上却知之甚少或一无所知的人相比,至少是知道自己并不具有智慧,知道自己是无知的。

到这里为止,我们和那些推崇"无知"的人看起来并没有什么分歧。但笔者想要提出两个问题:第一,究竟是关于什么东西,政客、诗人和工匠是无知的?第二,苏格拉底依据什么断定他们是无知的?很显然,当一个人宣称别人在某件事情上是"无知的"的时候,如果这是一个符合事实的判断,那么前者必定已经掌握了后者不具有的相关知识。因此这里的关键主要不是在于苏格拉底比那些人"谦虚",更重要的是,他确实具有那些人所不具有的知识,唯其如此,他才能够揭示出对方的"无知"。反之,假若苏格拉底本身就是一个对相关对象一无所知的人,即使他可以谦虚地承认自己的"无知",但他又有什么权利宣称别人在这个问题上同样也是"无知的"呢?

也就是说,如果我们承认苏格拉底对那些人的批判是切中要害的,那么我们必须也承认,苏格拉底并不是真的"无知",毋宁说,就他们谈论的那些对象而言,苏格拉底实际上一定是具有知识的——至于他的这些知识是否配得上"智慧"的荣誉,这是另一个议题。无论如何,我们切不可忘记神谕授予苏格拉底"最智慧的人"这一头衔的正面意义,因为如若不然,神谕为什么不干脆直截了当地宣布苏格拉底是"最谦虚的人"呢?那么,苏格拉底具有什么知识呢?

我们可以推测,当苏格拉底和政客讨论"公正",和诗人讨论"神性",和工匠讨论"技艺"的时候,必然已经具有了相关对象的正确知识。关键在于,他必须不仅具有相关知识,还得揭示出那些人的"无知",指出他们错在什么地方,指出他们知识的局限性或界限。这就是说,在进行相关讨论的时候,苏格拉底一方面以自己的"知识"为对象;另一方面以对方的"无知"为对象,他的知识是一种同时把"知识"和"无知"包揽在自身之内的知识。

推而言之,如果苏格拉底认识到自己的"无知",那么他必定已经具有一种更高层面上的知识,唯其如此,他的那句断言,"知道①自己不是智慧的",才会具有一种哲学上的价值,而不是仅仅反映着一种廉价的"谦虚"心态(这是我们反复强调并予以拒斥的东西)。认识到这一点之后,我们立即就会注意到,在苏格拉底—柏拉图那里,这种同时以"知识"和"无知"(尤其是后者)为对象的知识,不是别的,正是"明智"。

三

在对"明智"(sophrosyne)概念进行更深入的分析之前,笔者想谈谈一个值得注意的情况,即在这里被解释为一种"知识"或"明智"的"sophrosyne",在柏拉图的某些著作(比如《理想国》和《高尔吉亚》)里面,通常都被翻译为"节制",而"节制"的意思就是"自己控制自己"或"控制欲望"(《理想国》430d;《高尔吉亚》491d,492$a-b$)。不仅如此,后来亚里士多德主要也是在"节制"的意义上讨论"sophrosyne"。(《尼各马可伦理学》1117b23—1119b18)对此首先需要指出,我们把"sophrosyne"理解并且翻译为"明智",这是有充分的文本根据的(下文将详谈)。那么现在的问题是,"明智"和"节制"究竟是什么关系?如果只是简单地指出同一个概念具有两种意思,这无疑是一种隔靴搔痒的做法。在笔者看来,其实很显然,如果一个人没有获得关于自己的知识(即"明智"),没有做到"自己认识自己",那么"自己控制自己"也就无从谈起。就此而言,所谓的"节制"只不过是"明智"的众多表现之一而已。更何况亚里士多德也已经指出,他所说的"节制"和通常所说的"知识"(phronesis)具有一种内在的联系:"sophrosyne 这个词的意思就是保持 phronesis,sophrosyne 所保持的是 phronesis 的观点。"(《尼各马可伦理学》1140b11)也就是说,"明智"已经把"节制"统摄在自身

---

① 詹文杰先生在其《论苏格拉底的无知与有知》(载《哲学研究》2015 年第 8 期)里面细致地归纳了在柏拉图的对话录里面,当苏格拉底提到"知道"的时候使用的各种说法,比如"我得知""我完全知道""我清楚知道""我认识到""我相信"等。这是一项很有意义的工作,但因为其意义主要体现在修辞学方面,对于本文讨论的苏格拉底—柏拉图在知识论上的根本立场并无太大影响,所以本文在"知道"和"知识"之间不做区分。

内，任何关于"节制"的讨论都已经预设其在本质上是一种知识，这两个概念并无矛盾之处。

回到正题。在笔者看来，"明智"的发现为我们切实地理解把握苏格拉底的"无知"的真正意义，提供了一把关键钥匙。也就是说，我们必须从《申辩》转向柏拉图的另外一些对话录，转向其中关于"明智"的讨论。

首先值得注意的是，在《大阿尔基比亚德》里，在把"灵魂"界定为每一个人真正的"自己"之后，苏格拉底提出了对于这个"自己"的认识，亦即"自我认识"的重要性。苏格拉底首先指出，医生、运动员、农夫、工匠等有一技之长的人并不能凭借他们掌握的各种技艺来认识自己——注意，这里和《申辩》中对工匠的批评的联系，然后给"明智"提出了一个定义："明智就是认识自己（sophrosyne esti to heauton gignoskein）。"（《大阿尔基比亚德》131b）这个定义并不是随意提出来的，因为苏格拉底在随后的地方再次强调："我们都承认，认识自己就是明智。"（《大阿尔基比亚德》133c）如果我们把这个定义和德尔菲神庙的另一个著名的神谕"认识你自己"（gnoti se auton）联系在一起，再和那个宣称苏格拉底为"最智慧的人"的神谕联系起来，就能很容易看出，这其实是在宣称苏格拉底是"最明智的人"。这就说明，"知道自己无知"必定应当从"明智"出发来理解。

当然，《大阿尔基比亚德》仅仅强调了"自我认识"或"明智"的重要性，指出："如果我们缺乏自我认识，不是明智的，就不可能知道，什么东西对我们是好的，什么东西对我们是坏的。"（《大阿尔基比亚德》133c）苏格拉底在那里进而宣称，如果一个人缺乏自我认识，他也不可能真正认识自己所做的事情；如果一个人不理解自己所做的事情，他也不可能理解别人所做的事情，而这样的一个人，绝不可能成为一名"政治家"。（《大阿尔基比亚德》133d—e）如果我们把这些言辞和《申辩》中对于政客的批判联系在一起，就可以发现，政客们之所以是无知的，归根到底在于缺乏一种"明智"。

在柏拉图的所有对话录里，对于"明智"讨论最多的无疑是《夏米德》，其副标题就是"论明智"。和其他早期对话录一样，这部对话录也是选取一个美德作为讨论对象。同样，在对话过程中，那些初步提出的规定逐一遭到抛弃，最终形成一个相对明确的答案。苏格拉底在这部对话录里主要有两个对话伙伴：夏米德及其舅舅克里提亚。他在前半阶段和夏米德的讨论，主要是起着一个铺垫作用，在这个阶段，夏米德的那些观点，比如"明智就是瞻前顾后"（《夏米德》159b）、"明智是一种羞耻感"（《夏米德》160e）、"明智就是每个人做他自己的事情"（《夏米德》161b）①，等等，被依次验证为无效。转折点出现在另一个对话伙伴克里提亚的介入，他接着夏米德的最后一个定义，以一种更明确的方式提出，"明智就是做好的事情（即把事情做好）"（《夏米德》163e），而苏格拉底对此的质问是，工匠和艺术家都能做好自己的本职工作，因此是在"做好的事情"，既然如此，他们是不是有资格被称为"明智的"呢？（这里仍请大家注意和《申辩》中对诗人和工匠的批评的联系！）当然，克里提亚对这个问题的答复是肯定的，但更重要的是，他在这里进而提出，"明智"就是德尔菲神庙里提出的"认识自己"（to gignoskein heauton）。（《夏米德》164d）这个定义和《大阿尔基比亚德》里面的说法是完全一致的。在这里，克里提亚不仅提出"认识你自己"和"你要明智"是同一个意思，更认为德尔菲神庙的其他神谕，比如"勿过度"和"谁作担保，谁就遭殃"，也是在强调"明智"的重要性。（《夏米德》164e—165a）

由此可见，在"明智"问题上，《夏米德》是《大阿尔基比亚德》的深化和发展，同时二者都是在间接地阐发《申辩》中苏格拉底的"最智慧"和"知道自己无知"的真正含义。

按理说，这个如此重要的观点应该是由苏格拉底本人提出来，而不是让克里提亚提出来，因为按柏拉图对话录通常的探讨方式，由对方提出来的观点都会遭到反驳或者纠正。②果不其然，苏格拉底立即发出了提问：如果"明智"是一种知识，它的对象是什么呢？（看起来苏格拉底并不认

---

① 读者可能注意到，这个说法在《理想国》里是对"公正"的定义。关于这个问题，我们接下来会加以讨论。

② 针对我们的这个疑问，实际上苏格拉底随后给出了解释，因为他鼓励克里提亚："只管回答问题，说出你的观点；你不要去关心这里是克里提亚还是苏格拉底遭到反驳，你只需注意你的解释，即相关研究是如何推进的。"（《夏米德》166d—e）由此可见，苏格拉底之所以让那个观点由克里提亚说出来，并不是为了反驳它，而是为了让对话伙伴发扬自己的思维能动性，亲自参与到研究的推进过程之中，而这是苏格拉底—柏拉图的问答法经常采取的策略。

为"自己"或"自我"是严格意义上的认识对象）医术以健康为对象，建筑术以房屋为对象，纺织术以衣服为对象，这些知识都会带来用处，产生成果（ergon），既然如此，作为"自我认识"的"明智"能够带来什么美好的成果呢？（《夏米德》165d—e）

克里提亚辩护道，"明智"这种知识就其本性而言和所有别的知识都不一样，也就是说："所有别的知识都是以一个'他者'为对象，但唯有'明智'是既以其他知识为对象，也以它自己为对象。"（《夏米德》166c，166e）沿着这个思路，苏格拉底主动出击，把克里提亚带入到另一个观点，即"明智"不仅以知识为对象，甚至以"无知"（anepistemosynes）为对象，也就是说："唯有一个明智的人既能够认识自己，也能够探究他真正知道的东西和他不知道的东西；同样，唯有他能够对其他人做出评价，指出一个人在知道某个东西并且认为自己知道某个东西的时候，确实知道这个东西，或者一个人在以为自己知道某个东西的时候，其实不知道这个东西。"（《夏米德》166e—167a）这里已经明确告诉我们，无论是"知道别人无知"，还是"知道自己无知"，都是一个"明智的人"的专利，而这显而易见是《申辩》中苏格拉底在考察自己和别人的智慧时的表现！至于他所批评的那三类人，与其说是"无知的"，不如更确切地说是"缺乏明智的"。

通过自己主动介入和替对方作答，苏格拉底在这里实际上接管了问题的导向，而在柏拉图的对话录里，通常说来，这是涉及重要议题的标志之一。前面已经表明，"明智"是一种三重性的知识：1. 对自己的知识；2. 对别的知识的知识；3. 对无知的知识。（《夏米德》167b—c）正如我们看到的，这种知识是如此之独特，确实不同于所有别的普通知识。尤其是在"自我认识"这个问题上，存在许多困难。比如，按苏格拉底自己列举的例子，任何"看"或"听"，作为一种知识，都是以一个他者为对象，反过来，对于"看"的看或对于"听"的听怎么可能呢？推而言之，诸如欲望、爱、畏惧、想象也是如此，欲望以一个东西（比如美食）为对象，不可能以欲望自身为对象，否则的话，还会有对于"欲望的欲望"的欲望，如此以至无穷。

如果我们熟悉近代以来的哲学思维方式，就不难发现，这是所谓的"反思的无穷倒退"，而这里最著名的例子就是"自我意识"或"自我"

问题:"我"以"我"为对象,但"我"还可以以前面的那个"我"为对象,如此以至无穷,"我"始终不能建立起来。当然,近代哲学有解决这个问题的办法,那就是拒绝自我意识的"反思模式",转而把"自我"理解为一种主客同一的理智直观,理解为一种"纯粹的"(亦即超越意识的或无意识的)意识。①实际上,近代哲学面临的"自我意识"问题和这里所说的"自我认识"问题没有什么两样,唯一的差别在于,苏格拉底—柏拉图尚未像后世那样强调"自我"的极端根本地位。也就是说,苏格拉底—柏拉图自己实际上是把这个无比棘手的问题抛给了克里提亚,颇有点"甩锅"的意味,而很自然地,克里提亚对此哑口无言,非常尴尬。为了给克里提亚一个台阶,苏格拉底说道:"好吧,假若你是正确的,我们目前姑且承认,可能真的存在这样一种'对于知识的知识'(episteme epistemes),至于事情是否真的如此,我们不妨改天再来研究。"(《夏米德》169d)在柏拉图的对话录里,这是一个常见的"中断讨论"现象②,对于这个现象,图宾根学派的诸位学者认为,柏拉图并不是不知道问题的解决办法,也不是不能够对此展开深入讨论,只不过鉴于问题本身的难度以及对话伙伴的理解力,他宁愿在其他场合(尤其是学园内部)亲自讲授这些学说,而不是在当前的这部对话录中勉为其难地加以阐述。当然,就这个可能导致"无穷倒退"的特定问题而言,无论是在关于柏拉图口传学说的记载里,还是在柏拉图的其他对话录里,我们都没有找到、也不可能找到一个类似于近代哲学的解决办法。但这并不意味着苏格拉底—柏拉图没有别的解决办法,而正如我们将会看到的,柏拉图把这个意义上的"明智"引向了一种总体性的辩证知识。

由此,苏格拉底过渡到了一个重要的问题:"一个具有自我认识的人,是否必然也知道,他知道什么东西,以及他不知道什么东西?"(《夏

---

① 费希特在1797年的《知识学的一种新的阐释尝试》中,就这个问题首次做出了最重要的探索,他的探索尝试分别由谢林—黑格尔和德国浪漫派继承,前者走向一种主张"不是差别的差别"的绝对同一性哲学;后者走向一种神秘的自身体验,尤其引发了当代著名的"海德堡学派"(以狄特尔·亨利希为代表)的自我意识理论。关于这个问题,限于本文主题,我们在这里仅仅点到为止。

② 比如《普罗泰戈拉》(357b)、《大阿尔基比亚德》(130d)、《理想国》(506d, 509c)、《斐德罗》(246a)、《智术师》(254c)、《政治家》(262c)、《蒂迈欧》(28c, 48c, 53d)等。

米德》169e）对于这个问题，克里提亚轻易地给出了一个肯定的答复。但苏格拉底提醒他注意，医生具有关于健康的知识，是通过医术，不是通过他的自我认识；音乐家具有关于谐音的知识，是通过乐理，不是通过他的自我认识；同样，政治家具有关于公正的知识，是通过政治技艺，也不是通过他的自我认识。看起来，首先，自我认识或"明智"并没有帮助人们获得具体的知识；其次，它在评判人们"知道什么和不知道什么"的时候，自己也不知道那个"什么东西"，而是仅仅知道"这件事情"：人们知道一些东西，或者人们不知道一些东西。（《夏米德》170d）在这种情况下，自我认识或"明智"仿佛只是一种空洞的知识，甚至不能和医术之类的知识相提并论，因为医生至少是同时知道"健康"和"不健康"，能够区分谁是这方面有知识的人，谁是这方面无知的人，而这对一个"明智的人"来说却是不可能的。（《夏米德》171c）

　　这个困难导致"明智"遭到质疑，即它对我们而言究竟有什么用处？（《夏米德》171d，172d）一个明智的人知道，自己知道什么，不知道什么，知道自己的"知识"，也知道自己的"无知"。除此之外，他还能够评价别人"知识"或者"无知"。然而落实到具体事务上，比如家庭事务和国家事务上，这种意义上的"明智"并不能如医术、航海术、制衣术等那样给我们带来任何具体的帮助。这些疑虑给我们造成了一个印象，仿佛苏格拉底要把"明智"作为某种"完全无用的东西"而加以抛弃。（《夏米德》175c）但这里我们不能忽视一个关键，那就是，苏格拉底真正要拒斥的，是那种流于形式的或空洞的"明智"，这种"明智"仅仅知道自己或他人的"知识"和"无知"，而对具体的知识对象，即那个"什么东西"，却不具有知识。其实通过这个反思，苏格拉底无疑已经告诉我们，单纯的"知道自己无知"（即人们津津乐道的那种"谦虚"），根本就是一种无用的东西，或充其量说，仅仅是一种具有初级用处的东西。①但相比之下，真正重要的还是应当掌握关于具体对象的知识，唯其如此，"明智"（即对自己和别人的"知识"或"无知"做出评判）才是一种有

---

① 在《大阿尔基比亚德》里，苏格拉底指出这种意义上的"明智"或"自我认识"还是有一定用处的："如果我们认识到自己，那么我们也有可能知道，应当如何照料自己；反之，如果我们没有认识到自己，我们就绝不可能知道这一点。"（129a）

根有据的、令人信服的东西。也就是说，苏格拉底之所以推崇"自我认识"或"明智"，绝不是希望人们简单承认自己的"无知"，然后就心安理得万事大吉，而是鼓励人们积极地去追求真正的知识，并在这个过程中上升到"通观"（synopsis）的高度，达到一种实质意义上的"明智"。

正是在这个意义上，苏格拉底提出了一种"最有用的知识"，即"与善和恶相关的知识"或"对善和恶的认识"，并把它与那种单纯的、无用的"对知识和无知的知识"区分开来。（《夏米德》174$c-d$）他在这里并没有进一步阐释"对善和恶的认识"具体是怎样一种知识，因为真正的重点在于，"善和恶"代表着一般意义上的对立（即是说我们也可以把它切换为"健康和疾病""对和错""美和丑""悲剧和喜剧"，等等），因此这是一种具有实质对象的，并且同时把相互对立的两个方面包揽在一起的知识，即一种整全性的辩证知识①，而这才是真正的"明智"。②虽然这部对话录在结尾处看起来也陷入到了"疑难"之中，但如果我们理解了上述分析，就能领会到，苏格拉底—柏拉图实际上已经给出了一个解决问题的方向，那就是我们应当在"明智"的指引下追求一种实质性的、整全性的知识。这样我们也会发现，苏格拉底在这部对话录的一开始就给了我们足够多的暗示。因为夏米德受困于"头疼"的病症，而苏格拉底告诉他，真正的好医生（这里指著名的希波克拉底）一定是采取一种整全性的治疗方法，亦即并不是头疼医头，脚疼医脚，毋宁说，如果一个人眼睛生病，医生必须看他的头；如果一个人的头有病，那么必须看他的整个身体，因为治疗是指向整个身体的，一旦治疗了整体，自然也就治疗了部分。在这里，苏格拉底更是托借色雷斯国王查莫希斯（Zamolxis）之口，发出这样的观点："要治疗眼睛，不能不管头；要治疗头，不能不管整个身体；要治疗身体，不能不管灵魂。"（《夏米德》156$b—e$）灵魂所患的

---

① 关于柏拉图的辩证法的本质规定和具体特征，参阅拙文《试析柏拉图的"辩证法"概念》，《云南大学学报》（社会科学版）2013年第2期。

② 或许有读者会认为，这样一种整全性的知识在柏拉图那里应该叫作"智慧"（sophia）才对。我并不反对这个说法，但我想指出的是，这里没有必要拘泥于某个特定的名称术语，因为最终说来，在柏拉图那里，"智慧"和"明智"（sophrosyne）还有"知识"（phronesis）都是指同一个东西。此处仍请参阅先刚《柏拉图的本原学说——基于未成文学说和对话录的研究》（生活·读书·新知三联书店2014年版）第六章"柏拉图的'哲学'理想"中关于"智慧"的讨论。

最大疾病，就是"无知"，所以相应的治疗方法，就是通过辩证交谈，让灵魂里面产生出"明智"。而正如我们反复强调的，苏格拉底心目中的真正的"明智"不是简单地"知道自己的无知"，而是要掌握一种整全性的知识。

四

迄今的论述表明，《申辩》是以一种隐晦的方式指出"知道自己的无知"是"明智"的一个表现，而《大阿尔基比亚德》和《夏米德》则是明确地把"自我认识"等同于"明智"。除了这几部对话录之外，柏拉图谈论"明智"最多的地方，是在《理想国》里面，在其中，"明智"和"勇敢""智慧""公正"并列为一个城邦最重要的四个美德。相对而言，对"明智"的讨论明显少于另外三个美德，仿佛它在这里居于一个次要的地位。但这个理解是错误的。对这个问题，笔者在《柏拉图的本原学说——基于未成文学说和对话录的研究》一书里亦指出，没有"明智"，"公正"就不会得以实现，因此前者是后者的直接前提。①原因在于，虽然"公正"意味着"各司其职"或"做自己的事情"，但是，人们凭什么就要做公正的人，心甘情愿地去做自己的事情，而不去插足应当由别人来做的事情呢？除非他已经知道，什么是他自己的事情，什么是别人的事情。就此而言，"公正"和"明智"尤其具有密切的联系。此前笔者已经提醒大家注意，《夏米德》里面曾经把"明智"定义为"每个人做他自己的事情"（《夏米德》161b），而这恰恰是《理想国》里面对于"公正"的定义（《理想国》433d）。在笔者看来，这并不是柏拉图的疏忽大意，正相反，他这个表面上看起来的"混淆"，其实是确证了"明智"与"公正"的内在联系。在《蒂迈欧》里，柏拉图已经明确指出："自古以来，人们就正确地宣称，唯有一个明智的人才会做他应做的事情，并且认识他自己。"（《蒂迈欧》72a）而在《普罗泰戈拉》和《会饮》里，我们看到柏拉图已经有这样的思想，即"明智"取决于知识，而"公正"又是取决

---

① 先刚：《柏拉图的本原学说——基于未成文学说和对话录的研究》，生活・读书・新知三联书店2014年版，第392页。

于"明智"。(《普罗泰戈拉》;《会引》209a) 此外我们在前面已经指出,"节制"与"明智"之间也具有一种内在的联系。诚然,按照《理想国》的说法,"明智"("节制")美德主要是对代表着欲望的劳动阶层和商人阶层所提出的要求(因为这些人最容易失去自我控制,僭越自己的本分),但这并不意味着军人阶层和国家护卫者阶层就不需要具有这个美德,因为他们同样有可能做出越界的事情。正是在这个意义上,柏拉图明确指出:"'明智'('节制')贯穿全体公民,把最强的、最弱的和中间的(不管是指智慧方面,还是指力量方面,或者还是指人数方面、财富方面,或其他诸如此类的方面)都结合起来,造成和谐,就像贯穿整个音阶,把各种强弱的音符结合起来,产生出一首和谐的交响乐一样。"(《理想国》432a) 和"勇敢"专属于军人阶层,"智慧"专属于国家护卫者不同,"明智"和"公正"是全体公民都应当具有的美德,因而占据着一个甚至比"智慧"更高的地位,而它之所以能够占据这个地位,就在于它在本质上是这样一种整全性的知识:既是对于具体对象的知识,同时也是对于自己和别人的"知识"(能力)和"无知"(界限)的知识。①

由此可见,苏格拉底的"无知"根本不是一种以"不具有知识"为旨归的"谦虚"心态的表现,而是一种作为整全性知识的"明智"的必然结果。如果我们要赞美苏格拉底的"无知",就必须把这种意义上的"明智"当作自己的追求目标,这才是苏格拉底—柏拉图的教诲的真正目的。

---

① 从某种意义上来说,《政治家》里面讨论的"政治技艺"或"君王技艺"就是这样一种"明智",一种"最困难也是最重要的知识"。(292d) 真正的政治家或君王能够区分每一个人的能力和不足,进而把他们整合为一个和谐的整体。(283a, 306a, 311b)

如何理解柏拉图的"知识"和"信念"?*

詹文杰**

摘要: 诠释者们对柏拉图哲学中"知识"和"信念"的关系做出了不同的解释,主要有兼容论、排斥论和歧义论这三种读法。本文首先对以法恩(G. Fine)为代表的兼容论读法和以福格特(K. M. Vogt)为代表的排斥论读法做了一些评述,指出了它们各自的困难,然后为歧义论读法提供了一些支持和论证。作者认为,想当然地认为柏拉图不同文本中的"知识"和"信念"概念有统一的含义,这是错误的。相反,实际上《美诺》和《泰阿泰德》中的"知识"和"信念"概念,与《理想国》中的"知识"和"信念"概念有着非常不同的含义。

关键词: 柏拉图;知识论;知识;信念;意见

我们暂且把柏拉图哲学中的两个重要术语"epistēmē"和"doxa"分别译作"知识"和"信念"。① 柏拉图主要在三个文本中讨论"知识"和

---

* 原载《世界哲学》2014年第1期。

** 作者简介:詹文杰(1979—),中国社会科学院哲学研究所副研究员,主要研究领域为古希腊哲学,出版著作有《真假之辨——柏拉图〈智者〉研究》,译著有《形而上学》《哲学规劝录》《古代哲学史》《智者》《泰阿泰德》等,主要论文有《如何理解柏拉图的"知识"与"信念"?》《倾听 Logos:赫拉克利特著作残篇 DK - B1 诠释》等。

① "episteme" 通常译作"知识"(*knowledge*),广义上表示一切"学问""技能"之类,狭义上专指"科学知识"(scientific knowledge)。柏拉图常以广义用之,而亚里士多德常以狭义用之。正如本文即将表明的,"episteme"还被柏拉图用来表示"理解能力"或"理性",等同于"*noesis*"或"*nous*",这层含义与我们通常所说的"知识"有很大差别,需格外注意。"*doxa*"在荷马史诗中可以表示"期望"或"意料",在古典希腊语中还有"名声"或"荣誉"的意思,在新约希腊语中还被用来表示"荣光",不过所有这些含义都与知识论语境中的"*doxa*"无直接关系,姑且不论。在知识论语境中,"*doxa*"过去常常被翻译为"意见",也有主张译(接下页)

"信念"的关系，这就是《美诺》《泰阿泰德》和《理想国》（卷5—7）。《美诺》和《泰阿泰德》的讨论比较接近，但是，《理想国》中的讨论似乎与前两个文本形成了明显的冲突。《美诺》和《泰阿泰德》似乎认为信念与知识是可兼容的，知识概念蕴含了信念概念，如同现代知识论的一个经典主张：知识是"得到证成的真信念"（*justified true belief*）。我们不妨把这种主张称为"兼容论"。反之，《理想国》的论述似乎完全不同，它把信念与知识描述为相互排斥的、对立的。我们不妨把这种主张称为"排斥论"。于是，如何为这几个文本提供协调一致的解释，就成了柏拉图知识论诠释的一个基本难题。

有一些学者，以法恩（G. Fine）为代表，主张对这三个文本都做一种兼容论的解读，这样，他们就需要对《理想国》（卷5—7）进行某种特别的诠释；另一些学者持相反的主张，他们认为《理想国》的排斥论观点也适用于《美诺》和《泰阿泰德》，福格特（K. M. Vogt）是这种观点的一位新近代表；此外，还有第三种主张，认为对《美诺》和《泰阿泰德》的兼容论解读与对《理想国》的排斥论解读是可以同时成立的，因为柏拉图在这些文本中以不同的方式使用了"知识"和"信念"这两个词。我把这种读法称为"歧义论"。据笔者所知，沃夫斯多夫（D. Wolfsdorf）最明确地提出了这种诠释方案。笔者在本文中将首先对兼容论读法和排斥论读法做一些评述，然后为歧义论读法提供一些支持，笔者认为它容纳了前两种读法正确的地方，又避免了它们各自错误的地方。

（接上页）为"臆见"的，近年越来越多的是人根据英文的 *belief* 这个译法而改译为"信念"，本文随从这种新译法。这个译法的好处是能够让柏拉图知识论与当代英语世界中的知识论话语对应起来。当然，我们也要注意到，希腊语"doxa"与英语"belief"之间不是全然对应的，所以有些人更愿意采用"opinion"的译法，而有些人在某些语境（尤其在柏拉图的《泰阿泰德》）中坚持采用"judgment"（异体字 *judgement*）的译法。还有，"belief"与中文日常语言中的"信念"之间也不是完全对应的。为了让它们对应起来，我们需要对"信念"一词做点限定乃至改造，也就是说，这里的"信念"（belief）应该与"信仰"或"信心"（faith）严格区别开来，它只从理智维度上讲，与情感和意志基本无涉。与此相应，动词"认信"或"相信"（希腊语：doxazein；英语：believe）只限于表示一个人在理智上关于某个事物做出（与真假相关的）判断，并且（在一定时期中）保有这个判断——而非"信任"或"信赖"之类。另外需要注意的是，在柏拉图知识论语境中，与"doxa"对应的同源动词主要不是"dokein"，而是"doxazein"。

一 《美诺》和《泰阿泰德》

在《美诺》的开头，美诺问苏格拉底，美德是以何种方式为人所获得的？它是不是可传授的？苏格拉底回应说，他连美德"是什么"都不知道，就更不知道它"是怎么样的"了。美诺轻率地表示他知道美德是什么，可是在经典的"辩驳论证"（elenchus）检验之后，最终表明美诺并不知道美德是什么。当苏格拉底说要继续"探究"美德是什么时，美诺抛出了一个争辩性的悖论 [所谓"美诺悖论"（$80d-e$）]：要么某人知道 X，从而不必要探究它；要么他不知道 X，从而根本不知道要探究什么，无法开始其探究；哪怕碰巧发现了 X，也不知道是不是所要探究的东西，所以，探究是不可能的。

美诺悖论显然预设了"知道/认识"与"不知道/不认识"、"知识"与"无知"的截然二分。为了论证"探究"的可能性，苏格拉底提出了著名的"回忆说"，并且针对美诺的一个童奴做了关于某个几何学问题的示范性探究，试图表明，一个人原本并不是完全无知，而是内在拥有"信念"（doxa），甚至拥有"真信念"或"正确信念"（$84d$，$85b—c$，$86a$）。如果一个人就同样的主题"以各种方式反复地接受提问"，（$85c$）他可能不仅拥有"真信念"，而且能够"回忆起"他的灵魂中原本就潜在地拥有的"知识"（epistēmē）。这里，知识与无知的截然二分被打破了，居于中间地带的"信念"的地位变得独特而重要，它使得"探究"或者"学习"得以可能。探究只能从信念开始，而不能从绝对无知开始。"回忆说"的提出在某种意义上消除了绝对的无知，而只允许有相对的无知，也就是信念。另外，"信念"又是相对或潜在的知识，区别于处于实现或成全状态的知识。

"信念"在早期对话录中基本上充当负面角色，它是辩驳论证要消除或者净化的东西。而在《美诺》这里，"信念"，尤其是"真信念"，具有明显的正面意义，它是通往"知识"的一个"初级阶段"。而且，获得知识并不在于消除信念，而在于"（真）信念"得到进一步"唤醒"（$86a7$），从而变得更为"清晰"（$85c11$）。在这里，"信念"不是作为一个整体与"知识"相对，它自身有"真的"和"假的"两种类型。"真信念"就其是"真的"而言,它在实践上被看作与"知识"具有同样好的指引作用。① 但是,苏格拉底强调,把真信念和知识区分开来还是必要而且可能的。他给出了一个著名的表述:知识是"用关于理由的考虑(aitias logismos)绑定下来"的真信念,② 具有稳固性,而单纯的真信念没有被"绑定"下来,不具有稳固性,换言之,它很容易被改变或者被放弃。这个描述有时候被现代知识论学者看作西方哲学史上把知识定义为"得到证成的真信念"的最早版本。确实,如果把"用关于理由的考虑绑定下来"理解为"证成"(justification),那么《美诺》这里的描述与现代知识论关于知识的"标准分析"是一致的。

以伯恩耶特(M. Burnyeat)为代表的诠释者表明,③ "用关于理由的考虑绑定下来"与其说是"证成"(justification),不如说是"解释"(explanation),换言之,柏拉图的"知识"概念与现代知识论中讨论的"知识"概念有所不同,它始终要求包含"解释"或者"说明",而不是"证成"或者"辩护",从而,柏拉图的"知识"概念实际上更接近于"理解"(understanding)这个概念。不过,另一些学者④则试图表明,"解释"本身也可以被看作构成"证成"的东西,因此把柏拉图这里的意思解释为知识是"得到证成的真信念",并无不妥。

不管怎样,这样理解的"信念"和"知识"之间不是排斥性的,而是兼容的。"真信念"与"知识"之间的区分不是"种类上的"区分,而只是"程度上的"区分,也就是仅仅在于"稳固性"或者时间上的持久性方面的不同。"知识"是"信念"这个大的集合下面的一个子集,如下图所示:

然而,福格特在她的新近著作《信念与真》中对这种兼容论提出了反驳。她论证说,信念是一种有毛病的认知状态,一个人固然要从信念出

---

① [古希腊]柏拉图:《美诺》,97b 以下。
② [古希腊]柏拉图:《美诺》,98a。"aitia"兼有"原因"和"理由"的含义,不过,它在这里不能理解为通常所说的物理方面的"原因"或"驱动因",而应该理解为起解释作用的"理由"。正因如此,有些人主张不用"*cause*"而直接用"*explanation*"来翻译这里的"*aitia*"。
③ Burnyeat, M. "Socrates and the Jury", *Proceedings of the Aristotelian Society*, Supplementary Vol. 54, 1980, p. 187.
④ 例如 Fine, G., *Plato on Knowledge and Form: Selected Essays*, Oxford: Clarendon Press, 2003, pp. 5–6。

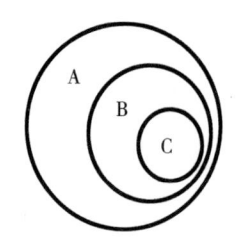

A=doxa(信念)

B=alēthēs doxa（真信念）

C=epistēmē（知识：得到"绑定"的真信念）

发进而达到知识，但是，最终的知识"取代"了信念。知识和信念是两种完全相互排斥的"认知态度"（cognitive attitude）。① 在《美诺》中，童奴经过苏格拉底的提问，得到关于某个几何学问题的正确信念，这时苏格拉底说，经过反复练习，这个信念会在他心里长久停留下来，它会变成（become）知识。福格特认为这里的"变成"应该理解为"被取代"。她断言："长期存在的观念认为，要使信念成为知识必须在真信念之外再'增加'某些东西（如，证成），但是，与此相反，这个思路提出，一旦真信念变成稳固的，一个知识'取代'了原来仅仅是真信念的东西。"② "从信念转变为知识，一个人并不保持同一个态度并且在其上增加些什么东西，而是拥有了一个全新的态度。"③这样，知识就不是特定类型的信念，而是与信念完全不同类型的东西。

按照福格特的排斥论思路，一个人要获得知识，必须"放弃"而不是"加固"其原有的信念。然而，这里有两个疑问：1.《美诺》中的信念究竟是作为一个笼统的整体，还是区分为假信念和真信念？2. 要达到知识果真需要"放弃"作为整体的信念，而不是让"真信念"得到"加固"吗？对于第一个问题，无论福格特如何努力说明"信念"是一个整体而不应有真假之分，④ 都不能否认柏拉图在《美诺》的文本中，以肯定的方式使用了"真信念"这个说法，而且用它来表示童奴刚刚对某个几何学问题获得正确答案的状态；对于第二个问题，我们会看到，童奴在通

---

① Vogt, K. M., *Belief and Truth: A Skeptic Reading of Plato*, Oxford University Press, 2012, pp. 13–14.

② Vogt（2012：14）.

③ Ibid..

④ 按照她的解释，柏拉图认为，只有知识达到了真，信念永远达不到真。参考 Vogt（2012：71）以下。

达某个几何学知识的过程中的确"放弃"了一些信念,但是,他需要放弃的只是"假信念"(即错误答案),而对于"真信念",他不需要放弃,只需要得到"唤醒",从而使它更加"清晰"起来,或者按照另一种说法,需要得到某种方式的"绑定",而在心灵中恒久持有。柏拉图在《美诺》中似乎认可知识的命题性内容与真信念的命题性内容是相同的。例如,某一个几何学命题:如果正方形 S 的边长等于正方形 T 的对角线,那么,S 的面积是 T 的两倍——这个命题可以是真信念的内容,也可以是知识的内容。这点与现代知识论的描述非常相似。总之,排斥论无法解释《美诺》在真信念和假信念之间所做的区分,并且无法说明真信念对于获得知识而言的正面意义。如果某人仅仅引用《理想国》中信念与知识相互排斥的观点来佐证《美诺》这里的论述,那么它是难以得到合理辩护的,因为《理想国》自身很可能有其完全不同的语境。

下面来看《泰阿泰德》的论述。这篇对话录的主题是探究"知识是什么?"换言之,它试图获得关于"知识"的知识。按照《美诺》的思路,探究的路径是从已有的信念出发,经过"回忆"而最终发现探究的目标,并且最终用一个"关于理由的考虑"把它固定下来。《泰阿泰德》的讨论过程也可以被看作这样一个过程。对话人泰阿泰德先后提出关于"知识"的若干信念(例如,知识是各门技艺和科学、知识是感觉、知识是真信念,等等),苏格拉底对这些信念进行逐一的驳斥,引领泰阿泰德越来越逼近对于"知识"本身的"回忆"。

泰阿泰德最后提出的一个关于"知识是什么"的尝试性回答是:知识是带有说理的真信念。($201c-d$)苏格拉底考察了"说理"(logos,英译通常为 account)① 的三种可能含义:1. 泛泛而言的"话语"或"陈述";2. 分析性说理,即对一个事物的构成要素的列举;3. 区分性说理,即能够说出所问的东西区别于其他所有东西的标识。表面上,"说理"的这三个可能含义都被否定了,于是,对知识的这个定义最终也没有被接

---

① 我们用"说理"一词来翻译这里的"*logos*"。"*logos*"这个词很难得到完全准确的翻译,关键原因在于它的多义性。此处的"*logos*"既表示"理由"[拉丁语:*ratio*(Ficino 的译法)],又表示承载理由的语言表达[拉丁语:*oratio*(Serranus 的译法)],翻译者常常只能顾此失彼。英文的译法有 reason、account(rational account)、explanation(rational explanation)和 definition,等等;法文的译法有 explication/expliquer 和 raison,等等;Schleiermacher 的德文译法是 Erklärung。

受,对话录以无结论的方式结束了。但是,我们并不能说,这场对"知识"本性的讨论是完全徒劳的,相反,泰阿泰德很可能已经获得了关于"知识"的真信念:知识是带有说理的真信念。如果泰阿泰德对这个真信念有足够清醒的、自觉的、稳固的把握,①并且能够为他的这个真信念提供恰当的"理由方面的考虑",那么或许就可以说,他关于"知识"的本性拥有了知识。又或许,如果泰阿泰德能够提出"说理"的第四种恰当的含义,那么,知识就可以被恰当地界定为"带有说理的真信念"。"说理"的第四种含义是什么呢?联系《美诺》的说法,"说理"很可能就是其中所说的"关于理由的考虑"。如果是这样,《泰阿泰德》关于知识的说明最终就会表明,其与《美诺》的说明一致。

但是,什么是"关于理由的考虑",这本身是不太清楚的。《美诺》($98a$) 告诉我们的仅仅是:通过关于理由的考虑把真信念绑定下来,这相当于所谓的"回忆"。然而,"回忆"是什么意思,又是需要解释的问题。按照《美诺》的说法"整个实在是同类的",($81d$) 而且心灵已经学习了一切,回想起一个东西就可以让人发现每一个东西。可是,这个说法仍然难以帮助我们了解什么是"关于理由的考虑"。我们有必要求助于《斐多》中的论述($72e$ 以下)。在那里,回忆被描述为,通过对某些感性事物的某种属性(如:相等、美)的感觉而进一步联想到这种属性的独立存在(如:相等本身,美本身),也就是说,回忆的最终目标是把握各个"理念"(eidos/idea)。在《斐多》中($96a$ 以下,尤其 $100b$ 以下),各个理念被说成是各个"理由/原因"(aitia)。"理念"被看作事物的"解释理由",这在《斐多》$100c$ 以下得到了详细说明。于是,柏拉图的主张似乎是这样:对某个事物的"理由方面的考虑",也就是以某个方式把握到这个事物所关联的"理念"。例如,在柏拉图看来,某个建筑物"是美的",乃是由于它分有"美本身"(美之理念)。一个人以某种方式领会到了"美本身",也就获得了关于这个建筑物"是美的"(或者"不是美的")的解释理由。抽象地说,"理念 F"是"分有 F 的事物""是 f"的解释理由。如果知识要求"理由方面的考虑",那么,知识就必定

---

① 参考[古希腊]柏拉图《泰阿泰德》$201c$,泰阿泰德对这个知识的定义没有清楚、稳固的把握,他只是"曾经听某人说过",而且是偶然想起来的。

首先是关于诸理念的把握。这是《斐多》的基本意思。

当然，我们不能完全确定，写作《泰阿泰德》时的柏拉图，把真正的"说理"等同于《美诺》中提到的"理由方面的考虑"，同时像《斐多》提到的那样，把事物的解释理由考虑为诸理念。不过有一点可以肯定，在《美诺》和《泰阿泰德》中，柏拉图以相似的方式谈论知识和信念的关系，包括：1. 把信念区分为真的和假的两个类型；2. 把知识看作某种强化形式的真信念；3. "信念"及其同源动词"认信/相信"（doxazein）以中性而不带贬义的方式被使用，尤其在《泰阿泰德》中，（189e 以下）"认信"被等同于"思考/认为"（dianoesthai）和"判断"（krinein）。所有这些，都使我们更加倾向于对它们做一种兼容论的解读。

二 《理想国》卷 5—7

然而，当我们把目光转向《理想国》卷 5—7 的时候会发现：1. "信念"在前述文本中具有的中性甚至正面的角色荡然无存，而基本上只有贬义；2. "信念"自身不再被区分为真的和假的、好的和坏的，而是被当作一个整体与"知识"相对立。这迫使我们对知识和信念的关系做出排斥论的解读，它也是学界对《理想国》卷 5—7 的传统诠释方式。

柏拉图在《理想国》卷 5 末尾处引入知识论讨论，其目的是要界定什么是真正的哲学家（爱智者），尤其是要把真正的哲学家与假冒的哲学家区别开来（475e）。假冒的哲学家是所谓"爱听和爱看的人"（476b），他们"欣赏美声、美色与美形，以及一切由它们产生的东西，但是它们的理智（dianoia）不能够洞见并且欣赏'美本身'的本性"[①]。（476b）相反，真正的哲学家或"爱看真理的人"，他们"能够洞见美本身，分得清美本身和分有美的东西，不把分有美的东西认作美本身，也不把美本身认作分有美的东西"。（476d）柏拉图把这两种人格的区分等同于"知识"与"信念"这两种"理智状态"的区分：

---

① 这些人在后面将被说成"爱信念者"（philodoxoi），见《理想国》480a。"philodoxoi"显然是柏拉图生造的一个词。

其中一个人的理智状态（dianoia），由于他认识（gignōskein），我们可不可以正确地把它称作是"知识"（gnōmē）？而另一个人的理智状态，由于他认信（doxazein），我们可不可以把它称作是"信念"（doxa）？（《理想国》476d）

柏拉图在这里的知识论探讨，是跟他的"社会—政治"层面的讨论纠缠在一起的。他希望通过知识论层面的根据来佐证其"社会—政治"层面的论点，但实际上，这种"社会—政治"层面的主张预先已经影响到其知识论层面上的论证。正是为了明确地把真正的哲学家与假冒的哲学家划分开来，他才把知识与信念对立起来。柏拉图在这里设定了两类不同的认识主体，而且他们永远各自落入某一种心智状态或者某一个知识论层级上——就好像"信念"和"知识"是两种不同的心灵品格或者"境界"似的。换言之，如果一个人处在知识的状态，那么他对于任何主题的判断永远是正确的，而如果一个人处在信念的状态，那么他关于所有主题形成的判断都不是知识性判断，而是信念性判断。

当柏拉图在这里把"美本身"和"分有美的东西"区分开来的时候，他显然提及了《斐多》中最早引入的存在论学说：理念与理念的感性分有者的区分。他试图把这种存在论学说与知识论系统地整合起来，并提出了著名的三分法。在存在论方面，他区分了"（完全）是的东西""（完全）不是的东西"以及它们的居间者"既是又不是的东西"；在知识论方面，他区分了知识、无知以及居间的信念。知识针对（epi）"是的东西"，信念针对"既是又不是的东西"，而无知针对"不是的东西"，如下表：

认知类型	针对的东西
知识	（完全）是的东西（that which entirely is）
信念	是又不是的东西（that which both is and is not）
无知	（完全）不是的东西（that which is not at all）

希腊语"to on"（英语：that which is）在以往的译文中常常被翻译为"存在的东西"，这种译法在此语境中是不对的，而翻译为"是的东西"更为准确。因为，尽管"einai"（to be）兼有断真、谓述和存在三种用

法，但是，它在这里最明显体现为谓述用法，而不是存在用法。首先，某种东西处于"存在的东西"和"不存在的东西"之间，这是无法理解的，因为"存在"不会有程度上的分别。另外，文本明确提到（479a 以下），"完全 is 的东西"表示像"美本身"这样的东西，即，理念，而"both is and is not 的东西"表示分有"美"理念的具体事物，这也就是说，美本身"完全是"美的，而某个美人"不完全是"美的，总"是又不是"美的。这样，柏拉图文本的意思是：

P1："是的东西"（to on/that which is）指的是"理念"。
P2：知识是针对理念的，而信念是针对感性分有者的。
这又推出：
P3：所有知识都是关于理念的，同时，所有信念都是关于感性事物的；换言之，关于感性事物不可能有知识，关于理念不可能形成信念。

从存在论上讲，这就是所谓"两个世界"学说：理念世界和现象世界的截然二分，或者，理智性世界和感性世界的截然二分。从知识论上讲，这是一种排斥论主张：知识和信念是彼此排斥而没有任何交集的两种东西。这是对《理想国》这段文本的传统诠释。

然而，这种传统诠释会引起一些难题，譬如，法恩就列举了这样几个方面[1]：1. 它使得一个人不能从关于某个东西的信念过渡到关于它的知识；2. 它会完全否定《美诺》关于知识的解释（法恩对《美诺》做了兼容论解读：知识是得到证成的真信念）；3. 它使得知识的范围被大大缩减了，以至没有人能够认识感性世界中的任何东西；4. 如果哲学家的知识只是关于理念的，他们对感性世界也只能拥有信念，那么就很难说明为什么哲学家比别人更适合在这个具体的世界中进行统治；5.《理想国》的一些具体文本与排斥论读法是矛盾的，例如，在 506c，苏格拉底说他对善理念只有信念而没有知识，而在 520c，他说，返回洞穴的哲学家会认识那里面的事物，也就是感性事物。这就表明，一个人可以拥有关于理念

---

[1] Fine（2003：85-86）.

的信念，也可以对感性事物拥有知识。

为了消除这些难题，法恩拒斥了传统排斥论读法，而提出了一种兼容论读法：

> $F1$："是的东西"不表示理念，而表示"是真的东西"（真命题）。
> $F2$：知识和信念都"针对"命题——知识针对真命题（是的东西），信念针对真命题与假命题（是又不是的东西）——而不"针对"某种对象。
> $F3$：我们可以拥有关于感性事物的知识，也可以拥有关于理智性领域的信念。

$F3$ 是法恩的论证目标，它使得对《理想国》的兼容论诠释得以可能，也就是说，与《美诺》一样，知识是得到证成的真信念。为了这个目标，她重新解释了"to be"的含义，强调它的断真用法，以确保 $F1$。同时，为了确保 $F2$，她提出了一种所谓"内容分析"而非"对象分析"，也就是说，知识和信念所"针对"的不是直接的对象，而是命题的内容。与此同时，她认为柏拉图在这里讨论的知识概念是"命题性知识"或者"描述性知识"，而不是"亲知的知识"。

然而，法恩的这种诠释方案依然是有问题的。首先，$F1$ 难以成立。正如福格特所说[①]，当柏拉图说，"知识是针对'是的东西'的"，这有可能表示"知识是针对'是真的东西'的"，但这不是希腊语最自然的读法，而需要一个复杂精细的诠释。我们上文提到，"是的东西"的最自然读法是谓述读法，也就是说，把"（完全）是的东西"理解为"（完全）是 f 的东西"从而理解为"理念 F"。这也正是柏拉图强调"完全"这个修饰语的意义所在。如果"是的东西"表示"是真的东西"，从而表示"真命题"，我们会难以理解"完全为真的命题"和"不完全为真的命题"这些表达式的意思，因为这就好像在"真"和"假"之间还有第三个居间的命题真值似的。另外，《理想国》卷 5—7 的其余部分，哲学家的目标被说成是关于诸理念的知识，而且诸理念在最高的意义上"是"，

---

① Vogt（2012：61）．

因而我们有理由相信,《理想国》476e—478e 也是以同样的方式在谈论这个问题。其次，如果 F1 不成立，那么基于 F1 之上的 F2 也就不成立。这样，我们就不必把柏拉图的知识概念限定为命题性知识，而这重新开启了这样的可能性：柏拉图有可能承认对于理念的某种亲知——这种可能性在法恩的诠释方案中被拒斥了。

尽管如此，F3 对我们而言显得很有吸引力，相反，P3 显得困难重重。如何解决这个难题呢？福格特为我们提供了一个修正了的排斥论读法，它既不接受 P3，也没有完全接受 F3。她通过把"针对"（tassō epi）理解为一种"指向性"或"导向性"（directedness），从而把 P2 修正为 V2[①]：

> V2：知识的本己对象是理念，但是，知识（作为一种 cognitive power）可能"以有缺陷的方式"被导向其非本己的对象（感性事物）；同样，信念的本己对象是感性事物，但是，信念可能"以有缺陷的方式"被导向其非本己的对象（理念）。

这样，严格上讲，我们不能"认识"感性事物，例如，一个人不能"认识"到"这块蛋糕是小的（或者，是大的）"。关于这样的主题，最适合的是信念能力［我们可以"认为—相信"这块蛋糕是小的（或者，是大的）］。但是，我们有可能把知识方面的能力导向信念对象，试图认识这些东西——尽管它们实际上不属于可认识的东西。同样，我们有可能把信念方面的能力导向理智性对象——但是只能以有缺陷的方式（这时候我们常常依赖举例、比喻之类的手段）。于是，在《理想国》中，苏格拉底谈到他拥有关于"善"的信念（506b 以下），并且以比喻的方式进行了一些说明，就是可理解的了。

总之，按照福格特的解释，在《理想国》这里，柏拉图根本没有把知识说成是信念的一个种类，知识也没有被当成某种得到证成的真信念；相反，信念始终被当成一种有缺陷的认知能力，与知识相对。尽管信念能力可能以某种方式被导向理智性对象，这也根本不能说明真信念与知识有相同的命题性内容。笔者认为，福格特对《理想国》的排斥论读法的基

---

① Vogt（2012：63 - 64）.

本方向是正确的（当然，笔者在后面将提出与她不太一样的理由），而法恩的兼容论读法很难与《理想国》卷5—7的整体语境相协调。《理想国》的文本到处都在强调知识与信念的对立，而且信念在这里明显具有贬义性，上一节提到的对"真信念"的正面意义的强调，在《理想国》这里全然看不到踪迹。然而，在笔者看来，我们也没有必要把《理想国》的排斥论读法带到《美诺》和《泰阿泰德》中去，正如没必要把《美诺》和《泰阿泰德》的兼容论读法带到《理想国》中来一样，因为在这两组文本中，柏拉图以不同的方式使用了"知识"和"信念"这两个词。

三 "知识"与"信念"的歧义性

通过对文本更细致的分析，我们会发现，柏拉图实际上有几种不同的"知识"（epistēmē）概念。

有时候，他考虑的是"命题性知识"，即一个单一命题的知识（如某人认识到，如果正方形 S 的边长等于正方形 T 的对角线，那么，S 的面积是 T 的两倍）。《美诺》中的"知识"主要是这样一个概念，它表示一个人针对单个命题而言，所处的认知状态或认知结果。它的复数形式"epistēmai"表示复数的命题性知识。①

另一些时候，他考虑的知识似乎是一个"知识领域"（如几何学、医学或建筑技术）。这种"知识领域"似乎并不指关于某个领域的真命题的集合，而是指一个人所拥有的"能力"——只要他运用这种能力，就必定可以获得关于这个领域的任何真命题。这个知识概念，可以被称为"专家知识"（expertise, *expert knowledge*，有时被等同于 technē, sophia 或 mathēma）。② 它的复数形式"epistēmai"表示"各门学问""各门技艺"或"各门科学"。③

---

① 参考［古希腊］柏拉图《美诺》，86a8、98a6；《泰阿泰德》，198b10（Levett 译作 pieces of knowledge）。

② 参考 Woodruff, P. "Plato's Early Theory of Knowledge", *Epistemology: Companions to Ancient Thought*, Vol. 1, Stephen Everson ed., Cambridge: Cambridge University Press, 1990, pp. 60 - 84。

③ 参考《卡尔米德》，165e4、174e1；《拉凯斯》，199c1；《泰阿泰德》，146c8；《理想国》，428b10。

还有一些时候，柏拉图以特别的方式使用"epistēmē"这个词，即，用它来表达心灵的一种"高级的理智能力"或"理性"。它是（唯一）能够把握到"真"的能力，而且似乎只有真正的"哲学家—科学家"才拥有这样一种能力。对于这种意义上的"epistēmē"，无论是汉语的"知识"还是英语的"knowledge"，实际上都很难传达。因为我们通常的"知识"概念是某个认识活动的"结果"，而这种"epistēmē"却表示进行认识的"能力"。① 这个含义的"知识"没有复数形式，只有单数形式。

这三种知识概念究竟是以怎样的方式关联在一起的，这点并不容易说明。我们基本可以确认的是：1. 第二种含义的知识概念很可能是历史上的苏格拉底所持有的，而第三种是柏拉图本人发展出来的。早期苏格拉底式对话录中谈论到的"知识"概念，通常指第二种含义的知识；2. 如果第一种含义的"epistēmē"（命题性知识）可以称为"知识性判断"（epistemic judgment）② 的话，那么，第二、三种含义的"epistēmē"并不表示这种知识性判断，而是表示"产生知识性判断的能力"，不过，对柏拉图而言，这两层含义常常是纠缠在一起的；3. 按照《理想国》438c—d，柏

---

① 《理想国》中有许多文本证据可以表明"episteme"在其中表示高级的理智能力或理性。首先，在《理想国》卷5末尾部分开始讨论知识论问题的时候，一开始引入的并不是"episteme"和"doxa"之间的区分，而是"gnome"和"doxa"的区分，(476d)紧接着使用了"gnosis"作为"gnome"的变体，(477a)然后才转为标准的"episteme"和"doxa"之间的二元划分。"gnome"可以表示"用来认知的能力"或"理智能力"（intelligence），而"gnosis"也带有认识方面的"能力"的意思。当477a开始用"episteme"置换"gnome"和"gnosis"的时候，"episteme"无疑带上了这两个词所有的那种特殊含义，也就是说，它表示一种"理性能力"。其次，《理想国》505b提及的"phronesis"与506b提及的"episteme"是可互换的，它作为"善"的一种可能定义，与"快乐"相对而言。这里的"episteme"表示灵魂的一种状态，即拥有理性能力的状态。此外，"noēsis（nous）"和"episteme"在《理想国》的语境中是可互换的。在511d中，"dianoia"被说成处于"doxa"和"nous（或noesis）"之间，而在533d–534a中，"dianoia"被说成处于"doxa"和"episteme"之间。在511d–e中，"noesis"和"dianoia"被看作同一个线段（epistēmē）的两个小段；而在534a中，"episteme"和"dianoia"两者被合称为"noesis"。此外，《蒂迈欧篇》里也表明某种意义上的"episteme"是与"noēsis（nous）"可互换的，例如，28a中，"doxa"与"noesis"对举；51d中，"doxa（true）"与"nous"对举；46d中，"nous"与"episteme"并举。

② 关于"知识性判断"和"信念性判断"这两个概念的提出，以及"episteme"和"doxa"的歧义性辨析，笔者受益于前述沃夫斯多夫的论文的启发，参见 Wolfsdorf, D. "Plato's Conception of Knowledge", Classical World, Vol. 105, 2011, pp. 57–75。当然，读者也能发现，我的辨析与沃夫斯多夫有许多不同。

拉图提到"知识本身"(epistēmē autē)与"具体的某一门知识"(epistēmē tis)的区别,这个区别可能等同于第三种含义的"知识"与第二种含义的"知识"的区别。而按照《理想国》533d,第二种含义的 epistēmē(= technē)在严格上说,够不上 epistēmē(= noēsis)的层次,"它需要用别的名称来称呼,也就是比 doxa 更清楚,比 epistēmē 更晦暗的东西"。(533d)此外,第三种含义的"知识"和第二种含义的"知识"的关系又被描述为辩证法(dialektikē)与其他各门科学的关系(《理想国》,533d—534e)。

类似于"epistēmē"的情况,柏拉图也以不同方式使用"doxa"这个词。一方面,它表示"信念性判断"(doxastic judgment),与"知识性判断"相对而言,它是认信活动(doxazein)的结果,体现为命题的形式;另一方面,它表示"产生信念性判断的能力"。[①] 当柏拉图在《理想国》中说,"doxa"本身又包含两个层次的能力(即,"相信/pistis"与"揣想/eikasia")的时候,这里的"doxa"指的就是这样一种"能力"——进行认信的能力。把后面这种含义的"*doxa*"翻译为"信念"实际上很容易带来误解,因为"信念"(至少在中文里)更自然地被用来表示第一种意义上的"doxa",即,信念性判断。作为信念性判断的"doxa"可以有复数形式"doxai",但是,作为"认信能力"的"doxa"只能以单数形式出现。在《理想国》中,"相信"(pistis)和"揣想"(eikasia)并不是被当作两个信念性判断(doxai),而是被当作"认信能力"的两个不同层次。

《美诺》和《泰阿泰德》表明,"doxa"有"真的/正确的"和"假的/错误的"之分,而《理想国》卷5—7中丝毫没有提及"真的 doxa"和"假的 doxa"的区分。如果我们应用上述歧义性读法,就可以很容

[①] 参考《理想国》477e,"我们能够进行认信(*doxazein*)所凭借的不是别的东西,就是信念(*doxa*)";478a,"我们说,信念(*doxa*)进行认信(*doxazein*),对吗?——对"。显然,"*doxa*"在这里表示进行"*doxazein*"的能力,而不是结果。"*doxa*"作为"能力"这两方面含义经常被忽视,但是也有人明确注意到了这点。例如,某本哲学词典中关于"*doxa*"词条的说明——"For Plato, *doxa* is not only opinion, but also the faculty or capacity to produce opinion. ……In contrast, *episteme* is not only knowledge as a consequence of cognition, but also the faculty to produce knowledge."参见 Bunnin, N. & Yu, J. *The Blackwell Dictionary of Western Philosophy*, Blackwell Publishing Ltd, 2004, p. 192。

易解释这个现象。一方面,《美诺》和《泰阿泰德》的"doxa"概念主要表示"信念性判断",尽管它仍然是出现在心灵中的东西,但是具有命题性结构,可以有"真的"和"假的"之分。所以,柏拉图在《智者》(264b)中说,"doxa"和"logos"是"同类的东西"。作为知识性判断的"epistēmē"可以与"真的 doxa"有共同的命题内容,这个意义上的"epistēmē"可以与"doxa"有兼容之处。另一方面,《理想国》的"doxa"主要表示"认信能力",它通常不被区分为真的和假的。[1] 真和假可以是信念性判断的命题内容的性质,但是不可以被看作"认信能力"的性质。"认信能力"与真假的关系不是一种修饰关系,而是作用与结果之间的关系。作为认识能力或理解能力的"epistēmē",与作为认信能力的"doxa"是两个完全不同层次的能力,前者是保证可以达到真的能力,是"不会错的";后者是"可错的",它与真之间没有必然的关联。[2]

至此,我们说明了柏拉图的"epistēmē"和"doxa"的歧义性,以及它在不同文本中的体现。忽视这种歧义性会导致我们无法弄清柏拉图知识论的基本概念,也让我们无法为柏拉图文本提供协调一致的解释。一方面,当我们看到福格特主张"doxa"只有一个类型而没有"真的"和"假的"两个类型之分的时候,就可以做出这样的回应:她没能够清楚地区分出"doxa"的两种含义,很可能只看到了作为"认信能力"的"doxa",而忽视了作为"信念性判断"的"doxa";另一方面,当法恩试图把《理想国》做兼容论解读的时候,我们可以对她纠正说,她把其中的"doxa"理解为"信念性判断",而把"epistēmē"理解为"知识性判断"了,没有注意到它们实际上各自表示"认信能力"和"认识能力/理性"。总之,想当然地用当代知识论中的"知识"("knowledge")概念来理解柏拉图的"epistēmē"概念,或用现代的"belief"概念来理解柏拉图的"doxa"概念,或者想当然地认为柏拉图不同文本中的"epistēmē"和"doxa"概念有一个统一的含义,都是错误的。

---

[1] 柏拉图《蒂迈欧》51d—e 的描述似乎非常特别,因为它显然在"认信能力"的意义上使用"*doxa*"一词(与 nous 相对而言),但是又出现了"真信念"(*doxa alēthēs*)这个说法。这或许需要进一步解释。

[2] 参考[古希腊]柏拉图《理想国》,477e。

从知识到意愿

——希腊化和古代晚期哲学的转折*

章雪富**

摘要：希腊化和古代晚期哲学是否只是古典希腊哲学的衰落？本文认为，应该把希腊化和古代晚期哲学视为一种新哲学，而不是简单地看待古典希腊哲学和希腊化哲学的关系。希腊化哲学把意愿作为哲学的主题，改变了古典希腊哲学以知识作为真理之路的存在论路径，而切入到更具个体自由的思想领域。本文透过分析普罗提诺《九章集》的相关文本，以及它与希腊化哲学的思想源流，显示希腊化和古代晚期哲学的这种新趋势。

关键词：意愿；知识；希腊化哲学；不定的二

关于希腊化哲学，大致有两种基本看法。第一种是古代作家本身的看法。希腊化哲学家把哲学系统化和教义化（怀疑派称为"独断论"）：斯彪西波把哲学分为物理学（自然的哲学）、伦理学和逻辑学三部分；斯多亚学派承继老学园派的理解，以此归类他们的哲学探索；公元2世纪的阿弗洛狄西阿的亚历山大（Alexander of Aphrodisias）也按着这种哲学类型学逐篇诠释亚里士多德的著作；伊壁鸠鲁所写的诸多"概要"也据此论述他的哲学——从物理学到伦理学。第二种看法是18世纪末19世纪上半叶学者们的看法，主要受黑格尔和策勒等人的影响，认为希腊化哲学是古典希腊的延续和衰落，无论就思辨高度还是思想的创造力所显示的激动人心

---

* 原载《世界哲学》2011年第2期。

** 作者简介：章雪富（1969— ），浙江大学哲学系教授，主要研究希腊化哲学、希腊和希伯来哲学的交汇和教父哲学。代表作有专著《基督教的柏拉图主义：亚历山大里亚学派的逻各斯基督论》《希腊哲学中的Being和早期基督教的上帝观》等，另有译著和学术论文若干。

的启示而言,希腊化哲学均远远逊色于古典希腊。19世纪后半叶以来的学者渐渐从这种宏大的断言中走远,更着重希腊化哲学学派的局部研究,关注希腊化哲学和基督教的关联。

然而宏大叙事还是有必要的,尤其当宏大叙事能够为局部研究提供准确视野的时候。希腊化哲学有它独立的思想传统,是西方哲学史(大而言之还可以说是西方思想史)的第二次起源。对希腊化哲学的内涵和气质,不能简单地回到古典希腊。以往对希腊化哲学的研究,多先追问它提出了哪些新问题,本文则要问希腊化哲学使西方思想通往什么样的路径,笔者认为这才是至关重要的。

本文探讨希腊化哲学所引发的新主题:意愿。在早期希腊化哲学家,如伊壁鸠鲁、斯多亚学派和学园派依然使用知识、哲学和德性的关系表达存在的时候,他们自己都没有意识到他们开始谈论一种新观念甚至是一个新传统,然而他们以讨论知识的方式遮蔽了这个哲学的新路向,它要到古代晚期的大哲学家普罗提诺才会最终显明出来,并使得普罗提诺彻底地离开了柏拉图的古典学说。本文把普罗提诺作为讨论的对象,却是把他置于希腊化哲学逐渐显明其哲学意图的框架之下。自由意愿当然不限于与恶的关系,然而为了讨论的便利,本文把它放在与恶的关联中进行释微。普罗提诺对自由意愿与恶的分析颠覆了柏拉图对恶、实体的缺失与知识所建立起的分析。

一

柏拉图及其学园以实体为根基阐释恶。恶是非实体和非存在,巴门尼德和柏拉图认为非实体和非存在不可命名、不可表述。柏拉图透过分析善、论证理念,指出恶是善的缺失,以间接的方式讨论恶。善是实体,可以分析和论证,而知识能把握恒定的实体,它超越了现象世界成就通往实在的道路。在这方面,普罗提诺已经与柏拉图及其学园派表现出深刻的区分。他不仅把恶作为专题分析,而且《九章集》的主题之一就是恶。他不仅如柏拉图及其学园派那样具有透过分析善抵达恶的描述,而且提出恶成为始终与自由和单纯性相关的主题。普罗提诺抛开了单纯的知识论路径,不在知识论的路径上理解恶。柏拉图穷尽了知识论、实体论和德性论的种种路径，普罗提诺的哲学是另辟蹊径的。

相应地，普罗提诺放弃了把恶单纯归类为质料。对柏拉图而言，质料不可分析，它不能够被表达为知识形式，看起来像是伦理的隐喻。然而，普罗提诺的质料观念有相当的复杂性，如果单纯把普罗提诺对恶的讨论关联于质料，就只会把普罗提诺推向柏拉图和学园传统，失去对普罗提诺哲学的新意，从而失去把握希腊化和古代晚期哲学思潮实质转向的可能。普罗提诺对太一、理智和灵魂的分析，在表面上遵循实体论，是表面上的柏拉图主义；① 然而，如果注意到普罗提诺对质料的重新理解，就可以看到他没有遵循实体论，普罗提诺没有把质料单纯地理解为负面的，他甚至认为理智本体也内含质料。② 把握质料的微妙讨论是解读普罗提诺的实体思想的重要环节，可以避免把普罗提诺哲学理解为单纯的柏拉图传统，从而可以发现他复杂地融汇了斯多亚、亚里士多德甚至印度的某种思想，由此则可以引向普罗提诺不是透过实体论而是透过意愿论讨论恶的可能性。普罗提诺诚然把质料理解为原初的恶，然而他没有说质料是主动的恶。所谓质料是原初的恶是指，相对于可理知领域的形式原理。问题在于，可理知领域的诸本体根本不可能原初地与恶相关，不能以质料解释恶作为动力的起初，最多只能从世界角度论说确实存在作为形式之缺乏的质料—恶。然而普罗提诺注意到，恶之作为恶是主动的力量，质料既然不具动力性，就只可能提供恶的外部影响，却不能说它是根源。这样恶的动力性仍然需要追溯到形式世界，因为只有形式才可能主动、才可能成为动力。形式世界就实体构成来说不包含恶，那么就只能从主体方面去研究。③ 太一和理智

---

① 例如普罗提诺多次引用柏拉图"第七封书信"的存在三层次，来论证其一元多层的本体思想的柏拉图主义传统的正统性。

② 例如《九章集》第五卷第九章第 12 节，在讨论可理知领域是否存在个体性（καθεκάστον）时，普罗提诺说个体性必是有的，原因就在于质料（ΰλη）（标准页 5—9）。普罗提诺在这里确实谈论到具体事物，然而从上下文看，他也确实在谈论可理知的存在物。在第二卷第四章第三节标准页 10，他明确地提到了"永恒事物的质料"，在第二卷第四章第 5 节标准页 25 中，他更是使用了"可理知的质料"。此外，普罗提诺认为质料本身也具有生成原理（λογῶν κεκρυμμένων），（第五卷第七章第 2 节标准页 17—18）。当然在不少地方，普罗提诺仍然会说质料是恶的，然而必须注意他对质料的讨论并不是单纯的，而是有相当大的宽度的。

③ 普罗提诺有关质料、实体和形式思想的复杂性正在于此。他承认存在可理知的质料，却否认它是实体，也否定它是动力，而只把动力归诸形式。

不会是恶的主体意愿，灵魂本体就成了分析的起点，普罗提诺把灵魂本体的主体性称为"意愿"。在希腊哲学诸传统中，普罗提诺可能是第一个完整且深入地阐释意愿作为本体性动力的思想家。

普罗提诺的意愿论来源于希腊化哲学数百年思想呈现的成就，普罗提诺只是自觉且相当完整地表达了意愿作为实体的主体根源的柏拉图主义思想家，它影响了古代晚期和基督教哲学家在这个问题上的观点。希腊化哲学伊始已经在探讨意愿自由，只是它是渐次而隐晦地展开，也许甚至希腊化哲学家都没有自觉意识到其间的转折。从显性层面来说，希腊化哲学采用的依然是古典希腊知识论的表达。伊壁鸠鲁主张获取天体、诸神和自然的知识只是工具，目的则在于消除无知，治疗人面向死亡而引发的意愿的疾病；早期斯多亚学派也探讨认识论，然而所谓的把握性印象更多的是伦理意义，把握个体性认知上的自我确定性，敏感于自我的增减以及与所是的关系；怀疑派自称方法论的怀疑主义，以反知识论方式呈现其对知识的理解；柏拉图学园的思想家们一如既往地执着于知识表达，只是更倾向于把柏拉图的对话知识化和系统化。然而在这种看似与古典希腊保持连续性的探究方式之下，蕴含着希腊化对哲学的重新理解。正如马克思所意识到的伊壁鸠鲁派的原子偏斜学说，道出了原子的自由意志，这个洞见可以运用在整个希腊化的哲学探究之中；怀疑派反知识不是为了回到理论知识，它驱逐的是纯粹知识的好奇，将意愿的把握作为自由和平静生活的真正根源；斯多亚派走出独断论有一个过程，其中怀疑派起了很重要的作用，晚期斯多亚派放弃透过理论知识建立自我的信念，而走向单纯的伦理学，以意愿的控制作为自我之知的内核；中期学园派受怀疑派影响，逐渐放弃知识论体系的建构，"不定的二"的观念作为本体性阐释的中心观念，间接地将自由意愿引入柏拉图传统的基石之中，激发了普罗提诺的哲学思考。

从希腊化哲学到古代晚期，渐次展示出古典希腊哲学放弃单纯的知识探讨兴趣，与此相关，由实体论向主体论转变。伊壁鸠鲁的原子论和斯多亚派的物理学都已经不是古典希腊哲学的实体，它以感知觉的构成诠释个体经验的形式；怀疑派则激进地指出，物理对象的呈现都基于主体感知的当下。普罗提诺虽然继续使用了柏拉图主义的实体论，然而它放弃使用ousia，而用hypostasis指称三本体，足以显明本体的个体性是他突出的主题。当哲学进入个体领域探究伦理的时候，个体的意愿就有别于实体本身的自足性，实体不需要为独立的个体承担伦理的责任，意愿真正地以独立的姿态成为哲学的主题。普罗提诺把意愿的主题完整、系统并且深刻地呈现出来，可见希腊化和古代晚期哲学成为西方思想的第二次起源。

二

就希腊哲学而言，普罗提诺把意愿（βουλεύω）作为本体性原理是极不寻常的。本文以《九章集》第六卷第八章和第五卷第一章为分析的文本。第五卷第一章第一节标准页1—10提出灵魂的意愿，第六卷第八章探讨太一的意愿。由于第五卷第一章第一节围绕灵魂的意愿讨论恶的动力根源，与本文的主题休戚相关。我们可以从这节文本开始。

> 灵魂皆出于它们父神的高级世界，并且完全属于那个世界，尽管如此，它们却忘记了自己的父神，也不认为自己不认识他，那么究竟是什么使它们变成这样子呢（是恶）？灵魂的恶（κακοῦ）源于胆大妄为（τόλμα），源于进入生成过程（γένεσις），源于最初的相异（πρῶτη ἑτερότης），源于"成为自己"（ἑαυτῶν εἶναι）的渴望（βουληθῆναι）。它们显然对自己的独立（αὐτεξούσιω）十分喜悦，于是极大地发挥了它们的自动能力（αὐτῶν κεχρημέναι），沿着相反的道路越走越远，甚至忘了它们自己原是出于那个世界。①

普罗提诺用很肯定的语气说恶与灵魂本体相关，他没有说灵魂就其实体而言是恶的，只是说灵魂的恶（κακοῦ）源于胆大妄为（τόλμα）。解读这句话要谨慎，不能够过度。普罗提诺没有说灵魂本身具有恶，如果这样理解，就与《九章集》的其他文本冲突了。② 普罗提诺说，恶根源于灵魂的τόλμα，这个τόλμα不是就本体说的，也不是由于质料的侵入，虽然他说在本体世界也有质料，然而这质料不是制造恶的缺乏。所谓灵魂的

---

① 普罗提诺的《论三个原初的本体》（《九章集》第五卷第一章第一节标准页1－10），中译文见石敏敏译《九章集》下卷，中国社会科学出版社2009年版，第543页。同时参看Loeb《九章集》希腊文本（洛布丛书）。

② 例如普罗提诺的《什么是生命物，什么是人？》（《九章集》第五卷第一章第四节）。

τόλμα是什么呢？阿姆斯特朗用audacity译τόλμα。这是很有意思的翻译，英译者解释说τόλμα是"不定的二"的意思，是沿用了新毕达哥拉斯派的说法。柏拉图的学园也使用τόλμα，把"不定的二"列入本体层次。与中期柏拉图主义不同，普罗提诺不是在实体的意义上使用τόλμα，他诠释的是"不定的二"的本体属性，就是所谓的意愿。在对τόλμα的后续解释中，普罗提诺使用了βουληθῆναι这个希腊文（自我决定或考虑），源于"成为自己"（ἑαυτῶν εἶναι）的渴望（βουληθῆναι），也可以译为源于"成为自己"的意愿（βουληθῆναι）。普罗提诺还用三个希腊文深描"不定的二"呈现在灵魂本体中的自我考虑过程：γένεσις、πρώτη ἑτερότης和ἑαυτῶν εἶναι。中译本把βουληθῆναι译成渴望表示灵魂主动地追求，表现了意愿的自由和自主性。

接着普罗提诺说，灵魂对τόλμα很快乐，由于τόλμα是"不定的二"，就引入了相异性或者说"异"。普罗提诺没有把"异"作为实体性范畴，而是把"异"作为欲求的意愿（βουληθῆναι），指出灵魂欲求的相异性使灵魂对自我表现出的独立性很喜乐，因着这欲求，它使自我朝向相反于太一的方向运动，甚至全力朝这方向运动（αὐτῶν κεχρήμεναι）。灵魂本体的复多性蕴含βουληθῆναι，然而普罗提诺没有把ἑτερότης（异）作为实体性理念，就给出了一种新的可能解释，这是普罗提诺思想中颇为微妙的一点。如果把"异"作为理念，有可能重新堕入柏拉图"分有说"的困境。普罗提诺说这是一个生自灵魂的τόλμα的结果，从灵魂内部来讲"异"的冲动，指出意愿是灵魂的自我决定，而不是出于所谓的"实体性的必然链条"。由于自我决定是一种欲求，而不是已经成为的是，灵魂的欲求就指向可能的是。可能的是不可能是已经的是，太一和理智都已经是实是，灵魂的欲求既然指向可能的是，就是说灵魂要与太一和理智表现出相异，这就是所谓的τόλμα。由τόλμα到βουληθῆναι，中间显示出了异和意愿的关系。βουληθῆναι出自灵魂之自我，然而出自灵魂之自我的未必就是知识。这里的βουληθῆναι不具有古典希腊的知识含义，尽管普罗提诺说βουληθῆναι与理智本体相关，即如果灵魂的βουληθῆναι的表达对象是理智，那么它就是思想，然而，以上分析仍然足以表明普罗提诺的βουληθῆναι已经超出了古典希腊的知识论考虑。

灵魂本体的特性是βουληθῆναι，而非ἐπιστήμη（知识）。不仅如此，

灵魂的 βουληθῆναι 导致灵魂的相异性欲求，即向着别的对象追求，形成恶的根源。βουληθῆναι 也是太一的本体特性，与古典希腊哲学所谓的知识与存在或者说思与在的同一性命题有根本区别。普罗提诺把知识与本体的关联性放在意愿下面谈论，理性不再充当存在者与存在的唯一关联，甚至不再是最重要的关联。普罗提诺谈论的是太一、理智和灵魂的创造，这都涉及意愿。而古典希腊哲学之谈论知识，在于更多地谈论人存在的本体性设定。普罗提诺关注这个世界（下界）是如何发生出来的，探究世界形成的动力因，使他最终涉及恶的根源的新探讨。他意识到这个世界的动力（恶）来自于灵魂本体的意愿。普罗提诺是坚定的整体主义者，本体的意愿使得冲动表现为受造物（宇宙）整体的冲动，还传染成为宇宙的意愿。普罗提诺用三个希腊文表现本体的这种冲动，认为它是世界得以构成的原理。这三个希腊文分别是 αὐτεξούσιον、① θέλειν② 和 βουληθῆναι。普罗提诺最常使用βουληθῆναι，αὐτεξούσιον和θέλειν来诠释βουληθῆναι，前者强调意愿出自于本体自身和内部，是自我的主体属性，后者强调这是意愿，是自由的愿望。这似乎恰到好处地诠释了所谓的"太一的意愿"。

无形体的就是自由的，而自由自主正是要归于这样的事物，拥有决定权（κυρία）并独立自存的（ἑαυτῆς）意愿（βούλεται）也属于这样的事物，即使情势所需（ἀνάγκης），有时候它不得不对付外在的事物。这样说来，凡是源于这样的意愿，并按照这样的意愿（βουλέτα）而行的，都是自主的（αὐτῆς），不论行为是外力推动的，还是自动的（ἐνεργεῖ）。意愿希望成就什么，然后毫无阻碍地成就了什么，这就是自主的（ἐφ ἡμῖν）主要内容。在这个意义上，凝思的理智（θεωρητικός νοῦς），也就是原初的（πρῶτον）理智，就是自主的（τὸ ἐφ αὐτῷ），因为它的工作决不依靠他者，而是完全诉求于自己，它的工作就是它自身，它凭借的就是至善，它毫无缺乏，圆满自足，你可以说，它是按着自己的意愿（βούλεσις）活的，而它的意愿就是它的思想（νοῦν），之所以也被称为意愿，是因为它指向自己的心灵（τὸ κατὰ νοῦν μιμεῖται）。被称为意愿的事物必然效法那指

---

① 例如普罗提诺的《论自由意志和太一的意志》第五节标准页 41，参看 Loeb 本第六卷第八章第五节标准页 41。

② 同上。

向自己心灵的事物。因为意愿总是想往（θέλει）至善，而思想完全在至善里面。因此，那理智拥有自己的意愿所想往的东西，由此，只要意愿达到了理智，它就成了思想。既然我们认为我们的自主来源于对至善的渴望，那么可以肯定，那已经牢固地根植于自己的意愿所向往的（ἐθέλει）东西里面的，必然拥有它。或者有人不愿意把自主提升得如此之高，若是那样，它必会被认为是某种更伟大的东西。①

《九章集》甚少正面论述太一及其属性。在有关太一及其属性上，《九章集》使用的几乎都是"负"的表述，甚至"是"（ὄν）这样的本体性判断都没有用于太一之述谓。这节引文却称太一具有 βούλεσις，而且称 βούλεσις 是它自身（ἔφ ἡμῖν）。中译把 ἔφ ἡμῖν（它自身）译为自主的内容，是遵从英译本、依据上下文做了意译。可见所谓的 βούλεσις 是源自太一的力量：它有决定权（κυρία）、自我保存（ἑαυτῆς）和自主性（αὐτῆς）。它完全自我独立，不依赖于其他事物，没有任何前提，完全自动（ἐνεργεῖ）。这是太一的意愿（βούλεσις）所具有的无碍的自由。

太一的无碍自由本身是一种欲求或者所谓的向往（θέλει/ἐθέλει），这看起来极为吊诡。普罗提诺反复用这两个同源的希腊文（θέλει/ἐθέλει）表达 βούλεσις 的冲动是自由、自我、自决的。当然它们还用来指向太一本身的外部流溢或者说满溢。然而太一的 βούλεσις 不是要求欲求外部的满足感，而是要求那满溢的完成达到理智，从而依然完全在太一里面，虽然这种所谓的"在太一里面"是透过凝视得以保持的，然而由于理智始终保持在凝视的动态关联之中，所谓的太一的 βούλεσις 就维持了其自我一致性。理智所具有的指向满溢的自动力量的充足感，正是凝思的理智（θεωρητικός νοῦς），它是单纯的思，而不是生产性的，更不是创造性的，而是理论性的自我充沛。在描述所谓的太一的 βούλεσις 时，普罗提诺特别突出如下两方面：1. 出自太一的冲动或者意愿乃是完全地保存在理智的直观之中；2. 理智的直观完全以太一为其对象，这并非同语反复，而是说理智完全环绕着太一的意愿，并且它本身就是太一的意愿之全部。

---

① 《九章集》，《论自由意志和太一的意志》第六节标准页 27—45，参看 Loeb 本第六卷第八章第六节标准页 27—45。

普罗提诺把本体的特性由知识转化为意愿、由理性转化为欲求，使得古典希腊的静止本体论转向动力本体论。静止的存在本体可以透过理性把握，知识最终可以通往实在，然而当普罗提诺使用意愿来描述本体时，哲学就发生了根本的转变。如同希腊化和古代晚期的所有哲学那样，普罗提诺的哲学目标只有一个：如何才能够生活得美好？希腊化和古代晚期哲学与古典希腊哲学的差别是：古典希腊哲学因深信本体的静止，坚信可以透过理性达至存在，实现思和在的同一；希腊化和古代晚期哲学则要解决恶的问题，而不是首先把哲学的目标指向"同一"的讨论。美好的生活之所以不能够实现，追根究底是出于恶的阻挠。哲学的任务则在于寻求恶的解决之道以及恶的来源。普罗提诺使这个问题贯穿于他探究的始终。他没有沿着柏拉图的二元论，而把它归结为太一的意愿流溢所致的不定的二（τόλμα）所造成灵魂胆大妄为的欲求。恶的能力存在于灵魂本体之中，恶的实际却没有发生在本体世界，然而会发生在灵魂本体转向创造宇宙的过程之中。①

三

普罗提诺的意愿哲学是希腊化和古代晚期哲学六百余年酿造而成的美酒，由此反观这六百年间希腊化哲学的演化，可以清楚地显示出其哲学主旨，显示希腊化哲学的过渡、态势、目的和精神旨趣，可以看到希腊化哲学不是古典希腊哲学传统的枝节，也不单是古典希腊哲学的延续衰落，而是哲学的重新开始，是一个更雄浑的开始，也是更具张力的开始。

普罗提诺的意愿哲学意味着希腊化和古代晚期哲学从古典希腊实体论向主体论转换。普罗提诺对古典希腊哲学实体论的转换，渗透在他思想的

---

① 普罗提诺阐释说，灵魂本体的能力永远保存在各级受造物之中，然而当灵魂存在于复合体之中时，用普罗提诺的话说就是灵魂的诸能力显现（ἔχοντα）之后，有生命的存在物（包括宇宙）就会产生出低于灵魂的自足性的能力，或者说这种能力成为低于自足性的东西包括情感（παθῶν）和行动（ἐνεργείων），匮乏由此产生。普罗提诺所谓的ἔχοντα很有意思，是说灵魂本体出现在有形体存在物的情况（《九章集》，《什么是生命物，什么是人？》第一卷第一章第六节标准页1—8，参看 Loeb 本第一卷第一章第六节标准页1—8）。

每一个方面。分析感知觉（αἰσθητική）时，普罗提诺认为欲求是感知觉的来源，而不是如亚里士多德和古典希腊传统认为的感觉器官导致了欲求。普罗提诺认为，感知觉的发生不是来自于感觉器官，而来自于灵魂的力量（τῆς ψυχῆς τοῦ αἰσθανέσθαι δύναμιν）① 即欲求（ἐπισκεπτέον）②，欲求则是意愿的冲动。普罗提诺认为，灵魂的意愿导致下坠的欲求，把灵魂作为主体来解构古典希腊的实体的自足，因着意愿和欲求的驱动，实体要透过意愿的实施来表达，意愿的主体性是灵魂、理智和太一的根本属性。

普罗提诺内含的哲学转折在希腊化哲学开端已经发生。虽然伊壁鸠鲁、芝诺和皮罗似乎都以知识论（认识论）为哲学的主体，然而正如马克思所指出的，伊壁鸠鲁的原子偏斜学说蕴含了自由意愿的洞见，他引证彼尔·贝尔的话指出，伊壁鸠鲁提出原子在虚空中还有稍微一点脱离直线的偏斜运动。因此他说，这样就有了自由。③ 马克思还引证贝尔的话指出："原子偏斜绝不是偶然的规定性，原子脱离直线的偏斜运动并不是什么特殊的、在伊壁鸠鲁物理学中偶然出现的规定性。反之，偏斜运动所表现的规律贯穿了整个伊壁鸠鲁哲学……"④ 意愿的自由冲动是伊壁鸠鲁学派知识论的秘密，卢克莱修说得更加清楚，如果所有的运动总是构成一条长链，新的运动总是以不变的次序从老的运动中发生，如果始基也不通过偏斜而开始新的运动以打破这一命运的铁律，使其原因不再无穷地跟着另一个原因，那么大地上的生物怎么可能有其自由意愿（voluntas）呢？这一自由意愿又如何能挣脱命运的锁链，使我们能够趋向快乐所指引的地方，而且可以不在固定的时间和地点，而是随着自己的心意（tulit mens）偏转自己的运动？毫无疑问，在这些场合里，始发者都是各自的自由意愿；运动从意愿出发，然后输往全身和四肢。⑤ 卢克莱修大约生于公元前

---

① 《九章集》，《什么是生命物，什么是人?》第七节标准页 9—10，参看 Loeb 本第一卷第一章第七节标准页 9—10。

② 《九章集》，《什么是生命物，什么是人?》第五节标准页 23，参看 Loeb 本第一卷第一章第五节标准页 23。

③ 《马克思博士论文——德谟克利特的自然哲学与伊壁鸠鲁的自然哲学的差别》，贺麟译，人民出版社 1961 年版，第 17 页。

④ 同上书，第 21 页。

⑤ [古罗马] 卢克莱修：《万物本性论》第二卷第二章，参看 Loeb 本第二卷标准页 257—261。

99 年或 98 年，与他同一时代的斯多亚学派的思想家也同样挣破了早期斯多亚学派知识论概念的包裹，把自由意愿作为哲学思考的核心。

早期斯多亚学派谈论较多的也是知识的话题，然而他们也在隐秘地谈论意愿，是在知识观念的遮蔽下谈论意愿。克律西坡是其代表，他似乎一直在谈论知识并且以知识为出发点，只不过他其实把意愿的发生作为知识来谈论，在知与行（德性）、思和在的同一性论题下加入意愿，目的是回应决定论与伦理生活的关系。克律西坡处理这个问题确实不算成功，他解决问题的方法却使问题反倒更显尖锐。克律西坡著名的"狗与船"的比喻似乎解决了意愿的独立性，实际情况却凸显处理意愿和知识关系的迫切性。这个比喻依然包含了三种可能：第一种，狗不完全知道船要往下漂流才选择逆向行走；第二种，知道船必然下漂的命运，狗随船而下；第三种，狗知道船必然下漂仍然不选择顺服于命运。第二种很典型，即知是意愿，也成全了德性生活。至于第一种，则会受到柏拉图和斯多亚所谓的贤人的批评。第三种最关键，克律西坡的比喻引出了第三种可能：知识未必就是意愿，未必造就相应的德性，狗有船下漂的知识却未必会成为它服从命运的意愿。克律西坡没有对此做出清楚的阐释，他依然在知识的出发点上实施对于意愿的规训。然而第三种可能也可以独立地发展出一种路径，即意愿不依赖于知识而是自身独立的出发点。爱比克泰德和塞涅卡使这种可能性成为哲学的主题，显示出希腊化和古代晚期哲学的精神气质。

希腊化和古代晚期哲学演化几近千年，学派争论和各自探索又极繁多，旁及的思想传统更是复杂，恰当而准确地把握种种流变，尤其是其所引发的后世思想源流，实在是极重要的环节。本文以普罗提诺作为一个显明出来的哲学典范，并反观希腊化哲学的变迁及相关的古代晚期的哲学主流，在于论说古典之后的西方思想是新的开始。虽然此时的哲学主题林林总总，例如以实践理性取代理论理性；以帝国视野取代城的观念；以公民的个体性作为共和政体理念建构的出发点，而非以秩序为政治的基本理念，等等。然而最重要的是古典以知识为哲学原理被希腊化和古代晚期以意愿为出发点所取代，这是古典之后西方思想的转折性贡献。这不仅引发了古典之后其他哲学主题的转换，还使得古典哲学的主题得到重新理解。

本文试图评论的还有希腊化和古代晚期哲学家的转换是逐渐呈现出来的，即使如此，意愿的主题在希腊化哲学开始时就已内含其中，晚期斯多亚主义和普罗提诺则使之真正地显明。这种以意愿为内容的哲学传统也极深地影响了基督教思想，虽然基督教有完全独立的经典文本为其前提。由此则可以看清近代思想内涵的张力确实与古典和古典之后的西方传统内在相关。近代世俗人文主义倡导的知识和理性传统至少就其主流而言，秉承的是古典希腊的观念，而宗教改革以及深受其影响的哲学思想，例如路德和加尔文则坚持意愿（意志）传统。近代人文主义思想在其现代的开端却又向着意愿（意志）传统复归，若以此而论，希腊化和古代晚期的哲学思想才是现代性的真正基础。

第三部分　灵魂

重思《理想国》中的城邦—灵魂类比[*]

吴天岳^{**}

摘要：本文批判性地考察威廉姆斯（Bernard Williams）对《理想国》中的城邦—灵魂类比的犀利批评，反思当代学者对威廉姆斯的回应，通过剖析威廉姆斯文章中被大多数学者所忽略的一个关键环节，即正义的分工定义，重构理性和正义在柏拉图道德心理学和政治理论两个层面上的紧密关联，敞开对《理想国》整体论证框架的一种全新解读。

关键词：《理想国》；正义；理性；城邦—灵魂类比

众所周知，"理想国"这一广为流传的翻译并未能准确传达柏拉图原题 πολιτεία 的丰富内涵。后者不但毫无"理想"或"空想"之意，而且还不仅仅局限于"国家"这一范畴，它首先指公民权、公民身份、公民的日常生活以至全体公民和地理意义的城邦（与拉丁语 civitas 相应），进而指行政管理、政治体制及其所依存的宪法，有时也特指共和政体。[①] 虽然如此，在苏格拉底和格劳康兄弟的对谈中，确实提到"要用语言或理论（λόγῳ）塑造一个美好城邦的典型或模式（παράδειγμα）"

---

[*] 原载《江苏社会科学》2009 年第 3 期（第 84—90 页），有改动。

[**] 作者简介：吴天岳（1979— ），比利时鲁汶大学博士，北京大学哲学系教授，专攻古代和中世纪哲学，著有《意愿与自由：奥古斯丁意愿概念的道德心理学解读》，译著和中文论文若干，并有数篇英文论文刊行于国际学术刊物。

[①] 参见 H. G. Liddell and R. Scott, *A Greek - English Lexicon*, revised and augmented throughout by Sir H. S. Jones, with a revised supplement 1996, Oxford：Clarendon Press, 1996, 1434。本文沿用《理想国》这一翻译，只是因其广为人知，正如英文"Republic"这一同样不确切的翻译。

($472d-e$)①。苏格拉底后来将这一虚构的理想城邦称为"美好城邦（καλλίπολις）"（$527c$），并且不惜笔墨详细刻画这一"理想国"所依托的制度礼法、文化教育和其得以实现的诸多困难，以及由这一完美城邦所蜕化而来的种种堕落的政体形式。正基于此，《理想国》一书如其译名所暗示的一样，被广泛地视为一部政治哲学著作。

多少有些意外的是，有关这一美好城邦或者说关于城邦的叙事②在《理想国》中迟至第二卷中段才被引入。此前，苏格拉底首先明确，他在第一卷中与特拉需玛科等人有关"正义（δικαιοσύνη）"③这一品德的讨论只是一个简短的引言（προοίμιον）（$357a$）。格劳康通过重构特拉需玛科的论证重新确立了全书需要面对的挑战：说明正义和不义各是什么，以此证明正义因其自身就可以被认为是好的或善的（ἀγαθός），并且能够带来远胜过不义的好处。（$357b-368d$）苏格拉底重新思考其论证的策略，不再致力于借助辩证法凸显其论敌有关正义的定义所包含的矛盾，而是尝试正面地建构自己的正义理论。④

正是在上述理论背景下，苏格拉底引入关于城邦正义的讨论，希望

---

① 有关这一言词中的或理论中的城邦的相关引文，可参见 M. F. Burnyeat "Utopia and Fantasy: The Practicability of Plato's Ideally Just City", *Plato: Ethics, Politics, Religion, and the Soul*, G Fine ed., Oxford: Oxford University Press, 1999, 297, esp. note 1. 本文中《理想国》引文的中文翻译取自笔者校订的顾寿观的译稿（岳麓书社 2010 年版），个别处依据行文的方便参照希腊原文的最新校订本（S. R. Slings, *Plato's Respublica*, Oxford: Oxford University Press, 2003）略有调整。

② Myles Burnyeat 敏锐地注意到苏格拉底使用 μυθολέγειν（讲故事）这一动词来暗示这一理想城邦只存在于想象之中。但是，这并不意味着"美好城邦"只是虚无依托的白日幻想，正相反，苏格拉底在其论述中力图证明其可行性。参见 Burnyeat (1999: 297 – 308)。这在本文关于"哲学王"的扼要论述中也将得到印证。

③ 希腊语 δικαιοσύνη 一词含义丰富，既可以宽泛地指所有有德性的行为，亦即一个人所应当完成的行为，这接近古人所说的"义"，同时也可以狭义地指做自己分内的事，特别指在经济事务中归还自己所欠负的东西，获取自己所应得的，与贪婪（πλεονεξία）相对。参见亚里士多德《论题篇》106b29 以及《尼各马可伦理学》卷五章一，1129a30 – 1130a13；在柏拉图的《理想国》中既泛指人的行为的道德性，也专指分配中所涉及的品德和规范。本文沿用传统的"正义"这一翻译，但需强调这一术语在古希腊伦理学中的特定含义。

④ Otfried Höffe 将此称为《理想国》的双重转向：论证方法从批判到建构，论题从正义之为个人的属性（个人正义）到正义之为共同体的属性（政治正义或城邦正义）。后文将指出，Höffe 在此显然夸大了论题的转向，否则就难以解释《理想国》此后有关灵魂三分及个人品德的讨论。参见 Höffe, "Zur Analogie von Individuum und Polis", *Platon: Politeia*, hrsg. von O. Höffe, Berlin: Academie Verlag, 1997, pp. 69 – 94, esp. p. 69。

它能如同较大的字母铭文一样,有助于我们认清内容相同但位于远处的小的铭文,亦即个人正义。(368d – 369a)而在后来的对话中,此处的个人被等同于他/她所拥有的灵魂。(435c)① 而只要"正义"一词在城邦和灵魂中所传达的信息一致或相似,对城邦正义的梳理将为我们对灵魂正义的探询指明路向,这就是所谓的"城邦—灵魂类比"(the analogy of city and soul),它贯穿《理想国》第二卷到第九卷的讨论,界定了其后的论证方向:通过分析城邦这一较大对象的阶级构成和内部正义来探寻灵魂这一较小的甚而完全不可见的对象的内在结构及其正义。字母的比喻同时也强化了灵魂之于城邦的优先性:只有认识了灵魂的正义,我们才知道什么是正义。② 因此,要理解《理想国》的整个论证结构,厘清其中政体剖析与灵魂探究之间的勾连,柏拉图对城邦正义的政治思考在《理想国》中的意义,或者说《理想国》在什么意义上算一部政治哲学著作,我们必须从反思城邦—灵魂类比开始。更重要的是,这一类比的引入不仅将苏格拉底指向对正义的政治思考,而且引出了苏格拉底或柏拉图对于"正义和不义是什么"的回答。如后文所见,柏拉图多次借助这一类比,既用城邦内部的和谐来说明灵魂的健康,也用灵魂的内在冲突来解释城邦中的不义。这意味着城邦—灵魂类比似乎不仅仅是话题的引子,更是柏拉图正义理论的构建要素,我们因此不可能逾越这一类比直接谈论柏拉图的正义理论,无论是在灵魂的层面还是政治的层面。

然而,柏拉图的城邦—灵魂类比及其在柏拉图正义理论中的论证作用,在当代著名哲学家威廉姆斯那里遭遇了极为犀利的批评。如著名学者伯恩耶特(Myles Burnyeat)所言,威廉姆斯写于1973年的《柏拉图〈理想国〉中的城邦和灵魂类比》(后文简称《类比》)一文"主宰了其后这

---

① 参见 David Roochnik, *Beautiful City*: *The Dialectical Character of Plato's "Republic"*, Ithaca and London: Cornell University Press, 2003, p. 12。

② 虽然,如我们在后文中将更清楚地看到,苏格拉底在434e – 435a修正了字母比喻中所暗含类比的单向性(从城邦到灵魂),强调我们也需要从灵魂返回城邦,但是,其前提是当我们把对城邦正义的认识应用于个人时得到了不同的结论,这时我们才需要回到城邦的层面验证我们的灵魂理论。如果结论相同,则无须这一回溯。也就是说,对类比双向性的强调并不必然地与灵魂在类比中的优先性相冲突。

一主题的有关讨论"①。无论赞同或反对，后世学者鲜有不以此文为其论证的出发点的。② 有鉴于此，本文将像格劳康复活特拉需玛科的论证一样（358c），首先重构威廉姆斯的基本论证，以此澄清《理想国》由于引入城邦—灵魂类比而导致的正义理论和政治学说的困境；然后择要说明威廉姆斯的批评者们并未成功地化解《类比》一文对柏拉图《理想国》基本哲学论证的挑战；最后，本文将尝试从威廉姆斯文章中被大多数学者所忽略的一个关键环节出发，亦即柏拉图正义理论中理性的主导地位，重新反思城邦—灵魂类比在《理想国》一书中的作用与其局限性。通过仔细分析《理想国》第四卷中有关正义的分工定义，扼要讨论第五至七卷中的哲学王主张，本文力图论证柏拉图实际上将正义界定为理性部分的统治。这一新的正义定义将有助于我们从哲学上捍卫城邦—灵魂类比在《理想国》的整个论证结构中的合法性。

一

威廉姆斯首先强调书写的比喻得以成立，关键在于不同形态的字母铭文所传达的是同一内容，因此，当我们将对城邦正义的观察应用于个体或

---

① 见 Bernard Williams, "The Analogy of City and Soul in Plato's Republic", *The Sense of the Past: Essays in the History of Philosophy*, Myles Burnyeat ed., Princeton and Oxford: Princeton University Press, 2006, xv. 以下威廉姆斯的《类比》一文页码均引自这一文集，此文原载于 *Exegesis and Argument: Studies in Greek Philosophy Presented to Gregory Vlastos*, ed. E. N. Lee etc., Assen: Van Gorcum, 1973, pp. 196–206。

② G. R. F. Ferrari 就威廉姆斯对后世学者如 Jonathan Lear, Julia Annas, Otfried Höffe, Terence Irwin, Mario Vegetti, Norbert Blössner 等人的影响，有一扼要评述。而他自己的《柏拉图的城邦与灵魂》一书在很大程度上亦可看作对威廉姆斯的回应。见 G. R. F. Ferrari, *City and Soul in Plato's Republic*, Chicago and London: The University of Chicago Press, 2005, pp. 55–57. 应当指出，在20世纪70年代，威廉姆斯一文的影响还较为有限，例如 J. R. S. Wilson 发表于1976年的 "The Argument of Republic IV" (*The Philosophical Quarterly*, vol. 26, 1976, pp. 111–124), J. M. Cooper 发表于1977年的 "The Psychology of Justice in Plato" (*American Philosophical Quarterly*, vol. 14, 1977, pp. 151–157), 以及 Nicholas White 出版于1979年的 *A Companion to Plato's Republic* (Oxford: Basil Blackwell, 1979) 一书都不曾提及威廉姆斯的这一论文。就笔者所见，分界点可能在于 Julia Annas 的 *An Introduction to Plato's* Republic (Oxford: Clarendon Press, 1981), 这本长期以来作为英语学界《理想国》入门的标准读物明确地承认了威廉姆斯对城邦—灵魂类比的贡献 (pp. 146–152)。

灵魂层面时，已经预设了（1）有关城邦之为正义的解释与个人之为正义的解释相同。而支撑这一预设的首先是一个语言事实，即希腊人用同一个词 δίκαιος（正义的）或 δικαιοσύνη（正义）来谈论城邦和个体灵魂的正义。(435a) 在柏拉图看来，这暗示了城邦和灵魂中包含同一或相似的"形式"（εἶδος）①："一个正义的人，就正义的形式本身来说，和一个正义的城邦将是无所区别的，而是相像的。"（435b）显然，与字母书写的例子不同，城邦正义和灵魂正义之所指，或者说正义这一形式并非是不言自明的，而恰好是《理想国》一书所要质询的对象：正义是什么？如果正义的定义自身仍然是晦暗不明的，我们就没有权利将它运用于城邦和灵魂，然后断言它们就正义而言是相似的。② 也就是说，我们必须要去追问上述语言事实之后的哲学基础。

这同样也决定了城邦—灵魂的类比不能是单向性的，否则，我们就会将"适用于城邦的正义解释必然适用于灵魂"这一未加解释的命题不再作为假设，而是视同公理性的真理。③ 正如威廉姆斯所指出的，柏拉图自己敏锐地意识到了这一点，强调我们在将城邦的正义定义运用于灵魂时，还需要借助相对独立的原则考虑灵魂的正义，如果二者相冲突，我们还需要借助类比返回城邦这一层面，重新对照正义在两个不同层面的显现。威

---

① 威廉姆斯将此处的 εἶδος 翻译为"特性"（characteristic）。虽然此处的柏拉图还没有提出著名的"形式理论"（所谓的"理念论"或"相论"），此处的 εἶδος 也并不指存在论上能够独立存在的 Form，但有必要突出这一术语的一致性，这在后文中将得到证明。在此，我要感谢我的学生刘鑫提醒我注意 εἶδος 在柏拉图城邦—灵魂类比中的作用。

② 苏格拉底在第一卷的结尾处即强调对正义的定义是我们所必须采取的第一步，参见《理想国》354c："因为，只要我还不知道正义它是什么，我就很难知道它是不是一种品德，也不知道究竟一个拥有正义的人不幸福呢，还是幸福。"

③ 例如 Gregory Vlastos 在其经典论文《〈理想国〉中的正义与幸福》中认为，苏格拉底/柏拉图将下述命题视为不证自明的真理："如果同一谓词可述谓任意两个不同事物，那么，尽管他们在其他方面可能不同，就这同一谓词可以述谓他们二者来说，他们一定是完全相像的。"Vlastos 认为这是导致苏格拉底混淆两种不同的正义定义（社会定义和心理定义）的根源之一。参见 Gregory Vlastos, "Justice and Happiness in the *Republic*", *Platonic Studies*, G. Vlastos ed., Princeton: Princeton University Press, second printing with corrections, 1981, pp. 111 – 139, esp. pp. 131 – 132. 值得一提的是，Vlastos 在修订这篇最早发表于 1969 年的论文时，并没有提到威廉姆斯题献给他的《类比》一文，而是坚持认为柏拉图的论证缺陷不在于类比自身，而在于正义定义的含混性。

廉姆斯将其称为"意义类比"(analogy of meaning)。① 也就是说,类比的过程并非一个单向的由可见到不可见的过程,而是互动地逼近类比中所包含的相类的"意义",亦即那在类比中起奠基作用的共同特性或柏拉图所说的"形式"。

然而,威廉姆斯认为柏拉图在后文中并未贯彻这一"意义类比",而是转而指出城邦内部的类别划分($\varepsilon\check{\iota}\delta\eta$)② 和城邦的习性($\H{\eta}\theta\eta$)都可以还原到其构成部分,亦即个体公民的层面。因为,当我们说一个城邦意气风发、热爱学习、贪财好货时,我们说的实际上是其公民具有这些特性。($435e-436a$)威廉姆斯将这一还原论解释称为"整体—部分规则",并认为它显然适用于正义这一城邦和个人的基本美德。

(2) 一个城邦是正义的当且仅当城里的人是正义的。③

然而,柏拉图并不认为"整体—部分规则"自身就可以定义正义的本质。否则,如威廉姆斯所指出的,有关整个正义的解释将被还原为其组成部分的正义,这将招致无穷倒退。④ 因此,柏拉图在《理想国》中转向其他的模型或者解释来界定正义。

(3) 正义即每一个要素(理性的、意气的和欲望的部分)从事属于自己本身的工作($\tau\grave{o}\ \tau\grave{\alpha}\ \alpha\grave{\upsilon}\tau o\hat{\upsilon}\ \pi\rho\acute{\alpha}\tau\tau\epsilon\iota\nu$)。($433a$)⑤

而这暗含了——

(4) 理性的部分居于统治地位。

而如果(3)是对正义的定义,我们从灵魂的层面回到城邦,那么,

---

① Williams (2006: 108). 参见《理想国》434e:"这就是,我们曾以为:如果我们在某一个较大规模的具有正义的东西里事先已经试着对它有了观察,那么,这就有可能更容易地在一个单一的个人之中看到它。而我们以为这个东西应该是一个城邦,这样我们就尽我们的力来建造一个最好的($\dot{\alpha}\rho\acute{\iota}\sigma\tau\eta\nu$)城邦,因为我们知道在一个好的城邦里是会有正义的。而凡是在城邦里所发现的,我们就把它转移到个人中去;而如果它是吻合一致的,那就一切顺利了;而如果在个人之中有一点什么不同的情况,那就再回复到那个城邦上去,再来加以复核考校,而也许,在我们把这两者互相对比观察,也可以说是互相切磋琢磨中,就像从两段摩擦取火的木块中那样,我们能使那正义就像火花一样点燃、爆发出来……"

② 根据语境,此处柏拉图用 $\varepsilon\hat{\iota}\delta o\varsigma$ 的复数来指事物的种类,特指城邦内部不同阶级的划分,和上一段的属类($\gamma\acute{\epsilon}\nu\eta$)相同,不宜翻译为"形式"。

③ Williams (2006: 109).

④ Williams (2006: 109—110).

⑤ 此处遵照 Williams 的英文翻译,后文中将对这一短语及其翻译再作讨论。

一个城邦是正义的,这就意味着城邦里的要素或者说各个阶级从事属于自己本身的工作,也就是说城邦里也要有理性的、意气的和欲望的部分。威廉姆斯认为这一对城邦构成的独特划分,连同柏拉图的灵魂三分学说,将会招致如下问题:

首先,这就意味着在正义的城邦里也存在欲望的部分,而且他们还占据了城邦公民的大部分。而根据《理想国》435e我们知道,一个城邦被称为意气昂扬的,在于其公民高昂的意气。同理,城邦中的一部分阶级受欲望支配,这意味着构成这一阶级的人受欲望支配。这些人显然很难算作正义的人,说一个正义的城邦里充斥着不义的人,这显得十分荒谬。①

其次,同样的问题也出现在灵魂层面。我们可以从命题(2)出发,那么在正义的城邦中,欲望阶级(the epithymetic class)也应该是正义的。根据(3)和(4),在这一欲望阶级的个体灵魂内部,理性部分也应该居于统治地位(其作用当然受到限制,不同于哲学王灵魂中理性的作用),使得他们能够从事属于自己的工作。而在城邦这一层面,所谓从事属于自己的工作的同时,也意味着不去越俎代庖,欲望阶级不参与护卫者的统治工作。而对城邦的统治秩序的顺从,在于"理性"这一灵魂的最高能力的运用,否则他们都无法认清何谓"本己的工作"。如果我们就此回到个体灵魂的层面,那么我们就不得不承认在一个正义的灵魂内部,灵魂的最低级部分也会倾听(harken to)理性的要求,并且拥有最小限度的理性以保障其功能的实现,但这和柏拉图有关灵魂三分的学说是矛盾的。因为柏拉图对灵魂不同部分的划分基于所谓的"冲突原则"(436b-c),它不允许同一灵魂要素拥有不同功能。②

威廉姆斯认为柏拉图在第八卷讨论城邦或政体形式的蜕变时,实际上弱化了"整体—部分规则"——

---

① Williams(2006:110).

② Williams(2006:110-111). 晚近有关柏拉图灵魂三分学说的研究概述,参见 G. R. F. Ferrari, "The Three-Part Soul", *The Cambridge Companion to Plato's Republic*, Ferrari ed., Cambridge: Cambridge University Press, 2007, pp. 165-201. 而在最新的一份研究中,Jessica Moss 致力于调和柏拉图在第四卷中的三分说和他在其他著作中的理性—非理性二分说,见 Jessica Moss, "Appearances and Calculations: Plato's Division of the Soul", *Oxford Studies in Ancient Philosophy*, Vol. XXXIV, 2008, pp. 35-68。

(5) 一个城邦是正义的当且仅当城里居于主导地位的公民们是正义的。①

而且这一所谓的"主导部分规则"并不局限于正义,在《理想国》第八卷和第九卷对城邦堕落的分析中,柏拉图将其普遍化了——

(6) 一个城邦具有 F 这一性质当且仅当城里居于主导地位的公民们具有 F 这一性质。

此处 F 指的是城邦和灵魂所共有的特性,例如正义、意气风发、荣誉至上、民主等。然而,这一弱化的"整体—部分规则"并不能挽救柏拉图政治城邦图景的吸引力的缺乏。这首先体现在柏拉图对民主制的批评中。柏拉图定义的民主制,其特性在于它包含各种类型的人,容纳不同的性格。(557c) 另外,民主制的原则在于多数人统治,也就是说其主导部分必然是大多数。根据(6),大多数人具有民主的个性,或者说易变的个性(欲望总在不断变化),亦即所谓的"闲人"。(564d-e) 民主城邦中的公民大都具有同一性格,这显然和民主制包容所有性格这一特性相抵牾。②

另外,这些民主制中的统治者或者大多数人构成了正义城邦中的最低阶层。其不同或许在于,这些受欲望控制的阶级在美好城邦中处于理性的统治下,而不居于主导地位。然而,威廉姆斯指出这里"统治"的意义是含混的。柏拉图仍然没有解释为什么在美好城邦里,离不开这些可能成为民主制中的"闲人"的欲望阶级。同样困扰我们的是,是什么决定了同一类人在民主城邦和美好城邦中的不同?难道说在理想城邦中,他们自己也拥有(尽管是有限的)理性的控制吗?这将我们指向此前提到的类比在灵魂层面的困境。③

此外,要确立城邦与灵魂的完全相似,我们还必须确认灵魂的欲望部分与劳作阶层相对应。显然,成为一个匠人并不取决于是否具有强烈的非理性的欲望,至多可以说成为铜匠的这类人恰好具有强烈的欲望。而且这一拥有难受羁绊的欲望的阶级如何能在美好城邦中服从理性的统治,这一困难仍然没有消除。④ 而就意气的部分来说,意气作为灵魂的一个部分自身就是含混的:一方面它接近我们所说的愤怒,另一方面它又是理性的助

---

① Moss (2008: 112).
② Moss (2008: 112-113).
③ Williams (2006: 113-114).
④ Williams (2006: 115).

手。威廉姆斯借助《斐德若篇》的例子说明，愤怒这一情感并不像柏拉图在《理想国》中所假设的那样，总是站在理性一边（见《理想国》440b 与《斐德若篇》254c）。①

威廉姆斯由此断定：柏拉图通过引入城邦—灵魂类比，在灵魂层面难以解释时，就转向城邦（意气），或者反之（理性），或者二者并用（欲望），这并未能成功地解决用三分说来定义正义可能出现的困难，反而遮掩了对政治的心理读解和灵魂的政治读解可能存在的悖谬。

二

威廉姆斯的文章以缜密的分析揭示出《理想国》中城邦—灵魂这一类比的特殊性：它不仅描述了城邦与灵魂之间横向的平行对应关系，而且在 435e 中力图用因果关系来解释类比中两个要素的垂直关系，亦即城邦的特性（例如正义）可以还原为其公民灵魂的秉性。要说明这一点，我们首先需要澄清"类比"一词的基本含义。

我们知道，西文的"类比"（英：*analogy*，德法：*analogie*，拉丁：*analogia*）一词可以溯源到古希腊语 ἀναλογία，本义指两种比例和关系的相似，这又称为"比例类比"（*analogy of proportionality*）。② 例如，"和谐"既可以指音阶所包含的比例，也可以指天体运动中所反映的秩序，二者在古希腊人看来是相类的。《理想国》中关于正义的分工定义［前文命题（3）］显然适用于这一界定，因为正义在此能够作为一个类比词（*analogical term*）来同时刻画城邦和灵魂，正是因为美好城邦的各阶级间的关系与正义灵魂的各要素间的关系是相似的。③

---

① Williams（2006：116 – 117）.

② 参见 E. J. Ashworth, "Medieval Theories of Analogy", *The Stanford Encyclopedia of Philosophy* (*Fall* 2008 *Edition*), Edward N. Zalta (ed.), URL = < http://plato.stanford.edu/archives/fall2008/entries/analogy – medieval/ >。需要指出的是，在《理想国》中柏拉图并没有用 ἀναλογία 或者其形容词 ἀνάλογος 来描述城邦和灵魂间的比较，而用 ὁμοιότης 或 ὅμοιος（均意为"相似"，分别见 369a 与 435b）这一更加日常化的语言来表达二者间的关系，但这不妨碍我们用类比理论来解释这一比较。

③ Ferrari 在其著作中也正确地强调了城邦和灵魂的对应实际上是一种比例关系，见 Ferrari（2005：40）。参见威廉姆斯的命题（3），这一正义的分工定义显然涉及事物的构成要素之间的关系，而根据命题（2），它显然可以用来刻画城邦和灵魂这两个不同的事物。

城邦—灵魂类比的特殊之处在于其类比的两端之间存在整体和部分的关系：城邦是由阶级构成的，而阶级正是由不同的个体灵魂构成。《理想国》第四卷在重新引入城邦—灵魂类比去讨论城邦的正义和灵魂的正义之前，首先讨论了城邦在什么意义上可以被称作智慧的、勇敢的和节制的。这些品德在日常用语中首先是用于个人，而只在派生的意义上用来述谓一个政治实体。虽然，在这一语境下我们仍然可以说城邦的智慧和个人的智慧是相似的、可类比的（analogical），但这里所呈现出的是一种不对称的对应关系：我们很难设想在一个智慧的城邦里一个智慧的人也没有，但是很显然，在愚蠢的城邦里也可以有聪明人（例如柏拉图眼中的雅典城的苏格拉底）。而在此之前，我们提到城邦—灵魂类比的引入在于说明灵魂自身的正义，灵魂的这一优先性同样要求柏拉图和《理想国》的读者去考虑城邦的正义是否可以还原为个体灵魂的正义。威廉姆斯《类比》一文的意义正在于指明当我们用因果关系来刻画灵魂和城邦的关系，特别是就正义这一品德而言时，我们对《理想国》的解释就会在城邦和灵魂两个层面遇到难以克服的困难。

威廉姆斯对柏拉图的批评在晚近有关城邦—灵魂类比的研究中也遭到质疑。学者们并不怀疑威廉姆斯推理的有效性，转而考察其前提，或者说他对城邦—灵魂类比的还原论解读是否正确：1. 灵魂和城邦的类比是否包含横向的和纵向的层面；2. 灵魂和城邦的纵向关系是否应当解释为单向的因果决定关系；3. 柏拉图是否接受上述类比作为其正义理论不可分割的一部分。下文将简要考察李尔（Jonathan Lear），费拉里（G. R. F. Ferrari），和布鲁斯那（Norbert Blössner）这三位学者从以上三个不同角度对威廉姆斯论证前提的批评和他们各自对城邦—灵魂类比的捍卫。①

---

① 关于城邦—灵魂类比的讨论的其他文献，可以参见 G. R. F. Ferrari（ed.），*The Cambridge Companion to Plato's Republic*，Cambridge: Cambridge University Press, 2007, p. 492. 本文以上述三人作为代表，因为他们分别代表了三种不同的灵魂—城邦诠释，而其他学者的研究或坚持威廉姆斯的主张（参见 Ferrari, 2005: 55 - 57）中提到的 Julia Annas，又如 Stanley Rosen，*Plato's Republic: A Study*，New Haven & London: Yale University Press, 2005, p. 150，或他们对威廉姆斯的批评可以归属到上述三者之下，这一点将在后文注释中做进一步说明。值得一提的是 Nicholas Smith 在 "Plato's Analogy of Soul and State"（*The Journal of Ethics*, Vol. 3, 1999, pp. 31 - 49）中主要关注的是柏拉图由城邦—灵魂类比推导出的灵魂三分说，其目的只在于证明这一类比并不必然导致城邦的三分和灵魂的三分，并没有对上述类比在整个《理想国》中的论证作用有更进一步的思考，故与本文主旨无关。或许正因为这一点，在 Smith 的行文中，出人意料地没有提及威廉姆斯和李尔的文章。

李尔在其发表于1992年的《〈理想国〉的内与外》一文中明确承认威廉姆斯"提供了我们对柏拉图的类比最富有洞察力的批评"。① 与威廉姆斯一样，他同样认为柏拉图的城邦—灵魂类比所呈现的不仅仅是二者间单纯的相似性，或者说我们可以用"正义"这同一个词来谈论城邦和灵魂这一语言事实，而且突出了城邦和灵魂之间的紧密关系。在李尔看来，问题的关键在于如何解释这一关系，他认为威廉姆斯的论证不成功之处在于他对柏拉图心理学基本原则的误解。他未能理解在柏拉图心理学中，个体的心理状态不仅仅包括灵魂的内在生活，而且反映灵魂之外世界的影响，后者主要体现为城邦和政治生活，两者的互动构成了对心理的动态描述。因此，柏拉图的"灵魂分析"和"城邦分析"实际上是其心理学的内外两个不同侧面。② 由此，李尔认为威廉姆斯的"整体—部分原则"或者其弱化的形式"主导部分原则"都只是体现了柏拉图心理学"外化"（*externalization*）层面："如果一个城邦是 F，那么必然有**某些**公民其灵魂是 F，他们（**连同他人**）曾经促成城邦的塑造。"③ 而另一方面，城邦的存在或政治生活又通过教育等形式塑造着其公民的灵魂，这就是所谓的"内化"（internalization）。④ 因此，城邦和灵魂之间确实存在因果关联，但绝非单向的，而是双向的，或者说相互依存的。正是柏拉图心理学（城邦—灵魂分析）中的交互作用决定了城邦和灵魂之间正义的"同构"（isomorphism）特征。⑤

李尔的文章借助当代较为复杂的心理分析模型抛弃了前述威廉姆斯论证的第二个前提，而威廉姆斯所提及的正义城邦中能够顺从理性部分统治的欲望阶级也被解释为教育内化的结果，由此无须解释为这一阶级中的个

---

① Jonathan Lear, "Inside and Outside the *Republic*", *Phronesis*, Vol. 37, 1992, pp. 184 - 215, esp. p. 1944.

② J. Lear（1992：184 - 185）.

③ J. Lear（1992：191）. 黑体由笔者所加，以突出此命题与威廉姆斯的命题（1）和（2）之间的微妙差异。

④ J. Lear（1992：186 - 190）.

⑤ J. Lear（1992：195）. Höffe 同样强调在城邦和灵魂之间不仅仅存在一个单纯的类比，而且在强调灵魂优先的同时，还存在一种"相互依存"（Interdependenz）。当然，Höffe 强调这种依存不能理解为 Lear 的内化和外化过程，并且强调这构成了柏拉图对城邦系谱研究的要素。参见 Höffe（1997：69 - 93，78）。然而，正如 Ferrari 所指出的，就二人强调灵魂与城邦之间的双向因果关系而言，他们对 Williams 的批评并无本质区别。见 Ferrari（2005：55 - 56）。

人灵魂内部的欲望也包含理性的最小作用。① 然而，这一论证首先缺乏有力的文本证据。正如费拉里一针见血的评论，《理想国》中教育固然重要，但却从未被用来支持城邦—灵魂类比，所谓的"外化"亦如此，寡头制并非具有寡头性格的人依照其心理特征设计塑造而成。② 另外，尽管李尔对城邦和灵魂纵向关系的解释更加复杂精致，这仍然不能阻止我们去追问灵魂的内和外谁更加本原。李尔依照《理想国》的次序以"内化"为先，因为，只有在美好城邦中，个体灵魂才能通过恰当的教育成为正义。显然，在美好城邦中，教育（内化）的内容包含城邦的正义，即其和谐的结构特征，而这无疑与柏拉图在引入城邦—灵魂类比时所强调的灵魂的优先地位相冲突。我们还可以进一步追问：这一结构特征何以被称为是正义的？难道理性能够在城邦中有权统治，不正是因为它可以类比于理性在灵魂中的统治地位吗？更重要的是，"内化"和"外化"仅仅揭示了"正义"这一谓词如何可以从城邦到灵魂，又从灵魂到城邦，它仍然没有解答柏拉图引入城邦—灵魂类比所要解决的最终问题：正义是什么？而在威廉姆斯的解释中，类比自身虽然不足以成为正义的定义，但它却是用来推导和验证正义定义的有效手段。

费拉里在其最早出版于2003年的《柏拉图〈理想国〉中的城邦与灵魂》一书中详尽地分析和尖锐地批评了威廉姆斯、安那斯（Julia Annas）、李尔对城邦—灵魂类比的因果解释。费拉里追随艾文（Terence Irwin）要求彻底切断灵魂—城邦类比中所暗含的纵向联系。艾文将这一类比称为"政治类比"（political analogy），坚称它只适用于确认正义灵魂中有和美好城邦相对应的部分以及相应的比例关系（类比的横向层面），我们没有理由把它扩展到城邦和灵魂所共有的品德。③ 从另一个角度看，这意味着

---

① Lear（1992：198-200）.

② Ferrari（2005：52-53）.

③ Terence Irwin, *Plato's Ethics*, New York & Oxford: Oxford University Press, 1995, p. 230. Irwin此处的用意仅仅在于说明上述类比不足以说明，勇敢这一属于士兵（意气部分）的品德可以推出灵魂的勇敢仅仅在于意气部分，它和知识或理性无关，并且因此和苏格拉底的理智主义主张相冲突。必须指出的是，Irwin的这一断言并没有充分的文本依据，例如在441c，苏格拉底在确立了灵魂内部必然也包含三个要素之后指出："那么是不是我们前面的一个假设也就直接地成为必然，这就是：就像一个城邦如何能是，并且由于什么而是智慧的，同样，一个人也就这样地是，并且也就正是由于那一点儿成为智慧的。"在这里，我们能够做出这样的推论正是因为城邦—灵魂类比适用于智慧这样的品德。

构成正义城邦要素的个人并不必然是与城邦相类比的正义灵魂。①艾文并没有正面展开这一论证,而费拉里则不仅一再强调城邦—灵魂类比不多不少只是类比,不能用来揭示作为城邦公民的个体灵魂内部的品德②,而且正面地论述了城邦—灵魂类比的修辞功能。费拉里借用亚里士多德的术语将这一类比称为"类推隐喻或明喻"（$\mu\varepsilon\tau\alpha\varphi o\rho\grave{\alpha}\ \kappa\alpha\tau\grave{\alpha}\ \tau\grave{o}\ \grave{\alpha}\nu\acute{\alpha}\lambda o\gamma o\nu$）③,这也就是我们前文提到的$\grave{\alpha}\nu\alpha\lambda o\gamma\acute{\iota}\alpha$（类比）在希腊文中的本意。唯一需要强调的是这一比喻乃是双向的,以确保《理想国》中城邦与灵魂、政治与伦理之间的平衡。④ 这一类推的对称结构在荣誉制、寡头制和民主制中尤为明显。一方面,从城邦类推到灵魂使我们更好地把握城邦作为整体的道德特性和幸福之所在;另一方面,从灵魂类推到城邦,则让我们能够意识到个体外显的统一性可能遮盖的复杂性。⑤ 然而,在解释僭主和哲学王时,费拉里则承认柏拉图此时使用了威廉姆斯所谓的"因果模型",用以解释城邦和灵魂的纵向关系,此时类比呈现出不对称的特征,更加聚焦于灵魂而不是城邦。⑥ 但他仍然认为,这一纵向的因果关系并不包含在类比之中,而在于其所运用的对象自身的特性之中,或者说,更在于人性之中。⑦

费拉里的论述从根本上否定了威廉姆斯所依仗的前两个前提,但这并不足以从哲学上化解威廉姆斯所揭示的《理想国》中的内在悖论。首先,将类比解释为修辞的手段无疑将弱化其哲学论证力,而且并不足以解释《理想国》中的政治叙事和灵魂叙事如何能够在个人幸福的实现这一点上统一起来。正如费拉里自己在批驳李尔之前所承认的,"尽管我们得以规避威廉姆斯令人不快的结论,但同时我们也彻底使灵魂脱离了城邦"⑧。

---

① T. Irwin (1995: 230). Irwin 的这一主张来自 Wilson, "The Argument of Republic IV", Irwin (1995: 383, note 9)。Ferrari 同时提到 Norbert Blössner 在 *Dialogform und Argument: Studien zu Platons "Politeia"* (Stuttgart, 1997) 一书中追溯了这一主张的流变,转引自 Ferrari (2005: 56)。

② Ferrari (2005: 53, 55, 60)。

③ 参见亚里士多德《诗学》1457b;《修辞学》1407a, 1411a。转引自 Ferrari, *City and Soul*, p. 61。

④ Ferrari (2005: 59)。

⑤ Ferrari (2005: 75 – 82)。

⑥ Ferrari (2005: 85 – 89)。

⑦ Ferrari (2005: 97)。

⑧ Ferrari (2005: 50)。

此后的论述并没有令人信服地解决这一困难,因为只要城邦中作为政治动物的个人不能等同于三分灵魂的拥有者,政治生活中的正义者不是灵魂内部和谐的个人,那么我们就难以回应格劳康的挑战:正义的人为什么必然是幸福的人?和李尔一样,费拉里的解释使得有关正义的定义成为一个突如其来并且难以验证的断言(claim)。最后,费拉里将僭主制城邦与僭主性格的人的相似性归于含混的人性,这无疑是难以让人满意的答复。因为,最初引入城邦—灵魂类比的意义正是要去揭示不可见的灵魂的本性(人性),这无异于从根本上消解了城邦—灵魂类比的论证价值。

布鲁斯那的研究最早以德文论著的形式发表于1997年,对费拉里的修辞学解释产生了重要影响。① 2007年他以此为基础写成《城邦—灵魂类比》一文,由费拉里翻译并收录在其主编的《剑桥研究指针:柏拉图的〈理想国〉》中。② 布鲁斯那首先指出城邦—灵魂类比在《理想国》中并非一个一成不变的理论模型,在其最初引入时(368c – 369a)它只是为了考察个体的道德属性,而且仅仅是针对正义这一品德,并且只是作为假设而存在的。③ 而在第四卷中这一类比则被接受为确定的事实,柏拉图不再考虑这一类比的合法性,而是直接应用类比考察灵魂的要素是否能和城邦的结构相对应。④ 然而,布鲁斯那并不认为柏拉图有一个现成的灵魂学说需要借助类比说明。正相反,柏拉图是从城邦—灵魂的相似性出发,在第四卷中建构出崭新的灵魂三分说。⑤ 和威廉姆斯一样,布鲁斯那强调这一类比会带来难以解释的理论困难,同时表现在城邦和灵魂两个层面:例如威廉姆斯已经提到的民主制城邦实际处于无政府状态,而在民主性格的灵魂内部却是各要素平等掌权;又如正义是否能带来好处只关乎个人,而与灵魂的要素无关。灵魂的要素无所谓幸福不幸福,也无所谓正义不正义。否则灵魂的正义可以还原到其构成要素的正义,这将会导致无穷倒退。⑥

与前人不同的是,布鲁斯那认为柏拉图并非对城邦—灵魂类比的局限

---

① 见 Ferrari (2005: 57)。

② Norbert Blössner, "The City – Soul Analogy", *The Cambridge Companion to Plato's Republic*, G. R. F. Ferrari ed., Cambridge: Cambridge University Press, 2007, pp. 345 – 385.

③ Blössner (2007: 346 – 347).

④ Blössner (2007: 347 – 350).

⑤ Blössner (2007: 354 – 358).

⑥ Blössner (2007: 358 – 360),在其中 Blössner 明确提到了威廉姆斯的论证。

性毫不知情，而是刻意采用这样一个具有内在缺陷的修辞手段，作为《理想国》整个论证构架中的一个推进环节。① 借助《理想国》第四卷中对城邦—灵魂类比的发展，柏拉图意在使对谈者们进一步确信苏格拉底叙事的现实性，接受苏格拉底在第二卷到第四卷中所构造的思想试验。在这一意义上，显然对于城邦—灵魂类比的因果解释有助于格劳康兄弟相信类比的合法性，尽管细致的分析将揭示这一解释在逻辑推演上存在困难或者会带来不可克服的悖论。② 相应地，在第八卷和第九卷中，苏格拉底不仅抛弃了字母的比喻，也进一步发展了第四卷中的灵魂三分说，灵魂的划分不再单纯地依赖个别行为，而是奠定于其所指向的生活目标。③ 柏拉图有关不同形态的城邦和灵魂演化的分析不再依赖于前文的类比机制，而是共同指向不同形态的生活方式，由此指向《理想国》最终的论证目标：幸福和正义的生活形态不可分离。④

布鲁斯那以发展的观点在《理想国》作为一个长篇对话的整体框架中来考察城邦—灵魂类比的论证作用，这无疑有助于克服受分析哲学传统影响的哲学史家支离文本的倾向。然而，将第四卷中有关类比的说明解释为纯粹的修辞手段，而不具有哲学论证效力，这和费拉里的解释一样缺乏吸引力。而且，认为柏拉图或苏格拉底有意识地通过采取表面上富有说服力而实际上缺乏哲学依据的策略来调整论证，以赢得对谈者的信任，至少是表面的信任，这有违《理想国》中苏格拉底论述的基本宗旨，也让我们怀疑柏拉图作为写作者的真诚。在第二卷一开始，苏格拉底就明确地告诉格劳康他不仅要让他们看起来像是信服，而且要真正地信服正义在任何情况下都胜过不义。(357b) 如前文所述，城邦—灵魂类比的引入正标志着苏格拉底正面建构正义理论的开始。更重要的是，布鲁斯那强调要在《理想国》的整体结构中考察城邦—灵魂类比，但同时又直接从第四卷跳到第八卷，将中间三卷称为有待读者填补的空隙（lacuna）。⑤ 而在下文中，我们将看到这一盲点恰好是理解《理想国》灵魂—城邦类比的关键。

---

① Blössner (2007: 375-381).

② Blössner (2007: 372-375)，特别见第 374 页。

③ Blössner (2007: 360-366)，特别见第 363 页，相关的文本可以参见 550b、553b-c、559e-561a、572d-573b。

④ Blössner (2007: 372).

⑤ Blössner 只是在脚注中提到 Ferrari 尝试着去完成这一工作。见 Blössner (2007: 350).

三

　　城邦—灵魂类比的引入在于澄清正义的意义。然而，类比自身，即使同时考虑其横向的相似性和纵向的因果决定关系，也并不能够定义正义，否则将会导致循环论证和无穷倒退。威廉姆斯的这一哲学洞见不容置疑。因此，在第四卷重新引入类比之前，苏格拉底先给出了独立的正义定义："做自己的，不多管闲事，这就是正义。（τὸ τὰ αὑτοῦ πράττειν καὶ μὴ πολυπραγμονεῖν δικαιοσύνη ἐστί）"（433a）① 苏格拉底强调这正是美好城邦得以建立必须要贯彻的原则。首先，城邦起源于"匮乏"（ἐνδεής）：个体不能够自足，需要通过交往来满足其各种需求。（369b–c）同时，"人人本性有别，不同的人适于不同的事"。（370b）因此，在好的城邦中②，每个人都应当专注于适合自己天性的技艺来保证每个人不同层面的需要得以最大限度地被满足。由此可见，"自己的"这一略显含混的表述在这里指与个人本性禀赋相匹配的工作或职业。正义在这里呈现为社会分工原则，它所关涉的首先是生产技艺和城邦公民的经济功能，随后技艺的范围扩大到战争（374b）和统治（412c 以下），个体的政治功能也得以划定，并由此区分出三个不同的阶级或群体。在此，我们暂且不考虑这一由经济行为到政治身份的推导是否合理，而来面对一个更加本原，但同时也是被威廉姆斯及其批评者们所忽视的问题："做自己的"真是柏拉图对正义的定义吗？

　　从苏格拉底在第一卷中对特拉需玛科的批评中我们可以知道，正义的定义必须能够普遍适用于我们称为"正义"的事物。我们既谈论政治正义，当然也谈论个人正义。当苏格拉底引入上述正义定义时，我们显然还不能直接证明它适用于个体灵魂，而必须先证明灵魂可以同样区分出三个要素，灵魂的正义在于这三者都做自己的。（435c）而前文已经证明，城邦—灵魂的类比可以让我们期待这一发现，但不能直接决定灵魂自身必然

---

　　① 此处的翻译追随 Gregory Vlastos，用"做自己的"（to do one's own）这一直译来传达原文这一习语自身所固有的含蓄或含混。相关讨论，参见 Vlastos（1981：115）。

　　② 这不仅适用于后文所说的美好城邦，而且适用于苏格拉底最初构建的城邦（"猪的城邦"）。

如此构造。柏拉图深谙其间的微妙差别，因此转向所谓的"对立原则"（principle of conflict）[①]来建构其灵魂三分理论。这一论证能否独立于城邦—灵魂类比而成立，是另一个富有争议的话题。更为重要的是，如萨克斯（Sachs）和弗拉斯托斯（Vlastos）所指出的，灵魂自身的内部和谐显然不能等同于个人社会生活中所表现出的正当行为，心理正义或柏拉图的正义并不是苏格拉底的对谈者们所关心的社会正义和所谓的流俗正义，至少，柏拉图需要额外的论证来证明二者间的关联。[②] 这些困难都在向我们昭示，要么柏拉图的正义理论有其难以克服的理论困难，要么"每一个要素或部分做自己的"并非是柏拉图最终对正义的定义。

其次，普遍适用性仅仅规定了定义的形式特征，例如"人是两腿动物"同样适用于一切正常人，但显然不足以成为对人的确切定义。正如亚里士多德所言，定义表述（όριστικὸς λόγος）不仅仅要澄清事实，而且要包含并且揭示其理由（αἰτία）。[③] 正义的定义应当解释我们所谈论的正义行为，而当其定义了正义的本质时，它就应当成为一切正义行为的最终理由，而不能被还原到其他的正义表述上去。而在前文中，我们看到在《理想国》第四卷中，城邦—灵魂类比得以适用正是因为类比的双方都包含了正义的"形式"（εἶδος）。（435b）虽然柏拉图在这里尚未引入其形式理论，但对于熟悉柏拉图的读者，这无疑暗示了二者间可能的关联，这一点我们将在稍后进行说明。此处可以确定的是，正义的定义应当揭示正义这一类（εἶδος）事物的本质特征。

由此，我们回到"正义即城邦或灵魂的每一个要素做自己的"这一定义。首先，"自己的"是一个省略的有待补充的表述。同时，其修饰或限定的内容却是含混的。在城邦的层面，我们看到作为城邦底层的商人和劳作阶层，他们去做自己的事，并不仅仅意味着专注于生产和交换——鞋匠做鞋，木匠做家具，而且意味着他们不参与政事，甘心作为被统治者接受护卫者的统治。（434b-c）我们势必要追问：什么或者谁确立了这一

[①] Ferrari 强调这一表述优于"矛盾律"，见 Ferrari（2007：168）。

[②] 参见 David Sachs, "A Fallacy in Plato's Republic", *Philosophical Review*, Vol. 72, 1963, pp. 141–58; Vlastos（1981）。

[③] 亚里士多德《论灵魂》413a13–16。中文翻译依据 Ross 评注本，Aristotle, *De anima*, edited, with introduction and commentary by David Ross, Oxford: Oxford University Press, 1961。

政治地位划分的合法性？天性显然不是一个有说服力的解释。如果说他们操持手艺和买卖符合他们的天性，这还容易理解的话，我们却很难想象这些匠人和商贩凭借天性就能够认识并且接受他们所应当承担的政治地位。这在灵魂的层面显得更加尖锐：当我们说欲望做自己的事，显然是说欲望将我们指向物质的善和身体的快乐，因为这是欲望的自然倾向之所在，而不是像苏格拉底所说的那样对理性和意气的部分俯首帖耳。（442a-b）即使退一步承认欲望的部分也有可能在正义的灵魂中做到这一点，那我们无疑又回到了威廉姆斯所指出的欲望中是否能够包含最小限度的理性这一困难之中。

所有这一切都要求我们反思正义的分工定义。一般而言，一种分工要能给城邦或者灵魂带来好处，其前提在于分工是合理的。而天性、禀赋、自然倾向显然不足以成为这一合理性的根基。与此相对，理性自身则无疑是一个强有力的候选人。只有理性才是智慧的，才能够认识并且规定什么是适合于其他要素"自己的"，以此确保整个灵魂的善得以实现。（441e）如果我们仔细地考察灵魂三要素的不同职责，显然他们是处于一个等级秩序之中的，只有当理性的统治地位得以确认，其他两个要素才有可能履行其职责。理性的优先性决定了正义的分工定义至少在灵魂层面可以还原为理性统治。此外，如果说勇敢这一品德还有所争议的话，那智慧和克制都要求理性在灵魂中的主导地位。①（441c以下）这也就是说，前文提及的威廉姆斯的命题（3）（4）完全颠倒了二者间的因果关系。

当然，在这里我们将正义定义为"理性统治"，在第四卷中，这仍然只是一个合理的猜想或假设，特别是在城邦的层面。因此，我们需要证明柏拉图确实接受这样一个假设，并且这一假设在哲学上至少是可以捍卫的（defensible），通过运用城邦—灵魂类比，不会产生荒谬的或难以接受的后果。

这首先将我们指向城邦—灵魂类比的研究者们所忽略的第五卷至第七卷的内容。这一部分包含着柏拉图有关理想城邦的制度化构想，他以形式

---

① 有关《理想国》第四卷中四主德能否统一于知识和理性这一问题，可以参看 Terence Irwin 对苏格拉底理智主义主张的捍卫，"The Parts of the Soul and the Cardinal Virtues", *Platon: Politeia*, hrsg. von O. Höffe, Berlin: Academie Verlag, 1997, pp. 119-139。

理论为基础的认识论和本体论模型，以及那三个令后人争执不休的隐喻或类比。下面的论述限于篇幅，只勾勒重要的论证线索，力求指明一种不同的《理想国》解读攻略。

当苏格拉底以为他已经完成"正义是什么"的界定，可以开始讨论不义的诸形态的时候，他的对谈者却要求他澄清美好城邦的现实性。这一要求绝非离题，而是直接关系到城邦—灵魂类比的合法性。类比的目的固然指向灵魂自身的正义和幸福，然而，如果正义城邦在理论上（λόγῳ）的自洽性和合法性得不到证明，我们也会相应地认为正义的灵魂也只是一个自相矛盾的虚构，正义自身也就彻底丧失了容身之所（ἄτοπος）。因此，苏格拉底对所谓针对美好城邦的"三次攻击波"的回应，对维护苏格拉底的灵魂分析乃至整个正义理论同样关键。而"哲学王"的现实性正是将"理性统治"这一新的定义应用于城邦以验证其合法性。

这里我们不可能介入亚里士多德以降对于美好城邦的可能性的批评，这需要在另外的场合做专门的研究。① 在这里我们需要关注的是《理想国》所依凭的论证步骤，因为我们的目的仅在于指明城邦—灵魂类比在《理想国》的整个哲学论证框架中是可以得到捍卫的。

首先，哲学家作为爱智者，他们爱的是美或者正义的本性，由此而能达到对美或者正义之所是的知识。（476b - c）而知识无疑是理性灵魂卓越性的体现。苏格拉底断言，这一哲学知识同时决定了哲学家能够拥有实践经验以及其他一系列成为统治者所要求的品德，诸如热爱真理、自我规约、豁达慷慨，等等，因为这些必要的品质相互关联。（485a - 486e）②

---

① 西方主流的观点认为，《理想国》中用言语描绘的乌托邦固然与现实的城邦相去甚远，但它作为人类社会的完满形态却并非完全不可能，绝非白日梦般的幻想。对这一立场的经典捍卫，见 Christoph Bobonich, *Plato's Utopia Recast: His Later Ethics and Politics*, Cambridge: Cambridge University Press, 2002; Myles Burnyeat, *Utopia and Fantasy*. 晚近的讨论，见 Donald R. Morrison, "The Utopian Character of Plato's Ideal City", *The Cambridge Companion to Plato's Republic*, Cambridge: Cambridge University Press, 2007, pp. 232 - 255。而另有部分学者则认为柏拉图有意向其读者揭示理想城邦根本不可能实现，这主要来自施特劳斯及其追随者，例如 Leo Strauss, *The City and Man*, Chicago: Chicago University Press, 1964; Alan Bloom, *The Republic of Plato*, New York: Basic Books Inc., 1991 [1968]。

② 关于哲学家如何能够获取这些实践经验，或统治技术的最新讨论，见 David Sedley, "Philosophy, the Forms, and the Art of Ruling", *The Cambridge Companion to Plato's Republic*, Cambridge: Cambridge University Press, 2007, pp. 256 - 283。Sedley 强调了数学知识在其中的关键作用。

在这里，柏拉图不再借助城邦—灵魂类比的平行相应的特性，而是将正义城邦的统治者还原为自己灵魂由理性统治的哲学王。① 然而，灵魂中理性的统治地位不再是一个简单的断定，而是扎根于理性认识对象在本体论上的优先性：它所认识并且热爱的是那永远是其所是的东西，而不是那些在人们的意见或信念中变动不居的对象。只有当我们理解了前者，我们才能拥有真正的知识。②

在后来的交谈中，苏格拉底不厌其烦地要求讨论哲学王的教育实现的每一个细节（504d 及以下），以确保他们拥有对善的形式的知识。这之后更是用太阳喻、线段喻和洞穴喻来论证作为知识对象的形式在本体论上的优先性以及理性认识之于感知的优越性。而当哲学王真正地被教育成才时，对他们来说"最主要的和最不可或缺的是正义，他们服务于它，发扬光大它，并且从而来整顿和治理他们自己的城邦"。（540e）无论这一论证是否具有说服力，它无疑表明苏格拉底试图捍卫哲学王的现实性，正是为了独立地证明"正义即理性统治"这一命题在城邦层面和灵魂层面的合法性，强调它们只有在其形式理论框架下才能得到正确的理解。而只有在确立了形式理论及哲学王之后，苏格拉底和他的对谈者们才承认有关正义的城邦—灵魂类比可得出最终答案。（541b）

当然，如果柏拉图的形式理论是可行的，这就意味着"正义"这一谓词适用于城邦和灵魂只是因为他们分有了同一个形式。然而，前文所提到的心理正义和社会正义之间内在的差异却决定了我们必须要去追问：这两种明显相区别的正义表象之后，为何存在同一个正义形式或正义自身？而哲学王无疑正是弥合这两种正义表象外在差异的关键，因为他既能坚守灵魂自身的正义，也能因此确保城邦的正义。而将我们指向这一理论的无疑正是城邦—灵魂的类比。

由此，我们重新回到威廉姆斯的论证中，我们并不需要否认他那些有

---

① 威廉姆斯和他的批评者们都毫不怀疑城邦—灵魂的因果解释至少适用于哲学王这一特例。

② 关于知识和信念区分的经典研究，参见 Gail Fine, "Knowledge and Belief in *Republic* V" & "Knowledge and Belief in *Republic* V – VII", *Plato on Knowledge and Forms*: *Selected Essays*, G. Fine ed., Oxford: Clarendon Press, 2003。Fine 虽捍卫了形式知识的重要性，但并不否认在柏拉图认识论体系中，我们仍然可以拥有关于可感世界的知识。

切实文本依据的前提，而只需要将命题（3）（4）合并为命题（4），即正义在于理性统治，这一苏格拉底式的理智主义命题无疑适用于威廉姆斯所说的主导部分原则。同时，由于这一命题并不必然导致也不需要假设灵魂的三分①，威廉姆斯有关欲望和意气的困惑也将迎刃而解，因为需要通过类比加以验证的正义定义并不包含这两个要素。

当然，这一新模型的困难还在于如何解释第八卷和第九卷中有关不义的城邦和不义的人之间的类比，在这里需要类比的显然不仅仅是理性部分。但正如布鲁斯那敏锐地注意到，在这后两卷中柏拉图对城邦—灵魂类比的使用发生了根本的变化，不再依赖于前文提到的平行和纵向机制。在这里需要强调的是，这不仅仅是出于修辞的考虑。通过哲学王的例子，苏格拉底有力地呈现出城邦和灵魂的正义可以有效地统一在同一个个体的政治生活之中，相应地，我们对不义的城邦和灵魂的考察也应当指向不同形态的生活方式。② 更重要的是，此处讨论的是不义，而在《理想国》中品德（或善）只有单一的形式（$\H{\epsilon}\nu\ \epsilon\H{\iota}\delta o\varsigma$），而恶德（或恶）则有无数类别（$\H{\alpha}\pi\epsilon\iota\rho\alpha$）。（445c）因此，我们也不能借用形式理论来解释其他的城邦和灵魂形态，而需要逐一考察它们之间的平行对应。

由此我们敞开了对城邦—灵魂类比的新的解释方向，它不仅有助于回应威廉姆斯通过缜密的论述所提出的哲学批评，而且能够将这一类比置于《理想国》的整个论证框架中，揭示出它和形式理论之间的紧密联系，更好地明确了其论证作用：它自身不足以定义正义，而是引导出必须在本体论—认识论基础上加以把握的正义理论。由此，柏拉图在肯定灵魂优先性的基础上并没有否认政治分析的重要性，而是将两者都框定在形式理论中。同时，这一类比也成为验证对正义定义的利器，构成柏拉图正义理论的一个重要要素，尽管不是其前提。而当柏拉图完成对正义的定义，进而

---

① 关于这一点，我们只需要回想一下苏格拉底所谈论的"猪的城邦"，它或许是一个更好的城邦对应着更好的个体灵魂。（544a）Ferrari 富有洞见地指出，如果苏格拉底没有被格劳康打断，他完全可以在健康但原始的城邦和正义的人之间建立平行对应关系，从而使城邦—灵魂的类比更加一目了然。在那样的倾向下，苏格拉底可能更会强调灵魂内部的合作特性，而不是一个等级秩序或者不同要素之间的比例关系。见 Ferrari（2005：39）。

② Blössner 正确地强调了这一点，但未能注意到第五卷到第七卷的讨论对城邦—灵魂类比的影响。

考察不义的城邦和不义的灵魂时，他依然借用城邦—灵魂类比，但其目的既不在于勾画城邦类型学（typology），也不在于澄清不同类别的灵魂结构，而是在于展示与哲学王相对立的生活方式。正如哲学王的生活有其内外两面，后者亦如是。由此通过对比二者，最终指向苏格拉底对格劳康挑战的回应：正义作为一种生活方式如何在任何情形下都要胜过不义。

同时，必须承认的是这一论证的缺陷也同样在于其对柏拉图形而上学的依赖，如果形式理论瓦解了，这一类比同样丧失其合法性，也就是说，上述解释只是缓解了城邦—灵魂类比的理论危机，将其延宕至柏拉图本体论和认识论的合理性之中。同时，这一粗线条的勾勒还有很多细节有待丰满，尤其是城邦—灵魂类比在第八卷和第九卷中的运用。但是，它至少揭示了《理想国》第二卷至第九卷的内在统一性，不仅囊括政治哲学和伦理学，而且统摄其形式理论，其中作为"理想国"的"美好城邦"和哲学王的现实性构成了论证的重要环节，我们只有在整体把握了柏拉图形式理论的基础上才有可能正确地理解或者批评其正义理论，无论它有关城邦还是灵魂。这一说法平淡无奇，不幸的是，城邦—灵魂类比的研究者们，无论是出自分析哲学背景，还是来自大陆哲学传统，都不约而同地有意规避了这一老套见解及其后的形而上学预设。①

---

① 本文受到中国博士后科学基金资助项目（China Postdoctoral Science Foundation Funded Project）的资助，特此致谢。如果没有靳希平教授的敦促，本文恐难完成，谨致谢意。我还要感谢参与我的《柏拉图与柏拉图传统》讨论课的北大同学，帮助我推进对《理想国》基本论证结构的反思。本文中文曾在"第四届南北哲学论坛"上宣读，英文曾在"第九届柏拉图大会"上宣读。

Thumos：跳出理性与欲望的对峙
——亚里士多德对柏拉图灵魂三分说的克服[*]

曾 怡[**]

摘要：柏拉图在《理想国》中将激情正面建构为一个重要概念，且作为灵魂三分法的中介具有多重的功能，调节着理性与欲望的一般对立，并使城邦和个人的正义得以实行。但灵魂三分说自身的分类根据存在问题，这导致了在解释灵魂美德及其实现中的缺憾。由此引发了亚里士多德的批评，并使其在辩证地吸收自然哲学家对灵魂的研究成果的基础上，展开了新的灵魂学说，找到了理性和欲望对立的结构性解决方案，取消了灵魂三分说的必要性，瓦解了 thumos 概念的中介性地位。同时，也展现了一种不必以灵魂研究为实践哲学奠基的思路，而使得后者完全成为自足的研究域。

关键词：灵魂；理性；欲望

根据文境侧重的不同，所要讨论的概念"thumos"可译作"激情""怒气""血性""意气""心气""活力""冲动"乃至"精力"。在古希

---

[*] 本文原载于《四川大学学报》（社会科学版）2017年第3期。鉴于所讨论的 *thumos* 这一概念的复杂性，本文在保留其多义性的地方保留原文，并随文加括号译出其侧重的意义，非转换意义重作译文时，不再重新标识；文中凡涉及希腊文重要概念则标记为改写自原文的斜体拉丁拼写；涉及其他西文不标斜体，并统一省去冠词；涉及重要希腊文原文，则摘出原文并保留希腊文拼写。

[**] 作者简介：曾怡（1981— ），四川大学哲学系副教授，主攻古希腊哲学，尤其是亚里士多德伦理学、形而上学。

腊荷马（类似的概念如义愤 nemesis）①、赫希俄德及品达那里，这个概念的本义源自"风、风暴"②，常与攻击性相联，在交战之中被视作直接与战斗相关的斗志，在工作中被视作进取心或争胜心，在悲剧之中被视作不能平息的烦恼源头。所以，一方面，这个概念在前哲学时代意味着与自我形象相关的方面；另一方面，上述情形的共性在于具有 thumos 的主体所面对的都是或弱或强的竞争（agôn）形式，而竞争活动中要解决"凭借什么而争"的问题，就要求建构出一种评判机制。在后一个意义上，thumos 在最宽泛的意义上涉及哲学问题，而不仅是心理学的范畴：在一种关乎竞争合法性及正当性的评判机制中，这一概念扮演何种角色？

更具体些，近期的研究表明这一概念在实践哲学领域最常被提及：在竞争中关乎荣誉的美德——具体而言即勇敢（andreia）——与 thumos 密切相关。③ 同时，它也可以延伸到智性主导的哲学研究领域，特别当德勒兹提示"竞争"与哲学具有源头上的相关性的时候，他说道："就像人们喜欢说的那样，如果哲学有一个希腊根源，那是因为，希腊城邦不同于帝国（empires）和国家（États），它发明了作为'朋友'式社会规则的竞争（agôn），这一社会就是作为'对手'（公民）的自由人所组成的群体。柏拉图笔下总是描绘着这一情形：如果每个雅典的公民都有所追求，他必然会遭遇对手，因而必须评判追求的合理基础。……雅典民主制度之下，在政治中也一样无所克制，任何人都能够追求随便任何东西，这就是柏拉图看到的。由此，对柏拉图而言，就认为有必要拨乱反正，创造一些可资评判追求的机制：这就是作为哲学概念的理念。"④ 那么，我们可以说推动人在智性的对辩之中胜出的动力就是 thu-

---

① 关于希腊传统中非哲学文献中 thumos 的用法的讨论及其对哲学的影响，参见 O. Renaut, *Platon, La médiation des émotions, L'éducation du thymos dans les dialogues*, Paris: J. Vrin, 2014; J. Frère, *Les Grecs et le désir de l' Être*, Paris: Les Belles - Lettres, 1981; *Ardeur et colère, Le thumos platonicien*, Paris: Kimé, 2004, pp. 13 - 89。

② C. P. Caswell, *A study of Thumos in Early Greek poetry*, Leiden: Brill, 1990, pp. 51 - 63。

③ 关于与勇气相关的 thumos 在当代伦理—政治哲学中的讨论，参见 C. Fleury, *La fin du courage*, Paris: Fayard, 2010; "Le courage du commencement?" *tudes, Revue de culture contemporaine*, 2014, No. 1, pp. 57 - 66。

④ Deleuze et Guattari, *Qu'est - ce que la philosophie*, Paris: Les éditions de Minuit, 1991, p. 14。

mos,也就是辩论①中的动力因吗——因此就像康德所谓的"形而上学冲动"或尼采所谓的"求真冲动"?这与上述实践范围内的竞争场景一般无二吗——如那些运用修辞学的场景(庭辩对议、司法辩诉)或战事?那么,这样看来,无论在智性主导的领域抑或实践领域,似乎都有必要先弄清楚 *thumos* 的性质及其与灵魂中其他部分的关系。我们将回顾柏拉图《对话》中率先对这一问题进行的回应,继而再现亚里士多德如何重构提问方式,并在针对这些柏拉图式的设置方案提出批评意见之后回答。

一 柏拉图的灵魂部分的调节性中介概念

柏拉图对 *thumos* 概念的处理并非始终如一,只有在《理想国》中苏格拉底才肯定了它在伦理学及政治学上的积极价值,这一价值又与其对灵魂的研究的展开密切相关。近年的研究者们对其双重性有一个共识②,但对其功能的看法却颇有对立:福莱勒(J. Frère)③ 认为它不只是灵魂的部分,也许更为本质地和逻各斯一样具有行动(准确地说是大小战事中)的原理性地位。柏拉图的新意就在于将其认可为一种"实现力量",而在行动中有优先性。在被节制的状态下,它可以作为感受性原理与心胸(*phrên*)、心官(*kardia*)并列理解为"心气",相应于原理序列的则是感受性形式,如悲欢、果敢。也因为这一概念的原理性地位,因此它存在着在不同问题境遇中的引申使用,福莱勒也就倾向于将其处理为多义的,如怒气之心(cœur en colère)、心的热力(cœur ardent)、暴怒(colère ardente),等等。相反,雷诺(O. Renaut)则把 *thumos* 总结为一种"本能

---

① 我们在这里还无法直接谈及辩证论争 (*dialectic*) 和口角之争 (*eristic*) 的差异,关于这一区分的形式性方面,参见柏拉图《斐利布》(16B – 18D)。
② 在英美学界也有学者如佩内(T. Penner)认为 *thumos* 这一概念并无任何重要性,而是柏拉图误置的一个不要紧的概念,他认为柏拉图始终坚持着理性和欲望之间的对立,参见 T. Penner, "Thought and Desire in Plato", *Plato*, Vol. 2, G. Vlastos ed., New Jersey: Anchor Paperbacks, 1971, pp. 96 – 118。对此的驳论可参见 J. Moss, "Shame, Pleasure and the Divided Soul", *Oxford Studies in Ancient Philosophy*, 2005, p. 29。本文所针对的论战的背景性共识可以参见 O. Renaut, "Le rôle de la partie intermédiaire (thumos) dans la tripartition de l'âme", *Plato*, *The Internet Journal of the International Plato Society*, 2006, No. 6。
③ J. Frère (1981: 187 – 189).

反应",在三种意义上 thumos 实现着中介性功能:它是在城邦法与行动之间的沉思的主体性工具;它是客观而言理性对抗欲望的机能;它还是身体与灵魂的中间通途。因此,这一概念不能承担规范性尺度建立的主体原则基础,柏拉图强调的还是通过它加入理性灵魂的活动以建立法则,因此它需要被驯化和打磨以联合理性对抗官能性欲望(epithumia)。借苏格拉底之口,柏拉图思想的核心建基于"美德即知识",它与作为基于情绪的道德感对立,因而集中在《理想国》中,体现着一种将情绪理性化的思辨进程。他的教育的目的就是要让道德性不受情绪的牵绊。虽然上述对立意见的交争点在于 thumos 是否具有优先的原理性地位,但两个分析却一道向我们揭示出围绕这一概念,柏拉图的问题在于调节多方因素使城邦或灵魂实现一种和谐,这一和谐其实就是正义的代名词。Thumos 辐射出的问题域也就是关乎主体自身灵魂和谐和城邦的可实行的正义问题。只要看到了这一点,我们就知道毫无必要假设集中探讨了这一问题的《理想国》只是纯然否定性或批判性的工作,也必须看到柏拉图从未停止希图建构一个可以使正义得以在人类历史生活中实现出来的学说。

这也就解释了 thumos 参与建构灵魂三分说的过程,不是预设性的,不是在城邦和个体之间独断地进行类比,而是出于对城邦事务的考察,在探寻城邦的性情和习惯($πάθη\ τε\ καὶ\ ἕξεις$, 435b – 435c)的起源之时,把这些类型和风俗($εἴδη\ τε\ καὶ\ ἤθη$, 435e)还原到组成群体的个人身上。再在其各部分间的冲突中分析出三种(《理想国》,435e – 436a[①]),它们分别是:好学(philomathés)、意气激昂(thumoeidès)、好利(philokhrèmaton)。这种三分风俗的主题在后文以近似的表达被明确对应于个人性情类型(580d – 581c):好智(philosophon),好名和好胜(philótimos 或 philonikon),好利(philokerdès)。它们都被泛泛地归诸感受(pathè)的名目之下,但显然这个概念与城邦性情相关的时候,还没有被稳定地作为一个哲学概念而意指灵魂的某部分。

要进一步把上述三种特征提炼为灵魂三部分,苏格拉底经历了一个过渡性讨论。在其中(438b)他提出了一个论点"存在是相关者的存在,仅自在的则关乎仅其自身的,某些性质则关乎某些性质的存在"($ὅσα$

[①] 下文皆省去《理想国》书名,若无特殊注明,引文均由笔者作译。

ἐστίν οἷα εἶναί του, αὐτὰ μὲν μόνα αὐτῶν μόνων ἐστίν, τῶν δὲ ποιῶν τινων ποιά ἄττα, 438d），这个论点的重要性在于：1. 它开启了对灵魂划分部分的可能；2. 这一划分将引向对各部分权能的可信度或权威性或支配地位的后续发展，(582a. sq.)① 由此才有新的各部分间"统治与被统治"之分。而对灵魂划分种类也就是在对其进行规定，其分类原则简而言之是"事物都是其所相关着的事物"，这是对前苏格拉底的部分物理学家的认识的修正性继承。② 然而这里的分类又不是单纯的划分和区隔，就如苏格拉底以科学为例进一步进行说明，"特定对象"就是具有统一性的某个存在的"种类"。而对这一种类的统一性进行规定正是定义活动的任务——它与对正义的定义的主线探讨是一脉相承的，并加以了细化——其目的是为了排除"对同一事物可以承受或发出对立的活动"这种违背矛盾律的说法。我们可以看到，在《克拉底娄篇》中以更极端的方式表达出的这一违背矛盾律的威胁，虽然其中所讨论的是同一感性物是否以一种对立面存在，乃至更极端地说我们是不是只能如克拉底娄一样保持沉默，连一个指示感性物的词都无法说出，因为万物皆流变，无法以逻各斯捕捉。在这里，这一威胁同样存在，只是针对灵魂其他部分的讨论而发。苏格拉底在逻各斯层面的解决方案出现在《智者篇》；而在这里，他把问题引回存在的层面，把对象加以分解以避免陷入矛盾，他提示道：当我们发现同一事物兼容着对立面时，我们就要意识到这其实是两个活动载体，或并非同一事物的同一部分，又或对之的观察角度不同——"就像既静又动的陀螺"。(436B, 436D–E)

既然存在彼此差异的部分，而这些差异是对立性的，那么对灵魂进行分部解释就是必然的结果了，这就是灵魂的三分说"官能性欲望"或"官能层面欲望的部分"（epithumia, 437d; epithumètikon, 439d），"进行筹算的推理部分"（logistikon, 439d）和"使情绪激昂的意气"（thumos, 439e）。意气与官能性的欲望最为相似的地方在于它们都是非理性的，不

---

① 关于这一点，可以参见《泰阿泰德篇》(178b–179b) 所展开的标准问题的探讨，"一个人比另一个更智慧，那最为智慧的人就是尺度"(179b)，同样的观念在这里置于苏格拉底之口，变成了"最智慧的部分是其他灵魂部分的尺度"而已。

② 在后文对亚里士多德《论灵魂》(427a26–29) 的分析中，我们还会回到这一点，对亚里士多德的批评详加展开。

具有推理能力；（439d，441c）然而它们又互不相属，因为同种类的事物间不会有冲突，而它们却可相互抵牾，且意气更倾向于与推理的那部分灵魂结盟。所以，理性和意气才会在发挥自己本然的作用的情况下去领导欲望。（442a）尽管分类已然如此这般建立起来，却留下了一个问题，即"意气的对象是什么"并不如另外两个部分那么明确。这个问题将留在后文予以阐明，在那里，苏格拉底提出，在正义的灵魂或"健康"的灵魂中，意气激昂的对象是胜利、优越和荣誉。（581a – b）①

意气作为介于推理的理性和官能性欲望之间的部分至此已明，它的中介性角色本身并无问题，然而灵魂三分说本是服务于解释美德，尤其要解释正义及其实现的方式，但这一解释却显示出一种不稳定性和交错性。（442c – d）这三部分在最初引入美德的讨论时，分别对应灵魂的三个部分：护卫者的智慧对应智性（428d），公民的勇敢对应 thumos——在柏拉图的语境可理解为"意气"或"冲动"（429b – c），而节制作用于官能性欲望（430e），加上它们组合构成的正义（427d），苏格拉底讨论的美德共四种。但要注意在上述表达里，节制是贯穿了整个城邦的，它既存在于统治者身上，也存在于被统治者身上。（431e）

二　柏拉图阐释方案的后果

随着上述这一点的展开，诸美德之中出现了一种表现在灵魂各部分间的交互关系："当灵魂中的意气保持对理性所颁布的秩序的遵循，人才被称为勇敢的。"（442c, αὐτοῦ τὸ θυμοειδὲς διασώζῃ διά τε λυπῶν καὶ ἡδονῶν τὸ ὑπὸ τῶν λόγων παραγγελθὲν δεινόν τε καὶ μή）具有关乎灵魂三部分整体和各部分的科学知识，并起领导和颁布秩序的一小部分灵魂有其专属美德，即智慧。而节制是灵魂颁布秩序与服从秩序的部分之间的"友爱与和谐"，意气则属于后一个部分。

这里至少有以下几点要注意：（1）美德被还原到灵魂层面作解释，而非回到行动或以行动主体的人为原理进行理解；（2）具体的美德，智

---

① J. M. Cooper, *Reason and Emotion: Essays on Ancient Moral Psychology and Ethical Theory*, Princeton: Princeton University Press, 1999, pp. 273 – 274.

慧和勇敢都以具有科学知识的智性为自身根据，而第三种是灵魂整体的和谐。我们马上会看到在后文回到对正义的讨论之时，正义才被认为是使灵魂各部分各尽本分的和谐，苏格拉底说道："引导和命名那些保有和培养其［和谐］状态是正义且善好的行动，也就把在这些行动中所遵循的科学叫做智慧。"（443d－444a）这里（3）正义的行动先行于且又促成和谐的状态，同时它也遵循科学，即智慧，但却与其产生的节制在效果上重叠了，两者都产生和谐，而在前文（430d）中，却明确表示为要分别对正义和节制进行考察。（4）正义与节制的结果重叠了，节制逾越了自身作为官能性欲求适当掌控的本来面目，而在灵魂各部分间产生影响。我们也就不再能坚持此前苏格拉底所坚持的"特定部分针对特定对象"了，灵魂的各部分不只是分别地各尽其分，而是统一地在一个新设入的关系中产生了一种可向着高级进行还原的序列，这个关系即"制定规则和遵循规则"，它对应于"统治和被统治"的关系。

也就是说，从上述（3）和（4）我们可知：灵魂各部分及其整体的一切规定性都来自拥有科学知识的智性部分，这一部分有时也称为理性（*logos*）或推理（*logistikon*）的部分，因为城邦的律法是"智性的颁设"（柏拉图，《法篇》，714a，τὴν τοῦ νοῦ διανομήν[①]）或"根据神性和智慧来行统治"（590d，ὑπὸ θείου καὶ φρονίμου ἄρχεσθαι），它们指向这同一个部分。除此之外的官能性的欲望和意气则都是非理性的。

那么，综上而论，对于意气而言，在最好的状态下，它应当既要节制，又要以勇气为城邦护持律法，并且它既非欲望，也非理性（441a），且有赖于后者制定的规则获得自身美德的规定性。理性/欲望的一般对立关系在对话中体现为理性/反理性之间的对立，这一对立关系最终被意气

[①] 安若澜（A. Jaulin）在其《古希腊哲学系列讲座讲义——柏拉图的法》（未刊稿，成都，2013年）中指出，这条文本柏拉图的文字游戏在于把 *nomos* 视作被颁设者，因为 *nomos* 和 *nemo* 相近，后者意味着：（a）颁布、设置和分有；（b）带到牧野；（c）划分、切分；（d）治理、管理；（e）承认、倾向。而 *nomos* 则意味着：（a）被指定给的而众人运用的；（b）用法、风俗；（c）具有法律效力的风俗；（d）乐式，所有这些含义都在柏拉图围绕法律的神话和隐喻中被调动起来了。而这一文字游戏的严肃性在于，通过它，柏拉图试图建立律法的"自然基础"，或将其建基于人的"神性"部分之上。关于这些内容，详见《法篇》及这一论题在《高尔吉亚篇》中的发展，表现为其对几何，也就是对比例及和谐性的讨论。

部分的灵魂介入并调和了。尽管它们仍各自保有独立的性质，但作为两者中介的意气可以在尽其本分的情况下，辅助理性调节灵魂各部分以使其和谐，即实现灵魂整体的正义。也只有这样，教育才有了展开其有效工作的场域。然而，得出这个结论的代价却是对美德序列解释的结构性破坏——节制和正义之间发生了功能重叠，这显示出有必要重新考察导致这一结论的预设。并且，因为在逻各斯层面的另一个把握事物本质的定义活动在《智者篇》也没有被成功建立，那么，就既没有寻找到对"事物本身"进行定义的方式，也没有确立起与其配套的逻辑学，因此意气这一概念时而被作为属性（*thumoeidès*）去刻画这个中介部分，时而作为灵魂的激起愤怒的固有能力（*thumos*）。所以我们要问：其一，在灵魂中，根据"相似者把握相似者"而对灵魂进行分解的这一原则本身是否合理呢？其二，如果说苏格拉底是要通过教育使意气成为介质发挥调节理/欲对立的作用的话，这一对立本身是否成立？又是否等价于理性和反理性的对立呢？

三 亚里士多德的批评与 *thumos* 中介地位的瓦解

对第一个问题的回应出现在《论灵魂》中，前文已指出了柏拉图借苏格拉底之口给出了一个对于物理学家们对灵魂部分的修正表达。后者的思想被亚里士多德转述为"相似者感知相似者，相似者认识相似者"（《论灵魂》，410a24 - 26），进一步推究其来源，其源于恩培多克勒；与之伴随的还有一个观点，"感知就是承受某物或被某物推动，而智性活动和认识活动也与之相同"（410a25 - 27）。苏格拉底仅限定了前一个观点，也就是说，虽然灵魂的特定部分关系特定对象，但特定对象并不必然与灵魂的这个部分有同一性，而仅有相关性，就如关于疾病的科学知识并不等于科学知识本身也有病。（《理想国》439e）这一澄清可以使他免于亚里士多德对恩培多克勒的部分批评，但仍保留了灵魂的特定部分的性质与其针对的对象之间的对应关系。而在苏格拉底对推理部分的灵魂进行划分时，却又从这一点出发，启用了另一种方式，即用推理活动对前一个部分活动的"阻止"来进行说明，也就是通过与前者比较而言的"活动方面的差异性"来确定新的分类的。亚里士多德较之则更为激进，他完全取消了在灵魂各部分对应特定对象的划分方式，而通盘采用针对灵魂不同活动及其功能来进行探讨的方式①。也正因为基于活动方式、功能的效果，他否认了在感知和智性活动、认识活动的同质性。它们不止不是早期自然哲学家那样认为的"身体性"的活动，甚至也不是苏格拉底认为的那样因活动牵涉的身体性与非身体性（在柏拉图的用语里，这一对立可以翻译为质料性/非质料性，或者欲望/理智的对子）而发生差异。它们之间的区别完全脱离了与身体性相关与否的标准，建立出察识灵魂各机能的另一个标准。这些新标准是亚里士多德在指出灵魂最为特征性的几点时展开的一个比较长的说明，它紧紧回扣并延续着对前人灵魂分部学说的批评，他说道：

> 所以感知和思想很显然不是一回事。因为如果所有动物都具有前一种，相反则很少具有后一种。智性也一样，其中有对错的形式。正确的形式其实与实践智慧、科学和真意见对应，而错误的形式则对应其对立面。那么这也就与感知不同了，因为如果对特定感性物的知觉总为真且又为一切动物共有，相反，思想则会出错且不属于没有理性（*logos*）的任何动物。表象（*phantasia*）自身与思想和信念不同，因为这一感受（*pathos*）② 可由我们操控的，当我们想要这么做的时候。事实上，我们可以在眼前浮现出影像，就像人在回忆中做的那样，他们唤起并制造影像。而得出一个意见则不是可由我们操控的。它必然为假或真。再加上，当我们形成对一个可怕的或令人惊恐的事物的意见之时，我们立刻感应到它（*sumpaskhomen*），如果涉及到令人安心的事物，也是一样。但由表象而来的，我们则像看这些可怕或令人安心的事物的画一样。（《论灵魂》，427b7－24）

---

① 也许我们也会看到《论灵魂》卷三开篇对感官与其相关项进行分析中，亚里士多德倒也赞同特定感官有其特定感性物的专属对应特征，然而这一分析是服务于解释感官和感觉活动的本质与前人理解的差异的说明的，重点已不在于分类，而在于这一活动与非命题性判断的陈述真值的问题了。对灵魂进行分部的思路仍是被亚里士多德在考察灵魂整体时放弃了的。

② 本文不展开讨论这一概念在亚里士多德用语里的多义性及复杂性，但这里近似于近代哲学以降所谓与"观念"相对的"印象"概念，因与后文 *sumpaskhomen*（意为共情、交感、感应）一词呼应，而译作"感受"。

因此，两个新标准分别为：(1) 是否与真伪问题相关，以及与之伴随的 (1') 生物物种间的差异，以及 (2) 其出现是否可由我们左右。这个划分原则上与前人的不同构成了亚里士多德对苏格拉底灵魂三分法的决定性放弃，也将是他给出新的灵魂学说的起点，其影响还将进一步呈现在意气概念的定位问题上。

由第一个标准，我们可知，感官和感觉也可以使基于其上的陈述具有真值，并且它恒真而无错。这里所谓的"恒为真"不是命题陈述意义上的，而是"分辨"意义上的[1]：就像颜色对于视觉而言，红就不是黄；眼睛若错把红色的东西看作黄色的东西，而说"这是黄色"，那是因为我们对着色的东西的判断已经加入了非视觉所特定针对的作为视觉相关项的色彩而做的陈述，因此，我们对着色的载体的陈述可能错，而对色彩本身依旧是能辨别其差异（如红与黄），才能说出"这是红色"或"（把红色的东西）看成了黄色"。因此感觉没有对错之分，它恒真，相反，智性则有对错形式，其为真时，智性把握最初原理、实践智慧把握善、科学知识把握理论的真、真意见表达具有真实性的想法；其为假时则为上述几项的对立面。所以灵魂被基本地分为无所谓真假判断的恒真的领域和可以涉及真假形式的领域，一定要分"部分"的话，我们可以说亚里士多德提供了一种灵魂二分说，非求真部分与求真部分之分。前者以分析活动为其特征，后者以感受活动为其特征，也就相当于弗腾堡（W. W. Fortenbaugh）所谓延续了柏拉图《斐力布篇》未竟之事，以灵魂两分说代替柏拉图灵魂三分说，其效果是使得感受也成为一种有思现象而对理性敞开。[2] 要注意的是：意见（doxa）涉及真假判断形式，同时它又可以激起恐惧或安定的感受（sumpaskhomen）。而意气正是在这种感受下产生作用表达为愤怒的。简而言之，意气的激发是与智性相关的意见形成活动联系在一起的。

其次，由标准二，我们可以看到，意见是不在我们能左右的范围内的，而作为可以自主给出印象的表象活动则在我们能左右的范围。也就是

---

[1] A. Jaulin, *Eidos et Ousia*, Paris: Klincksieck, 1999, p. 63, note 76.
[2] W. Fortenbaugh, *Aristotle on Emotion: A Contribution to Philosophical Psychology, Rhetoric, Poetics, Politics and Ethics.* London: Duckworth, 2003.

说，意见激起的意气的强烈度或客观度要高于（类似于想象或回忆的那种）表象活动。意气的激发并非纯系于主体的意识，其行动性的一面由此可见——因为行动必朝向某种实现（entelekheia），且自身已是一种现实（energeia）。

我们至此已经可以说意气概念已经完全解除了其在柏拉图哲学中的中介性质，而成为感受（pathos）之客观与智性一面的佐证。既然中介概念也如此被取消了，那么是不是按上述新标准我们可以得出一个替代灵魂三分法的新分部法呢？事实上，准确地说，我们不能称这个区分为"灵魂部分"的区分。在陈述了智性与感性的交互活动之后，亚里士多德在《论灵魂》卷三中继续说道：

> 马上面对一个棘手的问题，在什么样的意义上谈论灵魂的哪些部分以及其数目。因为在一种意义上它们似乎是无限的，而不只是某些人所做的区分，如推理、意气和官能性欲望①，也不仅仅只是另外一些人所说的理性和非理性的部分②；如果我们考虑到他们划分这些部分所依据的差异，我们就会发现还有其他部分，比我们已经说到过的那些更有明显差异；例如，营养部分，它既属于植物也属于所有动物；感觉部分，我们很难将它分归属于理性或非理性的任何部分；还有表象部分，它本质上与其他都不同，我们很难说它与分部假说中的任何其他部分同一或相反。此外还有欲望部分，无论是在说法上还是在能力上它似乎都是和所有这些部分有区别的，将之加以分划乃是荒谬的，因为在推理的部分中存在着愿望（boulèsis），在非理性的部分中存在着官能性欲望（empithumia）和意气（thumos）。如果我们把灵魂分成三个部分，那么我们在每个部分中都可以找到欲望（orexis）。（《论灵魂》，432a22 – b8）

---

① 这里指的正是柏拉图的三分法，段末正式提及对此三分法的否弃。

② 并不与《尼各马可伦理学》中接受灵魂的理性与非理性二分法矛盾，因为在 1102a25 – 32 中，亚里士多德对这一二分采取的是一种意见性研究（doxagraphy）的做法。"λέγεται δὲ περὶ αὐτῆς καὶ ἐν τοῖς ἐξωτερικοῖς λόγοις ἀρκούντως ἔνια, καὶ χρηστέον αὐτοῖς: οἶον τὸ μὲν ἄλογον αὐτῆς εἶναι, τὸ δὲ λόγον ἔχον." 可见理性/非理性的二分法只是众多别的说法之一，而不是亚里士多德本人持有的观点，他只是借用其做伦理学分析的引子。

所以人在求真的析理活动（logismos）做主导的时候，灵魂中的感觉（aisthesis）、表象（phantasia）、欲望（orexis）也都起着不同的作用；而人在非求真的感受活动做主导的时候，正如此前分析过的意气概念，它可以证明感受（pathos）也可以存在智性参与的部分①。任何分部法都困难重重，灵魂三分法最终被瓦解了②，其思路整体地被放弃了，而对灵魂的研究也回到对标志性的各灵魂机能及其活动的分析。求真与非求真的对立也不能对应于理性与欲望的对立，调和二者的中介概念也就没有存在的必要了。

而作为人的行动动因的冲动（thumos）概念也一样在亚里士多德新的灵魂学说中被欲望的对象（orektikon）取代了。"欲望的对象构成了实践智性的起点，而其最终项构成了实践的起点。"（433b16-17）具体展开各个环节则表述如下："动因在种的意义上数量为一，即欲望性的，而一切欲望性的第一动因是欲望的对象——因为它推动却不被推动——作为智性对象或表象所与，则动因个数为多。存在三个：一是动因，二是动者，三是被动者，而动因又有二，其一不动，另一则同时为动者和被动者。不动的是实践善③，而推动又被动的是欲望性的。"（433b11-18）欲望的对象即是某物，它贯通起身体与灵魂，"像一个枢纽"（433b23），作为动因它既为实践的起点，也是其终极。就其为起点而言，它是同时为动者和被

---

① 亚里士多德在《尼各马可伦理学》1103a1.sq.明确补充说明了欲望部分更适合说是"具有理性的"，只是具有的方式是"如子为父纲般的听从"。

② 当然我们也知道亚里士多德把灵魂进行过三级划分，也常说"植物灵魂"或"营养部分的灵魂"、"动物灵魂"或"感觉部分/欲望部分的灵魂"以及为人类独有的"智性灵魂"。但这更多是在（1'）的附带特征上针对不同动物的种群进行功能对应的一种说法。这种方法旨在说明灵魂机能由简入繁的嵌套关系，也就是说更为高级的能力包含较低级的，而不是真以这种区别严格区分物种，也不是反过来以物种确定灵魂的各部分，如：人类灵魂中就集三种灵魂于一体。在类比的意义上，亚里士多德也常把人类特有的某些灵魂的能力冠诸某些动物，关于这一点参见贝勒葛兰《亚里士多德一种生物政治学？》，《欧洲评论》，2014年（春季号），第37—56页。

③ 这里可能会产生一个问题：究竟如前文所说"实践智慧把握善"，还是各欲望对象作为动因都是"实践善"，这两个说法之间看似不一致。这个问题涉及对"现象上的善"（亚里士多德会说"显得善"）和"真正的善"（"对有实践智慧的人显得善"）之间的分疏的必要，根本而言就是要澄清"凡实践总有目的，而凡目的总是指向善"的这一命题。关键在于区分善的尺度建立的一般形式原则和具体的行动者的目的的恶，后者并不是亚里士多德伦理学所正面讨论的议题，因为整个伦理学并不服务于"去恶存善"，而是服务于阐明实践善的原理及将之付诸践行的机制，毋宁可理解为基于"为善即是去恶"的诠释。本文中就不详细展开这一论题了。

动者，就其为终极而言，它是不动的。由此，作为动因性中介的冲动（*thumos*）概念也就没有必要存在了，并且我们再次看到这个枢纽的客观性，它并非属于灵魂内部。

那么，作为与愤怒相关的意气（*thumos*）概念的功能的重要性被降低了，却仍旧保留了说明欲望如何向理性敞开的通途，对它的分析服务于指出感受（*pathos*）——或说非求真的灵魂活动——中存在着智性因素的事实。但也许我们仍会问，行动者主体中的理性和欲望间在实践中的显而易见的冲突就被取消了吗？亚里士多德的回答是否定的。然而这一对立被确切地表达为智性和官能性欲求的冲突，不是本质性的，而是有限地存在于特定情况中的，即人身上的自制/不自制现象。以自制为例，他说道："然而，欲望自身也不是运动的主宰。因为自制的人即便有欲望，有官能性的欲望，也不会实践出他的欲望，而是服从智性（*noûs*）。"（433a6 - 8）两者间也不存在调和的问题，更无关人心善恶的决定性角逐，两者均处于人具有德性行动与否的临界点上：自制者在最弱意义上保有善，不自制者在最弱意义上为恶。

但同时，这并不意味着欲望的规定性来自理性，这一点必须进行强调，它也同时见证了亚里士多德如何脱离了苏格拉底的理智主义思路。因为紧接着对这一冲突的描绘，亚里士多德解释了运动在行动者主体灵魂中的原理层面："至少这显示出运动就源头而言有两个可轮换的动因，要么是欲望，要么是智性，如果我们把表象也视作某种智性的话。"（433a9 - 10）所以，事实上，行动的源头兼具两个原理，在《尼各马可伦理学》中则更明确地表达为"欲望着的智性（*orektikos noûs*）和思考着的欲望（*orexis dianoètikè*），而这就是人类存在的原理。"（1139b4 - 5）

结　　论

正如亚里士多德在伦理学研究时提到的，政治学家要引导城邦的善，就需要对灵魂的本性有所了解，但也不可以模糊实践领域与理论领域的分野，他对灵魂的研究不应当像自然哲学家那样做透彻了解，而只需要了解特定对象以服务于政治学的目的（《尼各马可伦理学》，1102a15 - 25）。至此，我们可以看到新的灵魂学说如何改变了对人之行动原理的解释，也就更新了对实践哲学的划界。也就是说，自然学说不再为实践哲学做任何奠基，也不再发生内容上的直接性关联，它们之间可资贯通的是分析思路的一贯和概念系统的共通。

同时，既然瓦解了前人的灵魂学说，也就必然带来对其所服务的美德理论的重构。亚里士多德对美德的解释也就将奠基于灵魂功能、活动其所针对的行动目的，而不再如《理想国》中的苏格拉底有赖于对应灵魂分部而展开的美德学说。在新的结构性的对美德的解释中，节制与正义之间的重叠问题也将迎刃而解。而意气对应的美德，如勇气其规定性的基础以及由意气激发的怒气究竟为善或为恶，就被归属于与灵魂学说本身旨趣相异的伦理学所要考察的事情了。前者只能为后者规划出一个清晰的原理性场域并提供入手的概念工具——指出双原理的存在及灵魂功能和活动的多元及各自属性，但却并不能直接给出善恶判分的基础及其相应的实践原理的特点——实践之中的善恶犹如求真活动中的是非，灵魂中求真有多种模态，实践的真（即善）只是其中之一，而城邦的法及向善的行动才是体现这种原理的主体内容。

灵魂、和谐与"身体的现实性"
——亚里士多德的灵魂概念及其对和谐论的批判[*]

陈 玮[**]

摘要：亚里士多德在《论灵魂》第一卷第四章中对以恩培多克勒为代表的和谐理论提出了批判，认为灵魂不能被界定为"和谐"。这个批判被认为是亚里士多德提出并论证其灵魂概念的关键步骤。本文指出，亚里士多德对和谐论的批驳实际上诉诸两个前提：第一，灵魂是实体；第二，灵魂与身体不能分离。这两个前提源于他在《形而上学》中对质料与形式的设想与论证，并导致他的灵魂论一方面重视身体层面的因素、反对将灵魂设想为脱离身体的存在；另一方面又坚持灵魂作为实体和原因的地位，反对以"混合物"或混合物的"比率"来界定灵魂。本文试图说明，亚里士多德实际上是要努力在早期柏拉图与和谐论的灵魂学说之间走出一条中间路线，通过对二者的批判来提出一个新的灵魂概念，即"身体的形式"或者说"身体的现实"。本文由此认为，尽管亚里士多德对和谐论的概括和批评存在着一定程度的误解甚至误导，但是他确实消除了和谐论的灵魂学说中所包含的宗教色彩，以一种与近代以来的科学研究更为接近的思路，对灵魂的本质和功能重新做出了界定和说明，这种路径无疑为其道德心理学的研究打开了空间。

关键词：亚里士多德；灵魂；和谐；身体的形式；混合物；实体

古希腊哲学家十分看重"灵魂"（soul/*psychē*）。一方面，他们用灵魂

---

[*] 本文发表于《自然辩证法通讯》2013年第3期（第64—70页）。

[**] 作者简介：陈玮（1981— ），浙江大学哲学系副教授，主要研究古希腊哲学、伦理学和美学。出版专著《知识、欲望与幸福：亚里士多德论"不自制"的可能性》，译有《布莱克维尔〈尼各马可伦理学〉指南》《艺术的力量》等。

的普遍性来界定生物,并使用灵魂的特殊性来区分不同种类的生物;另一方面,他们用灵魂来说明世间万物的生与死、运动与变化。对于某些哲学家如苏格拉底和柏拉图来说,灵魂的存在不仅使我们对宇宙万物和人类本性的认识成为可能,同时还证明了我们所追求的一切美好的事物——真理、正义与幸福——确实是真实的、值得追求的存在。① 因此,对灵魂予以界定、对它的功能和运行方式加以说明,对于古希腊哲学家而言就成为最重要的理论任务之一。

然而,即使大部分哲学家都将灵魂视为生命和一切运动变化的根源,但是对于什么是灵魂、灵魂如何产生运动这些根本的问题,他们仍持有不同的观点。在"灵魂"成为哲学研究的主题之前,古代早期的希腊人如《荷马史诗》中所记述的一样,或者认为灵魂是身体的影子,是死去的人在冥府的存在形式;或者认为灵魂是"呼吸"或"气",是生命的特征,是一个人在死去时丧失的东西。② 与这种前哲学的理解相对,哲学家们提出了一种更为宽泛、同时也更具根本重要性的灵魂观,他们认为灵魂由一切生物所共有,植物、动物和人类都具有灵魂,正是灵魂令生命得以存在。在持有这种灵魂观的哲学家中,又产生了进一步的分歧:赫拉克利特以及以德谟克利特为代表的原子论者认为,灵魂是精纯的基本元素,它是单一而非复合而成的有形物。与此相对的观念则认为灵魂是无形体的存在,而关于这种无形物究竟是什么,又形成两种观点:一种认为灵魂是一种永恒存在的、单一的无形物,它与有形的、必死的、由各种元素构成的身体相对立;另一种观点则将灵魂视作构成身体的各种元素之间的比例关系。我们可以认为,前一种观点大致概括了柏拉图在其中期对话《斐多》中提出的灵魂观③;后者则是以恩培多克勒的学说为代表的"和谐论"的

---

① 相关论述参见柏拉图的《斐多》以及《理想国》。

② 参见汪子嵩等《希腊哲学史》第一卷,人民出版社 1997 年版,第 82—83、170、172 页。亦参见 H. Lorenz, "Ancient Theories of Soul", *The Stanford Encyclopedia of Philosophy* (*Summer* 2009 Edition), E. N. Zalta ed., URL = http://plato.stanford.edu/archives/sum2009/entries/antient - soul。

③ 事实上,柏拉图对和谐论的态度有一个较大的转变:在《斐多》中,苏格拉底明确地拒绝了和谐论的主张;在《理想国》中,柏拉图承认灵魂内部存在着理性、非理性及中间部分,这三个部分之间可以达致某种近似和声的和谐状态。这种转变为他后来在《蒂迈欧》中对和谐论的重新思考与接纳奠定了基础,而亚里士多德在《论灵魂》(406b26 - 407b25) 中批判了柏拉图在吸收和谐论的基础上形成的这种灵魂学说。

主要立场,根据这种主张,灵魂被看成是身体各个构成元素之间的某种"比率"(ratio/logos)。①

正是在这种思想背景下,亚里士多德试图在《论灵魂》②中发展出一种独特的灵魂概念,它既不是柏拉图式的、与身体相分离的抽象灵魂,也不是和谐论所描述的、身体各部分之间的比例关系。按照亚里士多德的表述,灵魂"是潜在地拥有生命的自然身体之形式"(DA, 412a20),由于他在《形而上学》③中将形式(Form/eidos)与现实(actuality/entelecheia)联系在一起,因此灵魂也是"潜在地拥有生命的自然身体之现实"(DA, 412a27)。为了提出这个概念并加以论证,他在第一卷中依次批驳了上述灵魂观,其中对和谐论的批驳则被认为构成了整个论证的关键。④由于亚里士多德与和谐论的拥护者似乎都将灵魂视作身体的某种内在结构——无论这结构被称为"形式"还是"比率"——并且都对身体本身给予了充分的重视,因此,为了明确提出自己的独特学说,他必须说明:第一,灵魂不能被设想为身体各部分之间的比率关系;第二,形式(或者说现实)与比率之间存在着根本差别,不能相混淆。这就构成了《论灵魂》第一卷第四章的核心任务,同时也为亚里士多德自己提出新的灵魂概念奠定了重要基础。

一 亚里士多德对和谐论的批驳

在《论灵魂》407b30 中,亚里士多德首先对和谐论做了一个极为简

---

① 除了恩培多克勒之外,毕达哥拉斯学派(尤其是晚期)也主张将灵魂界定为"和谐",参见塔伦特的斐罗劳斯(Philolaus of Tarentum)的残篇第 6、10、22。本文所使用的早期希腊哲学文献的英译均参考 K. Freeman, *Ancilla to The Pre - Socratic Philosophers: A Complete Translation of the Fragments in Diels, Fragmente der Vorsokratiker*, Cambridge, MA.: Harvard University Press, 1957。

② 亚里士多德的《论灵魂》(*De Anima*),以下简称 DA。本文采用 J. A. Smith 的英译本,见于 J. Barnes ed., *The Complete Works of Aristotle*, vol. 1, New Jersey: Princeton University Press, 1984。所参考的古希腊文本为:Aristotle, *Aristotle De Anima*, W. D. Ross ed. Oxford Classical Texts, Oxford: Clarendon Press, 1956。中译本则参考秦典华的译本,见苗力田主编《亚里士多德全集》第三卷,中国人民大学出版社 1992 年版。

③ 《形而上学》,*Metaphysics*,以下简称 *Metaphy*。本文所用的中译本为:[古希腊]亚里士多德:《形而上学》,李真译,上海人民出版社 2005 年版。

④ 参见 R. Polansky, *Aristotle's De anima*, New York: Cambridge University Press, 2007, p. 103。

略的概括：（1）灵魂是某种和谐（harmony/*harmonia*）；因为（2）和谐是对立物的混合（blend/*krasis*）或复合（composition/ *synthesis*），而身体则是由各种对立的元素复合而成的。紧接着，407b32－408a17 从以下几个方面对这个观点做出了驳斥。（1）和谐或者是这些对立元素相互混合的比率，或者是它们混合形成的复合物本身，但这两者都不是灵魂；（2）人们一致认为灵魂是产生运动的根源，但是和谐并不能成为引发运动的推动者（mover/*to kinein*），它更适于身体的层面而非灵魂的层面。例如，亚里士多德说，我们承认灵魂同时具有主动的活动（work/*erga*）与被动的活动（feeling/*pathē*），前者是功能的实现，后者则是情感的波动，但是以这种方式来设想和谐的活动则是荒谬的；（3）人们通常在两种意义上使用"和谐"这个概念：a）在空间层面具有位置与运动的、"广延"（magnitude）意义上的和谐，根据亚里士多德，这也是"和谐"最恰当的含义；b）作为混合物各部分间比率的和谐，这也是一个衍生性的含义。亚里士多德明确断言，这两种和谐概念都不能用来界定灵魂，以此为基础的和谐论都是很容易被驳斥的。

在亚里士多德看来，和谐或者是有形的物质元素，或者是有形物之间的、无形的比率。如果将和谐理解为有形的构成要素，由于各个部分可以复合形成多种不同的复合物，我们就很难确定灵魂的三种能力（思考、感觉和欲望）究竟属于哪一种复合物。而如果将和谐理解为无形的比率，也同样会陷入困境：如果说身体是由肉与骨等性质相异的部分混合而成，而这些部分各自又由不同的元素复合形成，那么根据每一个部分都具有一个比率（或者说作为和谐的灵魂）的说法，一个身体就会具有多个灵魂。这显然是荒谬的。

恩培多克勒是主张和谐作为比率的代表人物，他将和谐界定为身体各部分在混合时所依循的各元素之间的比率，同时又提出"爱"与"恨"两种力量作为事物生灭聚散的原因。针对这种观点，亚里士多德指出，恩培多克勒实际上面对着一个两难：他或者承认和谐不是比率，或者坚持和谐是比率却很难说明它同时也是灵魂，因为如果和谐是比率，而爱才是导致事物相聚和生成的力量，那么什么才是构成生命和运动的原因？与恩培多克勒的观点相比，亚里士多德显然认为那种将和谐界定为有形物的观点更易反驳：如果和谐是单一的有形物，那它在各种元素形成混合物之后仍将单独存在，但是根据常识，元素在作为混合物的生命体形成之后将不再存在。①不仅如此，如果和谐不是比率，那么生成的混合物也就不是每个部分都具有灵魂，而这个结论是不可接受的。②

亚里士多德对和谐论的反驳在根本上诉诸两个前提。第一个前提认为，灵魂是实体，它不是抽象的数，也不是身体的属性；第二个前提则认为，灵魂与身体是不能分离的，灵魂自身虽然不在运动之中，但它以某种特殊的方式"拥有"运动这个范畴，它是一切运动的原因。根据前文所述，第一个前提是亚里士多德自己对灵魂做出的界定，这个定义既要避免过分抽象而无法进入现实、无法说明世界万物的生灭运动，同时也要努力维护灵魂作为原因和实体的地位、避免落为偶然的属性；而亚里士多德的第二个前提旨在避免一种可能存在的危险：一旦承认灵魂是处于运动中的实体，在一般意义上拥有运动这一范畴，同时又承认灵魂与身体是可分的，那就很容易滑向一个推论，即灵魂具有实际的空间位置和活动能力，从而能够在不同的身体之间"进出"。这种观念在恩培多克勒、毕达哥拉斯学派等宗教色彩浓厚的和谐论者那里得到了承认，但亚里士多德本人对此是竭力反对的。

由此可见，这两个前提构成了亚里士多德的灵魂概念的基础。他之所以会认为和谐论虽然看起来颇具说服力、实际上却很容易推翻（408a27，408b10），是因为这种观点及其引出的推论都与这两个前提相矛盾。然而，亚里士多德对和谐论的反驳是否成立，关键之处在于：第一，他是否恰当地概括了以恩培多克勒为代表的和谐论的主要观点？第二，和谐论是否必然导致灵魂丧失实体地位而仅仅成为身体的属性？这种理论是否无法对灵魂的运动与功能做出恰当的说明，从而必然导致将运动的原因归诸有形的身体部分？本文后面的部分将分别对这些问题做出论述。

---

① 亚里士多德在这里不加区分地使用"混合"的概念，实际上，无论是亚里士多德之前的哲学家（例如恩培多克勒）还是之后的哲学家（例如斯多亚学派提出了"完全混合"），都不是在单一的意义上使用"混合"这个说法。不加区分地使用这个概念是否有利于亚里士多德对和谐论的批驳？本文后面会予以详细讨论。

② 参见《论灵魂》411b5 – 30。

二 混合物与作为比率的和谐

《论灵魂》的评注者已经注意到，亚里士多德在引述和谐理论时，有意混用了"混合"（*kerannymi/mignymi*）与"复合"（*syntithēmi*）这两种概念。① "混合"意为混成或融合，即各种元素在微观的层面相互融合，各自失去其原先形态而形成新的混合物。例如，希腊人通常以酒与水混合而形成某种新的饮料，又如将一杯热水加入凉水后形成的温水。一般说来，这种混合概念常用于液体，但是不同金属经过熔炼也可以形成这个意义上的混合物（*krasis/ mixis*）。恩培多克勒正是以此来表示各种元素按照比例、由爱而生成的混合物。②与此相对，"复合"指的是将各种元素放置在一起，形成复合物（*synthesis*）。按照这种合成方式，各元素仍然保持自身原先的性状，例如将一撮砂与一撮糖掺在一起，二者仍然保持不变。即使将这堆复合物打成粉末，在更微观的层面上，砂与糖也还是彼此不同的两种元素、两个部分。根据恩培多克勒的残篇，他并不是在"复合物"的意义上来说明四种元素（火、水、土、气）混合而成万物，骨、肉、血等元素也不是在这个意义上混合而形成生命体。

实际上，亚里士多德本人曾经对混合与复合做出过明确区分。③但是当他在此处对和谐论提出反驳的时候，他不仅没有强调这个区分，反而在具体的论述中以"复合"代替了"混合"。波兰斯基（R. Polansky）在对《论灵魂》的评注中指出，混用这两个概念可以使复合物（*synthesis*）与比率（*logos*）之间的差别更加突出，从而对亚里士多德后面的论证更为有利。④不仅如此，不加区别地使用"复合"（而不是"混合"）可以使亚里士多德的驳论看起来更为合理，因为这种复合概念必然导致复合物内部

---

① 参见 R. D. Hicks, *Aristotle De Anima with Translation, Introduction and Notes*, Cambridge: Cambridge University Press, 1907, pp. 263 – 264; R. Polansky（2007: 105 – 106）。

② 参见恩培多克勒残篇第 8、22、23、35。

③ 参见《形而上学》1042b15 – 35；[古希腊] 亚里士多德：《生成与毁灭》，328a1 – 20；本文参考 H. H. Joachim 的英译本，亦见于 J. Barnes (1984)。

④ R. Polansky（2007: 106）。

存在无法加以统一的多个部分，在此情况下，无论我们将和谐理解为复合物本身还是元素混合的比率，都无法避免亚里士多德所提出的批评，一方面无法对灵魂的能力做出有效说明；另一方面则导致一个物体具有多个灵魂的荒谬结论。

然而，如果和谐论者是在"混合物"的意义上来设想和谐，则不会必然面临这种困境。按照恩培多克勒的描述，人类、动物、植物等一切有生命也必然有死亡的可朽物都是由四种元素根据比率混合形成的，每一种生物都有其特定的比率。当各种元素因爱（love）而聚合在一起、彼此渴念并符合某一个物种的比率时，生命于是诞生。相反，当元素由于恨（hate）而离散，也就不存在符合比率的可能，死亡也随之降临。① 在他看来，当四元素合成为一个生命体的时候，它们也就消弭了自身原来的样式：火、水、土、气混合形成血、骨和肉，血、骨与肉再混合形成有生命的走兽、飞鸟或人。这样的混合正如熔合各种金属而塑造出人或动物的雕像一样。② 和谐（或者说灵魂）不是生成的混合物本身，而是该物体所获得的类的规定性。恩培多克勒似乎将生物的灵魂视为生命存在的必要条件和生物的本质规定，在这个意义上，他的灵魂概念与亚里士多德将灵魂视作"身体的形式"十分接近。③ 由此，通过对"混合物"做出严格的界定，和谐论不仅可以避免"多个灵魂"的批评，同时，通过将和谐理解为混合物的比率，和谐论既可以在普遍的层面上通过"同类相知"来解释一切生物的灵魂所具有的认知能力以及爱与恨等情感倾向，也可以在具体的层面上对特定生物的某些能力（例如植物感知光线和水分的能力、动物需求食物并主动获取食物的能力，人类的推理能力，等等）加以说明。

---

① 参见恩培多克勒残篇第 9、17、21、22。

② 根据近代以来医学，尤其是解剖学的发展，我们已经知道血、骨和肉在构成不同生物体的时候仍然保留着本来的样貌，在这个意义上，生物体的确是"复合物"而非"混合物"（尽管更为晚近的医学实验表明，对于不同种类的动物而言，血、骨和肉的性质也是不同的），亚里士多德对和谐论的反驳或许是因为他具有观察与解剖动物的经验，并且对人体和医学的理解较之于早期希腊哲学家而言与近代以来的科学知识更为接近。

③ 但是恩培多克勒将灵魂仅仅视为生命的必要条件，而不是生命的起因。他将生命的起因归于爱。这正是他和亚里士多德的分歧所在，也是后面亚里士多德对他做出批驳的焦点所在。

尽管亚里士多德对和谐论的引述与概括存在着一定程度的失实甚至误导，[1]但是他这样做的理由仍然值得重视。在他看来，和谐论将生物的身体存在（body）设想为混合物，这种做法可能导致两个困难：一方面，将身体设想为混合物，这种思路并不能帮助他彻底摆脱柏拉图式的本体论路线。尽管亚里士多德同意恩培多克勒等和谐论者在定义灵魂时充分重视了有形的物体，但是按照他们的论述，灵魂似乎仍然可以被理解为混合物中所包含的非形体的"比率"，纯然的物质形式仍然无法在对存在物的本质规定中获得应有的位置。而亚里士多德的本体论与柏拉图前期学说之间最重要的区别之一，就在于他对质料（matter）的承认与重视。另一方面，无论和谐论者所说的混合物是在何种意义上混合形成，它的性质都处于质料与形式之间。由于它本身已经具有了类似形式的"比率"，因此，如果我们要以此来说明生命和运动的起因，就不得不向外部寻找另外的事物，这也是柏拉图批判和谐理论的要点所在。[2]而对于亚里士多德来说，这一点将导致一个不可接受的后果，即灵魂无法构成生命的始因及其功能的来源，更有可能进一步导致灵魂丧失实体地位。这就引发了他对和谐论的另一个重要批评，而这个批评直接针对的是恩培多克勒的相关论述。

三　灵魂的功能与实体性

亚里士多德认为，无论作为有形的混合物本身，还是作为无形的比率，和谐都无法对灵魂的各种能力做出合理且有效的解释。在他看来，一切灵魂都具有功能（ergon），不同种类的生物，其灵魂则具有不同的功能。例如，植物具有欲求营养（阳光、空气与水分）的能力；动物的灵魂则具有欲望和感知外界、积聚经验以实现欲望的能力；人类作为特定的动物，不仅具有欲望、感知以及满足欲望的能力，同时也具有认识、思考和判断的理性能力。当灵魂通过运动施展并实现这些能力时，它也就是在

---

[1]　事实上，亚里士多德对前人的观点的引述和评论经常出现缺少细节、曲解概念甚至有失公允的情况。这与他在方法论上格外强调收集并保存日常意见中正确的部分形成了有趣的对照。参见 Hicks 对此的"抱怨"（1907：264）。

[2]　参见柏拉图《斐多》，93A–D。

展开或者说履行它的功能。①按照亚里士多德对"功能"的界定,只有作为实体（substance）的存在物才能拥有功能。一旦我们将灵魂界定为和谐,并且像恩培多克勒一样、将和谐设想为混合物内部各种元素之间的比率,那么,如果我们将这个比率理解为无形物,它就更接近于柏拉图式的数（number）,而数不是实体,在亚里士多德看来也不能引起运动;而如果我们从一个较为具体的、有形的层面来理解这个比率,那就像亚里士多德所说,和谐就变成了对身体状态的描述,灵魂就成了身体的偶然属性,而不是实体。

亚里士多德之所以强调灵魂必须是实体而非属性,同时又不能是类似"数"的抽象物,这与他在形而上学领域所持有的理论立场密切相关。与早期柏拉图著作中提出的理念论不同,亚里士多德主张以"质料—形式"模型来规定和解释各种存在物。在他看来,将可见世界中的一切事物的起源与存在都归因于某种不可见的、绝对抽象的永恒"理念"其实无法解释这个世界的生成与存在,其原因在于:一方面,理念自身如果不是完全的抽象物,那么按照柏拉图本人的论述,这种理念就无法构成事物的根本原因,而是来自于一个更高、更纯粹的抽象物,从而陷入无穷倒退;另一方面,如果理念自身被设想为纯粹的抽象物,那么它又如何进入这个现实世界,由其自身而创生出万事万物呢？亚里士多德认为在纯粹的理念（或者说"数"）和可见的现实世界之间,始终存在一个裂隙,而柏拉图的理念论无法对此加以克服。也正是出于这个原因,亚里士多德在《论灵魂》中反对柏拉图在其早期著作中提出并加以论证的灵魂概念,反对后者将灵魂与身体对立起来,并以摆脱身体作为灵魂的任务与目的。

在《形而上学》中,亚里士多德走了一条不同于理念论的论证路线。如前文所述,他首先接受了纯然的物质存在作为"质料",然后设想某种作为存在物的规定性的"形式"（Form）,当形式进入质料,二者结合就成为"这一个"（*to de ti*）,也就是实体。《论灵魂》正是据此将灵魂界定为"身体的形式"。也就是说,对于实际存在的个体生物而言,有形的身

---

① 参见亚里士多德《尼各马可伦理学》,1097b30 – 1098a5,以及《论灵魂》,415b25。作为对照可参见柏拉图《理想国》,352e – 353e。柏拉图所说的"*ergon*"概念更接近于"功效"甚至"工具",即一件事物具有某种特定的用途和能力,例如剪刀的裁剪,眼睛的看,等等。

体（作为质料）与灵魂（作为形式）结合构成了它的存在，并且说明了它是属于某个类的存在。而对于人类的灵魂而言，欲望的部分（作为质料）结合了理性的部分（作为形式）则构成并规定了实际存在的每一个人类灵魂作为一种同时具有欲望与理性、有朽又能克服有朽、服从必然又能超越必然的实体而存在。

由此可见，灵魂同时具有实体性与功能，这对亚里士多德的灵魂论而言，既是论证的目标，同时也是根深蒂固的承诺。他之所以强烈地拒绝和谐论，其中一个重要的原因就是他认为和谐不可能在成为实体的同时，还能对事物的运动和变化做出有效的说明：无论对于外部世界的生成与毁灭，还是对于灵魂内部各种能力的运行如认知、欲求、感受、情感波动以及理性思考和判断，和谐理论都缺少一个内在于灵魂自身的"激活"（activate）因素，从而无法在灵魂与事物的生灭变化之间建立起有效的连通机制。恩培多克勒将生灭变化的原因与灵魂的认知能力加以分离，认为前者在于"爱"与"恨"，而后者来自于构成混合物的各种元素之间的相同或相异（《论灵魂》，404b10－15），这就必然招致亚里士多德所说的"两难"，即他或者放弃将灵魂定义为和谐，或者必须对"爱"与"和谐"之间的关系做出更准确的说明（409b30－410a13，410a26－410b15）。至少根据目前的文献来看，恩培多克勒的论述的确缺少这样一个说明。

然而，对于亚里士多德来说，这种将存在与变化的原因和认知与情感能力的来源分开加以解释的思路，它所包含的真正危险并不在于无法说明灵魂的功能及其所推动的运动，而在于它将导致身体与灵魂的分离。而在亚里士多德看来，这种分离无论是柏拉图式的还是恩培多克勒式的，都是令人无法接受的。

四 灵魂是"身体的现实"

前文已经指出，亚里士多德认为灵魂与身体不可分离，并以此作为他反对和谐理论、重新界定灵魂的重要前提。在他看来，和谐论者将灵魂设想为混合物内部各种元素之间的比率，也就意味着灵魂在逻辑上或者先于或者后于身体而存在，后者将导致灵魂成为身体的属性，前者则回到柏拉图早期对话中有关灵魂的定义，这两种后果都是亚里士多德不愿意看到的。不仅如此,对亚里士多德来说,最重要的问题在于不能从分离的角度来看待灵魂与身体的关系。①更进一步说,即使我们可以设想与灵魂相分离的身体,我们也不能去接受甚至设想无身体的灵魂。也就是说,如果我们已经承认灵魂是实体,那么我们就不能去设想一个不结合任何质料的实体作为运动的原因和原理。

亚里士多德的这个坚持与他在《形而上学》中对柏拉图理念论的批评密切相关。在《形而上学》991b-10中,亚里士多德对柏拉图在《斐多》中以"分有"来说明事物的生成提出了批驳。他指出,如果说事物形成的原因与原理是实体性的存在,那么这个实体与具有该实体的事物是不能分离地存在的。接下来,在991b10-20中,亚里士多德进一步说明,如果像毕达哥拉斯学派和柏拉图一样认为"形式"是"数"(无论是作为"数本身"、还是从多个数之间产生的一个"数",抑或是"比率"),那它们都无法构成事物存在的原因。这是因为,如果承认形式是抽象的"数本身",那就需要一个"第二类的数"或者所谓"中间体"才能解释事物的存在(《形而上学》,991b29),而理念论对这一点显然缺少说明。如果认为"形式"是数本身之外的数,那么一方面它要求另外的数来说明自身从而可能陷入无穷倒退;另一方面,理念论无法说明这个数如何产生、如何与其他的数相区别。而如果认为"形式"是"比率"(或者"和谐"),那么,亚里士多德断言,决定它作为事物之原因的因素是其自身之外的事物(可感觉世界中的事物)而非其本身,就此而言,比率已经不再成为毕达哥拉斯学派和柏拉图所说的"数"。

据此,亚里士多德明确表示:"尽管智慧寻求可感知事物的原因……但是当我们想象我们是在陈述可感知事物的实体时,我们却断定了另一类实体的存在,而我们关于把它们作为可感知的事物的实体存在的方式的讨论则是空谈,因为……'分有'意味着什么都不是。"(《形而上学》,992a25-30)②

考虑到这一点,尽管柏拉图和亚里士多德都对和谐理论提出了质疑与批驳,但是他们的论证路径和理论意图并不相同。对柏拉图而言,尽管和

---

① 参见 Polansky(2007:111)。
② [古希腊]亚里士多德:《形而上学》,李真译,上海人民出版社2005年版,第45页。

谐论将灵魂定义为接近数的"比率",但是由于这个比率属于有形物,因此我们就需要不断寻找另外的比率来限定和说明这个比率,这样它也就不能构成事物的原因。而且,尤为重要的是,柏拉图认为这种思路不能支持一种完全脱离身体的灵魂概念,因此是需要加以批驳的。而在亚里士多德看来,和谐论的确需要予以批驳,其原因却恰恰与柏拉图的理由相反。他认为和谐论最大的危险就在于不能彻底地远离柏拉图的思路,仍然可能导致将灵魂设想为完全脱离身体的存在,从而仍然是用"另一类实体"(《形而上学》,992a27)来说明可感知世界的原因。

正是在这个基础上,亚里士多德提出了他自己的灵魂概念:既然灵魂是实体,既然实体同时包含着作为潜能的质料与作为现实的形式这两重意义,那么,灵魂就是"潜在地拥有生命的自然身体所具有的形式"(《论灵魂》,412a20),或者说"潜在地拥有生命的自然身体之现实"(《论灵魂》,412a27)。按照这个定义,灵魂既不脱离身体,也不会在身体中消弭,二者既不会像身体与身体各部分间的"比率"那样可分,也不会像混合物一样完全融合。不仅如此,经过如此定义的灵魂能够推动身体运动,而它自身并不处于运动之中,拥有灵魂的生命体既可以从事感知、认识和思考等功能活动,同时也能接受外界的扰动从而产生欢喜或悲伤的情绪波动。更进一步,灵魂之于生命体正如锋刃之于匕首、视力之于眼睛,它是后者的现实性与功能所在——离开了灵魂的生命体也就丧失了其生命的现实性,而失去了灵魂的生物(例如丧失了欲望的动物或丧失了理性的人)也就丧失了它/他的本性,不成其为生物了。

结　论

由此可见,亚里士多德在《论灵魂》第一卷第四节中对和谐理论所做的批判,一方面帮助他更加彻底地拒绝了前期柏拉图灵魂学说的影响;另一方面也促使他更为明确地提出了自己的灵魂概念,使他得以在抽象的"数"和作为有形物之"比率"的"和谐"之间确立了特殊的"形式"概念,并将此概念应用于灵魂论的领域,使其获得了解释与应用的能力和空间。不过,如果还要做进一步的追问,我们很难说亚里士多德的灵魂概念究竟与哪一方更为接近:相对于柏拉图,亚里士多德更重视身体或者说质料的方面,从而与和谐论更亲近;然而相对于和谐论,亚里士多德则如柏拉图一样,坚持灵魂是实体而非身体的属性、是其他实体的原因且能够规定生命体的类属与功能。就此而言,亚里士多德的灵魂论是在坚持以"灵魂"这个古老的概念作为哲学研究的主题的基础上,以一种与近代以来的科学研究更为接近的思路对灵魂的本质和功能提出了界定和说明。与宗教色彩浓厚的和谐理论相比,亚里士多德的研究路径无疑为后来的生物学、心理学以及道德心理学的研究及发展打开了空间。

亚里士多德论感知：精神活动抑或物理运动？[*]

曹青云[**]

摘要：亚里士多德在《论灵魂》第二卷第十二章的开篇说感知是"接受可感形式而不带有质料"（δεκτιὸν τῶν αἰσθητῶν εἰδῶν ἄνευ τῆς ὕλης），这个描述的确切含义从古代评注者始直至当代一直存在巨大争议。有些学者，例如索拉布其（R. Sorabji）认为这说的是感觉器官接受可感形式的物理运动，而有些学者，例如伯恩耶特（M. Burnyeat）则认为这指的是一种不包含任何物理变化的精神活动和认知过程。本文指出学界的现有解释均存在疑难，亚里士多德认为感知既不是感官"在字面意义上"接受并复制可感性质的一般物理运动，也不是纯粹的精神活动，而是发生在感官中的特殊的运动。但这种运动并不是为"感知"奠基的物理过程，而是等同于感知本身，因为感知是灵魂作为内在的原因在身体器官中产生的活动，它们既是物理运动又是灵魂的实现活动。

关键词：亚里士多德；感知；灵魂；运动

当我们看见斑斓的色彩、听见美妙的乐曲、尝到可口的食物时，在我们身上究竟发生了什么？感知是精神主体的一种认识活动和感受，还是一种生理的和物理的运动，抑或其他？亚里士多德在《论灵魂》第二卷第十二章的开篇提出了关于感知的一般描述，他说："感知是接受可感形式

---

[*] 原载《湖北大学学报》（哲学社会科学版）2019 年第 3 期。

[**] 作者简介：曹青云（1984—　），云南大学哲学系副教授，主要研究方向为古希腊哲学、亚里士多德、形而上学和心灵哲学，著有《流变与持存：亚里士多德质料学说研究》，主要论文包括《"身心问题"与亚里士多德范式》《亚里士多德"质料形式理论"探源》等。

而不带有（或不用）质料。"① （《论灵魂》，424a17－18，*αἴσθησίς ἐστι τὸ δεκτιὸν τῶν αἰσθητῶν εἰδῶν ἄνευ τῆς ὕλης*. *Perception is the reception of perceptible forms without matter.*）这个描述是我们理解亚里士多德论感知问题的关键，但这个短语的确切含义从古代评注者始直至当代一直存在巨大的争议。它指的是感知的质料方面还是形式方面？它是否已然告诉我们，在亚里士多德看来感知是一种精神活动还是一种物理运动？

有些研究者认为"接受可感形式而不带有质料"指的是感觉器官接受可感形式（例如红色、热等）的物质变化，因此感知是（或包含）一种物理运动，而有些研究者认为这个描述指的是一种纯粹的精神活动和认识过程，并不包含任何物质变化。关于感知问题的理解的分歧不仅源于对这个描述的不同解释，更在于学者们对亚里士多德的灵魂与身体之一般关系的不同看法。我们认为，在亚里士多德看来，感知既不是灵魂的纯粹的精神活动，也不是身体器官的一般的物质变化，而是感知灵魂在身体器官中产生的某种特殊的物质变化——因此它既是一种物理变化，同时也是灵魂的认知活动。

一 "精神主义解释"与"物理主义解释"之争

对于感知是 "*τὸ δεκτιὸν τῶν αἰσθητῶν εἰδῶν ἄνευ τῆς ὕλης*" 的含义，学界主要有三种不同类型的解释。第一种解释认为这个短语指的是，感知是感觉器官接受并复制可感性质的物理变化，即感官在字面意义上变得和可感性质一致，这种解释被称为"字面意义的解释"；② 第二种解释

---

① 对这句话的解释是这篇论文的主题，但在文章的开始，它的确切含义无法展开，因此我们使用了这种不太确切的直译，有时候在为了行文的方便，也会使用"接受可感形式"的简略说法，或者使用未翻译的希腊文短语。在吴寿彭译本《灵魂论及其他》中，这个短语的译文是："感觉是除外可感觉物的'物质（材料）'，而接受其'形式'。"参看［古希腊］亚里士多德《灵魂论及其他》，吴寿彭译，商务印书馆1999年版，第127页。另外，在本文中，"可感形式"与"可感性质"是同义词，因为这里的"形式"是非实体性形式，它们在亚里士多德的范畴中属于"性质"。文中直接引用的亚里士多德文本是笔者根据Barnes编辑本的翻译，注释形式采用贝克码注。参看 J. Barnes ed., *The Complete Works of Aristotle*, Two Volumes, New Jersey: Princeton University Press, 1984.

② "字面意义的解释"和"精神主义的解释"是 Steven Everson 的用语，他本人支持"字面意义的解释"，并且他比 R. Sorabji 更明确地支持功能主义的一般议题。参看 S. Everson, *Aristotle on Perception*, Oxford: Clarendon Press, 1997, p. 10。

认为这个短语描述的是感知灵魂的活动，它是一种精神活动，这个过程并不包含任何物理变化，这种解释被称为"精神主义的解释"；第三种解释认为以上两种解释都是不正确的，这个短语的含义是可感形式的信息或比例被传递到感官中，即感官发生物理变化，它们在类比的意义上变得与可感形式相似——但并不"复制"后者。

"字面意义的解释"以索拉布其（R. Sorabji）为代表，他早先于1974年在其文章《论亚里士多德的身体与灵魂》中指出感知活动包含了感觉器官的物理变化，例如"看见红色"就是眼睛的胶质体变成红色，即感官在"字面意义"上变得与可感性质一致。他说："当我们看见的时候，感官接受了颜色，（有许多文本表明）这是字面意义上（literally）的接受颜色。……显然的是，在视觉过程中，眼睛的胶质体实际上改变了颜色。"[①] 此后，索拉布其进一步明确指出《论灵魂》(424a17-18）的这个短语的含义是"器官接受形式，而不接受质料"，即感官在字面意义上变得与可感性质一致——它接受了这种可感性质，但不接受这种可感性质所在的质料。例如，"在视觉中，眼睛的胶质体并不接受可视对象的质料部分或微粒，它仅仅是接受了与之相符的颜色块"[②]。因此，索拉布其认为"τὸ δεκτιὸν τῶν αἰσθητῶν εἰδῶν ἄνευ τῆς ὕλης"描述的是身体器官的物理变化，它给出的是构成"感知"的质料方面[③]——而感知的形式方面是"觉察"（或知觉）。器官接受可感性质的过程与"觉察"的关系是质料与形式的关系，而它们类似于作为奠基的物理运动与实现在其中的功能的关系，因此索拉布其被认为为功能主义的解释提供了一个非常重要的论证。[④]

---

① R. Sorabji, "Body and Soul in Aristotle", *Philosophy*, Vol. 49, 1974, pp. 63 - 89, esp. p. 72.

② R. Sorabji, "Intentionality and Physiological Processes: Aristotle's Theory of Sense - Perception", *Essays on Aristotle's De Anima*, A. O. Rorty and M. Nussbaum ed., Oxford: Clarendon Press, 1992, pp. 194 - 227, esp. pp. 209 - 210.

③ Sorabji (1992: 209).

④ 尽管 Sorabji 本人对这个问题的态度来回摇摆，并几次指出他并不认为感知可以"还原"为生理运动的功能，但功能主义解释者和他们的反对者均认为 Sorabji 在感知问题上为功能主义提供了最好的注脚。参看 Sorabji (1992: 208)。

"精神主义的解释"以伯恩耶特（M. F. Burnyeat）为代表,[①]他反对索拉布其对感知的解读。他指出索拉布其的解读将面临如下困难：倘若在触觉活动中，触觉器官（如手掌）在字面意义上变得与可感对象一致，那么当一只粗糙坚硬的手掌与一只柔软的手掌相握时，前者应当变得柔软，而后者应当变得坚硬。[②]这显然是荒谬的，正如当我们的手掌接触到坚硬的水泥时，手掌并不会变得与水泥一样坚硬。的确，沿着伯恩耶特的这一思路，我们可以批评索拉布其说：当我们看见红色，眼睛的胶质体由透明的变成红色的，那么我们就无法再次看见这样的红色，因为红色的胶质体无法再次"变成"（这样的）红色。

伯恩耶特认为亚里士多德的感知是一种精神活动，即它是感知灵魂的实现活动，这个过程不包含任何物质运动，感觉器官的存在仅仅是为感知活动提供必要条件，但它们并不参与这个过程。他说："我仍然相信无论'接受形式而不带有质料'这个短语的含义是什么，它表达的是在感知者和可感对象之间的最基本的作用层次。因此，如果它指的不是索拉布其所说的那种生理变化，那么在亚里士多德看来，这里就没有生理变化，它们与感知者察觉到颜色或嗅到气味的关系也并非质料与形式的关系。"[③]因此在伯恩耶特看来，"$\tau\grave{o}\ \delta\epsilon\kappa\tau\iota\grave{o}\nu\ \tau\hat{\omega}\nu\ \alpha\grave{\iota}\sigma\theta\eta\tau\hat{\omega}\nu\ \epsilon\grave{\iota}\delta\hat{\omega}\nu\ \check{\alpha}\nu\epsilon\nu\ \tau\hat{\eta}\varsigma\ \mathring{\upsilon}\lambda\eta\varsigma$"指的是"感知者觉察到可感形式"或者"变得与可感物的形式相似而非与它的质料相似"。[④]这个短语描述的是灵魂的一种认知状态，而不是感官的物理变化，因为他指出感知活动就是可感对象，如颜色、热量、声音、味道、气味等，在感知者自身中产生的直接效果，而这个效果就是身体器官中蕴含的感知能力（即感知灵魂）的自我实现，所以，对可感对象的

---

① 除了 Burnyeat 之外，T. K. Johansen 支持"精神主义的解释"，但他的论点比 Burnyeat 稍弱，因为他承认感知活动涉及感官的物质变化，但又认为感官的物质变化是被感知功能规定的，它们是一种"现象的变化"（phenonenal change），而非真正的变化。参看 T. K. Johansen, *Aristotle on Sense Organs*, Cambridge: Cambridge University Press, 1998, p. 146。此外，D. W. Hamlyn 的观点也与 Burnyeat 属于同一阵营，参看 D. W. Hamlyn, *Sensation and Perception: A History of the Philosophy of Perception*, London: Routledge, 1961。

② M. F. Burnyeat, "Is an Aristotelian Philosophy of Mind Still Credible?" *Essays on Aristotle's De Anima*, A. O. Rorty and M. Nussbaum ed., Oxford: Clarendon Press, 1992, pp. 18 – 29, esp. p. 23.

③ M. F. Burnyeat（1992：18）.

④ M. F. Burnyeat（1992：27）.

"察觉"或"意识"仅仅是灵魂的实现活动——这个过程不包含任何作为奠基的物理运动。因此，不仅索拉布其的"感官在字面意义上变得与可感形式一致"的解释是错误的，而且功能主义对亚里士多德的理解也是错误的。

另一方面，索拉布其在后来的文章中回应和反驳了伯恩耶特的观点。他指出亚里士多德不可能认为感知与生理运动无关，在《论灵魂》第一卷第一章他便表明感知和其他灵魂活动一样都包含生理运动，并且他所谓的"接受可感形式""被可感形式作用"的主体是身体器官而非感知灵魂。[①]他说伯恩耶特无法解释亚里士多德所说的触觉的"盲点"现象：我们的触觉器官（如肉）无法感知和它自身的温度一样的对象，而只能感知与它自身温度不同的对象。（424a2-5）这意味着触觉器官处于温度值的中间，当它改变自身的温度时，对温度的触觉才能产生；倘若器官不发生物理变化，仅仅是察觉到热或冷，那么触觉就不会存在"盲点"了。[②]

因此，"字面意义的解释"和"精神主义的解释"都未能驳倒对方。有些学者指出他们的解释均不恰切，亚里士多德的感知不是纯粹的精神活动，而是包含了或伴随着某种特殊的物理运动，但这也不是字面意义上的变得与可感形式一致。他们的解释构成了第三种类型，卡斯顿（Victor Caston）、李尔（J. Lear）和麦基（J. M. Maggee）等人是这类解释的代表，我们以卡斯顿的观点为例分析。[③]

卡斯顿认为在索拉布其和伯恩耶特的观点之外，还存在着另一条可行的道路。他说："亚里士多德拒绝了精神主义的解释，因为他相信在感知活动中总是伴随着生理变化，但它不必是字面意义的解释要求的那种类

---

① R. Sorabji（1992：213）.

② 见 Sorabji（1992：216）。触觉的"盲点"现象对于伯恩耶特而言是个棘手的问题，他在自己的文章中曾辩护说这个观点不是亚里士多德本人承认的，而仅仅是他对于前人意见的收集。参看 Burnyeat（1992：24）.

③ 参看 J. Lear, *The Desire to Understand Aristotle*, Cambridge University Press, 1988, p. 110、116；J. M. Magee, "Sense Organs and the Activity of Sensation in Aristotle", *Phronesis*, Vol. 45, 2000, pp. 306-330。这种类型的解释或许还包括 D. K. Modrak, "Sense Organs: Matter and Function", *Apeiron*, 1998, Vol. 31, pp. 351-362; C. Shields, *Aristotle De Anima*, Oxford: Clarendon Press, 2016, p. xxxvii。另外，参看笪益民对这三种解释的概括，他赞同第三种解释。笪益民：《对亚里士多德知觉理论的三种解读》，《云南大学学报》（社会科学版）2009 年第 1 期，第 34—41 页。

型:感觉器官并非必然准确地例示同样的可感性质。在感知活动中,我们的感觉器官的质料变得拥有了与可感性质所显示的比例相同的比例。但感官能够在不同的相对者中实现这个比例,所以它并非必然复制可感性质。"①换言之,卡斯顿认为感知活动伴随着身体器官的物理变化,但是这种物理变化不是索拉布其认为的对可感性质的完整"复制",而是保存了可感性质蕴含的某种比例。因此,在他看来,"*τὸ δεκτιὸν τῶν αἰσθητῶν εἰδῶν ἄνευ τῆς ὕλης*"指的是感官接受可感形式的某个方面,并在比例上变得与后者相似,即可感形式的信息被传递到感官之中。② 此外,卡斯顿接受了"涌现主义"的立场,他认为感官的这种特殊的物理变化是为感知活动奠基的,或者说感知作为"涌现的属性"是实现在这种物理变化之中的。③

因此,尽管卡斯顿认为他自己的解释是在"字面意义的解释"和"精神主义的解释"之间的另一条道路,但我们发现他与索拉布其在处理感官的物理运动与知觉的关系方面是类似的:他们都认为感官的物理运动伴随着知觉并为后者奠基。这意味着他们都将"*τὸ δεκτιὸν τῶν αἰσθητῶν εἰδῶν ἄνευ τῆς ὕλης*"理解为感知的质料方面,并预设了感知还有一个形式方面或"精神的"(或"意识的")的部分。所以,在这个意义上,我们将他们的解释归为一类,并称之为"物理主义的解释"。他们同样面临着伯恩耶特的指责。

当代学界的"物理主义的解释"和"精神主义的解释"之争不仅在于 424a17 - 18 的这个描述的含义是什么,更在于它与"感知"的关系如何——它仅仅是构成感知的质料部分,还是等于感知本身?我们接下来的研究试图为这两个问题提供答案。

---

① Victor Caston, "The Spirit and The Letter", *Metaphysics, Soul, and Ethics in Ancient Thought: Themes from the Work of Sorabji*, Ricardo Sellars ed., Oxford: Clarendon Press, 2005, pp. 245 - 232, esp. p. 247.

② Caston (2005: 304).

③ 卡斯顿认为亚里士多德的灵魂观是"涌现主义"的,即心灵作为"涌现的属性"是随附在物理构成上的,但它们具有"向下"的原因效力。参看 Victor Caston, "Ephiphenomenalism, Anciet and Modern", *The Philosophical Review*, Vol. 106, 1997, pp. 309 - 363。

二 "τὸ δεκτιὸν τῶν αἰσθητῶν εἰδῶν ἄνευ τῆς ὕλης" 是什么类型的运动？

亚里士多德在《论灵魂》第二卷第十二章（424a17 - 18）所说的"αἴσθησίς ἐστι τὸ δεκτιὸν τῶν αἰσθητῶν εἰδῶν ἄνευ τῆς ὕλης"究竟是什么意思？我们在上文中看到，索拉布其认为这说的是"感知是感觉器官接受可感物的形式，而不接受可感形式所在的质料"，例如，"看见一只红色的苹果"是"眼睛（的胶质体）接受红色这个性质（可感形式），而不接受苹果表皮（微粒）"。伯恩耶特认为这说的是"感知是在灵魂（即感知者的形式）中接受可感形式，而不在（感知者的）质料（即器官）中接受可感形式"，即"看见一只红色的苹果"是"感知灵魂察觉到红色"，而这个过程不涉及任何生理变化。但是这两种解释均难以成立。

我们先来分析伯恩耶特的观点。首先，倘若伯恩耶特的理解是正确的，那么"接受可感形式"的主词应当是"感知灵魂"或"感知能力"，但亚里士多德在文中使用的主词"αἴσθησις"（名词）的所指并不是"灵魂"或"能力"，而是抽象概念"感知"。① 稍后，亚里士多德指出："这种能力所存在的地方就是首要的感知器官，感知能力和它的器官是相同的，只是它们的本质（εἶναι）不同。进行感知的东西（τὸ αἰσθανόμενον）显然是一个占据空间的量，但是我们一定不能认为感知能力或知觉本身是一个量；它们是在量之中的某种形式或能力。"（《论灵魂》，424a24 - 15）在这里，感知的主体（即进行感知的东西）是"在量之中的形式"，即"在身体器官中的感知灵魂"，感知是灵魂与身体的"共同的活动"。（《论灵魂》，403a7；《论感知》，436a8）所以，将感知理解为灵魂自身"接受（察觉）可感形式"相当于取消了质料因，正如格兰杰（H. Granger）批评伯恩耶特所说的：他对感知的理解是用形式完全吸纳了质料。②

---

① J. A. Smith 似乎注意到了这一点，他将 αἴσθησις 翻译为 "what has the power of"，参看 J. Barnes ed., *The Complete Works of Aristotle*, Vol. 1, Princeton University Press, 1984, p. 674。

② 参看 H. Granger, *Aristotle's Idea of the Soul*, Kluwer Academic Publishers, 1996, p. 55。此外，M. Nussbaum 也批评 Burnyeat 说他对感知的解释最多只适用于理智活动，参看 M. Nussbaum and H. Putnam, "Changing Aristotle's Mind", *Essays on Aristotle's De Anima*, A. O. Rorty & M. Nussbaum ed., Oxford: Clarendon Press, 1992, p. 49。

其次，倘若感知"接受可感形式"是纯粹的精神活动，那么可感对象的强烈程度就不会影响感知，感官的物质构成或性质也无法影响感知，但是亚里士多德认为，过于强烈的可感性质会使我们丧失感知，而感官的特定物质构成和性质也是进行感知的必要条件。他说："如果一个对象产生的运动对于感官来说过于强烈，作为它的形式的感知能力就会被干扰；如同过于强烈地拨动琴弦会损坏它的合音和声调。"（《论灵魂》，424a31-32）因此，感官的运动并非与感知无关，而是它的本质部分。亚里士多德指出可感对象的强烈刺激会使得感知丧失，这是感知灵魂依赖于身体器官的一个证据，也是感知与理智的一个重要区分。他说："在过于强烈的感觉刺激之后，我们就不能像之前一样感知，例如，在听见巨大的声响之后，我们就不能立即容易听见别的声音，在看见过于明亮的颜色和嗅到强烈的气味之后，我们也无法看见、无法嗅到。但是，当思考一个尤为可知的对象之后，思考不那么可知的对象并不会变得更困难：原因是感知能力依赖于身体，而理智能力是与身体分离的。"（《论灵魂》，429a31-429b5）因此，显见的是感知必须借助于身体器官而产生，它们是发生在特定的身体部分中的活动，而不可能是纯粹的精神活动。

我们也反对索拉布其的解释。《论灵魂》（424a17-18）的含义不可能像索拉布其认为的那样指的是"感知是感觉器官接受（复制）可感物的形式，而不接受可感物的质料"。首先，我们必须注意到，亚里士多德在对感知的最初规定中便指出感知是一种特殊的"偶性变化"，[①]它不同于"一杯冷水变热了"这样的普通的偶性变化（我们将在下文中澄清这一点），即便感知也可以在推动者和受动者的作用模式中来解释，即可感形式（或性质）被视作推动者（agent），而感知者被视作受动者（patient），当前者作用于后者时，感知便发生了。因此，当亚里士多德在《论灵魂》第二卷第十二章的开篇说感知是"τὸ δεκτιὸν τῶν αἰσθητῶν εἰδῶν ἄνευ τῆς ὕλης"时，他的用意应当是将其与"πάσχειν μετὰ τῆς ὕλης"相对比，如果后者是普通的偶性变化，那么感知的"特殊性"才能够得到揭示。亚里士多德也确实在第十二章中澄清说"一株植物变热了或变冷了"这样的变化区别于感知，它是"πάσχειν μετὰ τῆς ὕλης"。（《论灵魂》，424b3）

[①] 这一点也是 Burnyeat 反对 Sorabji 的最重要的文本证据，参看 Burnyeat (1992: 22)。

然而，按照索拉布其的解释，"一株植物变热了"是"植物体接受了热的形式，并且接受了热的质料，比如它吸收了热气"。①因此，在他看来，普通的偶性变化就是"受动者接受推动者的形式并且接受推动者的质料"，而感知的特殊性在于它"只接受推动者的形式而不接受它的质料"。然而，对于亚里士多德而言，任何类型的物质变化（偶性变化、实体生灭、位移运动和量的变化）都是"受动者接受推动者的形式而不接受它的质料"。②因此，索拉布其的解释恰好错失了对感知之"特殊性"的理解。

亚里士多德在许多文本中表明变化一般应当视作"受动者接受推动者的形式而不接受它的质料"。火炉上的一壶水被加热沸腾，水接受了热这种性质，但它并没有接受火物质（或火元素）；一堆砖石被建筑师建成了一栋房子，砖石接受了房子的形式，但并没有接受建筑师的血肉；一个每秒一米的匀速运动的木球碰到一个静止的木球（理想状态下），后者做匀速运动，它接受了推动者的形式，但并没有接受它的木质材料；精子携带动物的形式进入雌性的种子之中，但它仅仅向后者传递了形式，精子的质料像泡沫一样蒸发掉了，它并不会成为胚胎的任何部分。（《论动物的生成》2.3, 737a7 – 15）

亚里士多德在《物理学》第三卷第三章中从推动者和受动者的角度

---

① Sorabji (1992: 218).

② 托马斯·阿奎那在评注《论灵魂》时指出，所有的被动运动都是接受推动者的形式而不接受它的质料，他说："任何一个接受者都是接受形式而不接受质料，……例如，空气并不接受对它产生作用的火的质料，而只接受它的形式。"而感知区别于一般的运动的地方在于"形式在接受者中的存在形态与形式在推动者中的存在形态不同；即接受者的质料构成与形式的关系与推动者的质料构成与形式的关系不相似。在这些情况中，形式被接受者获取'以不带质料'的方式，即接受者被推动者在形式方面同化，而不是在质料方面。因此，感知接受形式不带质料，即形式在感知中与它在可感物中有不同的存在形态（a different mode of being）。在后者中它是质料的形态，而在感知中它是认知的和精神的形态"。参看 St. Thomas Aquinas, *Commentary on Aristotle's De Anima*, K. Foster, and Silvester Humphries trans., Notre Dame: Dumb OX Books, 1951, p. 172. 伯恩耶特认为托马斯·阿奎那的观点是"精神主义解释"的有力支持，但是托马斯·阿奎那并没有说感觉器官不接受形式，而是说可感形式在感知中的存在形态不同于它们在可感对象中的存在形态——这并不能逻辑地推出"感知活动不包含任何物理运动"。有学者指出，托马斯·阿奎那的观点并不支持精神主义的解释，而是认为感知活动是一种物理运动。参看 Sheldon M. Cohen, "St. Thomas Aquinas on the Immaterial Reception of Sensible Forms", *The Philosophical Review*, vol. 91, 1982, pp. 193 – 209。

为"运动"下定义时更为概括地指明了上述观点。他说:"推动者将总是传递一个形式,要么是'这个',要么是这样的,要么是这么多,当推动者推动时,它将是运动的原则和原因,例如,现实的人从潜在的人中生出人来。……运动是(受动者的)潜能的实现,它是通过能引起运动的东西的作用而实现的;并且,能引起运动的东西的现实性和受动者的现实性是同一的;因为它必定是两者的现实性。"(《物理学》,202a9 – 16)因此,某一运动是推动者和受动者的共同的现实性,但它发生在受动者之中——受动者是运动的主体,而推动者提供了运动的形式。推动者将自身的"形式"作为运动的原则传递给受动者,受动者通过自身的改变而获得这个形式。受动者之运动的目的和终点就是获得这个形式,在这个意义上,我们也可以说受动者"接受"了推动者的形式。受动者接受推动者的形式是由于它受到作用(接触或接近)而产生了特定类型的运动,这一运动的结果使得受动者产生了新的性质;受动者并不是通过接受推动者的质料而得到这一形式的,也不是形式(或性质)可以离开物质载体而自由传递。

"受动者通过接受推动者的质料而获得其形式或运动"的观点恰是亚里士多德要反对的。在《论生灭》第一卷第八章中,他批评了恩培多克勒将推动者和受动者之间的作用以及感知活动理解为推动者的物质微粒进入受动者的细孔中的观点。他说:"有些哲学家认为最近的推动者——即最严格的意义上的推动者——通过某些细孔进入,受动者因而被推动。他们宣称,以这样的方式,我们看见、听见以及使用我们的其他感知。"(《论生灭》,324b27)但是,亚里士多德指出细孔的假设是不必要的,因为"如果推动者不能通过接触受动者而产生运动的话,那么它也不能通过进入细孔中而产生任何运动。另一方面,如果它是通过接触而产生运动的,那么即便没有细孔,也会产生推动和被(推)动,因为推动者和被动者在本性上适于相互的作用和被作用。"(《论生灭》,326b22 – 25)因此,在亚里士多德看来,推动者和受动者之间的作用是出于它们的本性,换言之,它们处于一种在本体论上最为基础的原因关系之中,[①] 而这种关

[①] 这也是潜能与实现的关系,即推动者是现实的 X,而受动者是潜在的 X,它们之间的原因关系是从本体论上生出的。

系无法还原为物质微粒的结合和分离。这是亚里士多德与古希腊的物理主义者最为根本的区别之一。

倘若一般的运动——包括偶性变化——是受动者接受推动者的形式，而不接受它的质料，那么《论灵魂》第二卷第十二章中说的"植物变冷或变热"是"$πάσχειν\ μετὰ\ τῆς\ ὕλης$"应当如何理解？植物的质料获得了"冷"或"热"这样的性质，这里的"$μετὰ\ τῆς\ ὕλης$"指的是受动者的质料被作用，以至于它获得了新的（推动者的）性质，或者说受动者的质料"例示"了目标性质——受动者的质料与推动者的质料以相同的方式接受可感形式。例如，一株花变冷，它的质料与冷源的质料以相同的方式接受了冷这个性质。那么，与之相对比，感知作为"$τὸ\ δεκτιὸν\ τῶν\ αἰσθητῶν\ εἰδῶν\ ἄνευ\ τῆς\ ὕλης$"指的又是什么呢？如果我们认为这里的"没有质料"是说受动者（即感知者）的质料不受作用，那么我们便陷入了伯恩耶特的立场。实际上，我们还有另一条路可走。①

感知者的质料（即感觉器官）受到可感形式的作用而产生了物质变化，但是这个变化并不是感官像可感物那样"例示"形式——它们并不是变得像苹果一样红和像水泥一样硬。在这个意义上"$ἄνευ\ τῆς\ ὕλης$"否定的是一种方式：受动者的质料不像推动者的质料那样例示（或接受）可感性质。因此，424a17-18 的这个描述指的是"感官接受可感形式，但它不以可感物的质料那样接受可感形式"。感官的这种运动当然是一种特殊的运动，因为它超出了亚里士多德在自然哲学中对运动的界定。

亚里士多德在 424a17-18 对感知进行描述之后，又用蜡块印刻的例子对其进行说明。他说感知活动接受可感形式的方式就像"一块蜡接受一枚戒指的图案但不以铜和金（那样的方式）；因为它接受的是铜戒指或金戒指的图案，但不是像铜或金自身那样：类似地，感知被有颜色的东西或有气味的东西或有声音的东西作用，但并不是因为它们每一个是什么，而是因为它们是如此这般的种类，并依据它们的逻各斯"②。（《论灵魂》，

---

① 我们的解释和第三种类型的解释的区别在本文的第三部分中会变得明晰。此外，根据 Caston 的论述，可感形式和感官显示的相同的"比例"才是引起感知的真正原因，这取消了亚里士多德所认为的可感形式（如颜色、声音等）的原因实在性，因此，说感觉器官接受的是可感形式所代表的"比例"或"关系"是难以成立的解释。

② 对于这段文本的翻译，笔者采用了 J. M. Magee 的译法，参见 J. M. Magee（2000: 320）。

424a20 – 24）蜡块被压印而获得戒指的图案（如一朵玫瑰花）是一种物理运动，但这个运动是蜡块表面某个区域的空间变化，它并不同于将一块铜或一块金铸造成一枚戒指的运动。蜡块对图案的表现方式不同于铜或金对这个图案的例示；换言之，蜡块虽然经历了物理运动，但它的运动之结果并不是作为一朵玫瑰花形的戒指。类似地，感觉器官虽然被可感形式作用，经历了物理运动，但它并非"例示"了可感形式——变得像可感物那样的"红的""热的"或"香的"。

我们的这个解释能够从亚里士多德对感知之中介的论述中得到很好的支持。亚里士多德认为视觉、听觉、嗅觉、味觉和触觉，五种感知都需要中介（《论灵魂》，419a12），即可感对象对感官的作用必须通过中介物得以实现，例如，一个贴近我们眼球的物体是无法被看到的。可感对象作用于中介并将相关的性质传递到中介，而中介又把这个可感性质传递到感官，由此产生感知活动。因此，中介必然首先"接受"可感性质，但它们并不是变得"在字面意义上"与可感性质一致，而是进行了某种运动。亚里士多德认为，视觉的中介是"透明的物质"，即水或气，因为它能够接受所有的颜色。但是，当我们看见红色，红色的苹果作用于空气，苹果和眼睛之间的空气并未变成红色，而是产生了某种运动，当空气接触眼睛时，空气的这种运动便作用于眼睛，使得眼睛也经历了相同的运动。他说："颜色使得透明的东西运动，如空气，空气连续地充满了对象和器官之间，而空气又使得器官运动。……同样的解释也适用于声音和气味，在这两种情况中，对象使得在中间的东西运动，而后者又使得器官运动。"（《论灵魂》，419a13 – 28）例如，"能产生声音的东西能够使得单一量的空气运动，这些空气连续充满了与听觉器官之间的空间。听觉器官在物理上与空气连在一起，因为它在空气之中，所以（听觉器官）内部的空气与外部的空气一同运动"。（《论灵魂》，420a3 – 6）因此，在亚里士多德看来，可感性质的"传递"和"接受"并不是使得中介和感官像可感对象那样"例示"它们，而是在它们之中产生某种运动。

所以，亚里士多德认为，感知是感觉器官接受可感性质的物质运动，但这种运动并非是器官变得"在字面意义上"与可感性质一致，而是一种特殊的运动——它建立了可感对象与感知者之间的对应性，亚里士多德称之为"感知者变得与可感对象相似""可感对象对感知者的同化"。

(《论灵魂》, 418a6)

或许有人会指出，我们的解释与"第三种解释"是类似的：仅仅是在弱的立场上承认了索拉布其的方案。然而，我们并不认为"感官接受可感性质"描述的是感知活动的质料方面，也不认为知觉是随附或涌现在感官的物理运动之上的。这就是我们接下来要探讨的问题："$δεκτικὸν\ τῶν\ αἰσθητῶν\ εἰδῶν\ ἄνευ\ τῆς\ ὕλης$"与"感知"究竟是什么关系？

三　感知活动：灵魂与身体的复合

倘若有人认为"感知"是心灵（或灵魂）的活动，或者一种心灵状态（mental state）——并且它与物理运动是完全不同的类型，那么他们便预设了心灵与物理的绝对的区分，并在概念上假设了"感知"能够完整地与"物理运动"分开。但亚里士多德认为灵魂与身体是不可分离的，它们构成了单一的实体；感知灵魂与器官是不可分离的，而它们的不分离就表现在像看和听这样的活动是灵魂与身体共同产生的。换言之，感知活动的主体是灵魂与身体的复合体（即动物体），而非单纯的灵魂或身体。

因此，我们发现亚里士多德在《论灵魂》第二卷第十二章开篇将感知描述为"接受可感形式，但不以可感物的质料那样（接受可感形式）"之后，紧接着澄清说"感知能力和它的器官是相同的，只是它们的本质不同""进行感知的东西是量之中的某种形式或能力"（424a27）——"身体器官中的感知灵魂"。此外，亚里士多德在使用"接受可感形式"这个描述时在感觉能力和身体器官之间任意切换（425b24，426b33），似乎他并不认为说感知灵魂接受可感形式和说感觉器官接受可感形式有什么不同。这意味着424a17-18的这个描述既适用于身体器官也适用于感知灵魂，我们在上文中已经注意到了这一点。这是因为感知活动的"恰当的主体"是"在身体器官之中的感知灵魂"，即灵魂与身体的复合物。所以，"$τὸ\ δεκτιὸν\ τῶν\ αἰσθητῶν\ εἰδῶν\ ἄνευ\ τῆς\ ὕλης$"并不单单是对感知的"质料方面"或者"形式方面"的刻画，而是已经包含了两者，应当说这是对感知本身的刻画。我们的理由主要有以下几个方面。

首先，感官接受可感性质的特殊运动是由感知灵魂（能力）在身体器官中产生的，更准确地说，感知是灵魂和身体器官的"协同效果"；倘若感知灵魂不存在，这种特殊的运动便不会发生，另外，倘若身体器官不合适，这种运动也不会发生。亚里士多德在第十二章的后半部分用植物与空气的例子来说明。植物为什么无法感知？尽管它也拥有部分灵魂，即营养灵魂，尽管植物也能够被可感对象作用，例如它可以被加热——但为何它无法察觉到热？亚里士多德说："这里的解释是植物没有中间值，也没有在它们自身之中能够接受可感形式的原则，而是与它们的质料一起被作用。"（《论灵魂》，424b1-3）我们在上文中已经指出"一株植物变热"是普通的偶性变化，即植物的质料"例示"了热这种性质。它们不能像动物一样感知到热，一方面是因为它们没有感知器官——即植物没有"中间值"（$\mu\varepsilon\sigma\acute{o}\tau\eta\tau\alpha$），冷和热是通过触觉器官感知到的，亚里士多德认为触觉器官（一般是肉）有自身的特定的温度，而这个温度值处于冷与热的两个极端之间，唯有如此，触觉器官才能受到冷或热的特殊作用并由此产生感知；另一方面，植物没有感知灵魂，因而缺少产生"接受可感性质，但不以可感物的质料那样接受可感性质"的这种特殊运动的原则，而这个原则是产生感知的首要前提。任何不包含感知灵魂的存在者都不可能产生感知活动，空气能够被气味作用而产生变化（《论灵魂》，424b11），例如空气变香了，但这是普通的偶性变化，空气不能感知到香味，因为它没有感知灵魂。因此，感知灵魂和相应的身体器官是产生感知的必要条件，因为即便可感对象和中介物都是存在的和适宜的，但它们作用的对象不是"在身体器官中的感知灵魂"，那么"接受可感形式"的特殊运动便不会发生，最多只能产生普通的偶性变化。在这个意义上，感知灵魂和器官是感知活动的原因，当感知被描述为"接受可感形式"的特殊运动时，它已经包含了形式和质料两个部分，只不过它们不是感知活动的"构成部分"，而是产生它的两个内在原因。

但这两个原因的本体论地位并不相同：感知灵魂是首要的原因，而身体器官是辅助性原因。因为器官是实现灵魂活动的"工具"，换言之，器官是为了如此这般的灵魂活动而存在的，它们的特征和物质构成是由感知灵魂决定的。譬如，亚里士多德认为视觉器官（即眼睛）必须是透明的，这样它才能够接受所有的颜色；听觉器官必须是无声的，这样它才能够接受所有的声音；触觉器官必须处于温度值的中间，这样它才能够接受冷和热。因此，"感官接受可感性质的运动"已然预设了感知灵魂的作用，或者说感知灵魂规定了具有什么特征的感官在受到可感对象作用时会进行这种特殊的运动。

其次，亚里士多德在第十二章的末尾指出感知不是器官接受可感性质的运动之外的东西，而就是它本身。他问道："除了（παρά）被有气味的东西作用，嗅觉还是什么？难道不是空气被快速作用时变得可感，而嗅觉也（καί）是察觉（感知）吗？"①这个句子不必像索拉布其认为的那样意味着嗅觉"部分是被气味作用，部分是别的"，而这个"别的"就是"察觉"或"感知"，②从而"感知"被理解为实现（或随附）在物理运动之中的功能——即物理系统之外的"溢出"。按照索拉布其的意思我们便无法解释为什么空气与植物没有感知：它们也经历了被可感性质作用的物理变化。在这里，"παρά"和"καί"表达的是"器官的被作用同样也是感知"。感觉器官的被作用与空气的被作用之不同在于：前者也是感知活动，而后者只是普通的偶性变化。因此，感知本身就是感官接受可感性质的特殊变化，不多也不少。在这个意义上，我们认为伯恩耶特所说的"感知是感知者和感知对象之间的最基本的作用层次"是正确的，但这里的"感知者"不是灵魂，而是在身体之中的灵魂——即"在质料之中的逻各斯"。

最后，亚里士多德认为，感官接受可感形式的运动不同于一般的偶性变化，它是目的在自身中的活动（ἐνέργεια）。倘若我们将感知（的形式方面）理解为察觉、意识到可感对象的认识活动，那么这恰好是从"目的"的角度来说的，而这个目的就在感官的特殊运动之中——它们是等同的。例如，看的目的就是"看见（红色）"，听的目的就是"听见（声音）"，尝的目的就是"尝到味道"，可以说，"接受可感形式"描述的恰恰是感知活动之目的。《论灵魂》第二卷第五章是这个观点的一个重要的

---

① 由 I. Bekker 编辑的亚里士多德全集希腊文本中省略了连词 καί，持有这种读法的人还包括 M. F. Burnyeat 和 L. A. Kosman。但是 Burnyeat 和 Kosman 恰好得出了相反的观点：前者认为嗅觉就是感知灵魂的察觉，而后者认为嗅觉就是器官的物理运动。这个连词是由 Torstrik 首次纳入《论灵魂》的手稿中的。参看 L. A. Kosman, "Perceiving That We Perceive", *The Philosophical Review*, Vol. 84, 1975, pp. 499–519。

② Sorabji (1992: 221).

文本证据。

亚里士多德在这里指出感知必须区别于一般偶性变化对相对者的替换，它是保存自身的活动，即它是ἐνέργεια。他说："我们在两种意义上使用'感知者'这个词，因为我们说拥有看和听的能力的东西，看见和听见，即便它此时是睡着了的，我们也说正在看和正在听的，看见和听见。因此，感知有两种意义：潜在的和现实的。类似地，感知者也有两种意义：潜在的和现实的。"（《论灵魂》，417a10 – 14）因此，当我们拥有感知能力而不运用它时，我们是潜在地感知；而当我们运用感知能力、进行感知活动时，我们是现实地感知，例如，当我们闭上眼睛进入睡眠，我们就是潜在地看见，而当我们正看见一只红色羽毛的飞鸟，我们就是现实地看见。然而，"拥有感知能力"作为一种潜在性必须区别于另一种潜在性，亚里士多德用"知识"的例子来说明。一个人具有学习语法知识的能力，我们说他是"潜在的知者"，或者一个拥有语法知识的人，我们也说他是"潜在的知者"，而一个正在运用语法知识的人，我们说他是"现实的知者"。这里有两种不同的潜在性："第一潜在性"和"第二潜在性"。拥有第一潜在性的存在者实现潜能的过程是"性质变化"——相对者的替换，并且这个替换过程是可逆的，例如，一个人通过学习获得了语法知识，他从"无知"变成了"有知"；拥有第二潜在性的存在者实现潜能的过程是从未激发的、拥有能力的状态向运用能力和实践的转变，如一个人运用他已拥有的语法知识。因此，第一潜在者和第二潜在者在实现它们的潜能时将产生不同类型的运动：前者是对原有性质的消灭，而后者是对原有潜能的保存；前者是变为与之前相对的状态，而后者是对原有状态的发展和推进。譬如，一块冰冷的石头被太阳加热，石头原先"冷"的性质被"热"的性质取代，现在它已经丧失了变热的潜能。一位数学家运用公式正在计算，他在这个活动中保存了习得的能力并在更完善的意义上作为数学家。

亚里士多德指明"拥有感知能力"是第二潜在性，因为动物在出生的时候就拥有了感知能力和相应的感觉器官，而动物的胚胎具有"第一潜在性"。因此，感知活动是第二潜在性的实现：它是对感知能力的保存以及对自我本性的发展和推进，它必须区别于第一潜在性的实现过程——

一般的偶性变化。①实际上，从"第二潜在性"和"第一潜在性"之不同的角度来区分感知与一般的偶性变化是对运动与其目的之关系的分析。第一潜在性的实现是不完善的运动：它的目的在自身之外，因此目的的达成是对自身的取消②，而第二潜在性的实现是完善的活动：它的目的在自身之内，因此目的的达成亦是对自身的保存。所以，感知是一种完善的活动，而"察觉到"这样的目的就在感官自身的运动之中。

感知是目的在自身之中的活动在《形而上学》Θ卷中有着更为明确的论述。首先，感知作为 ἐνέργεια 与不完善的运动相区分，它们的区别在于是否在自身中拥有目的。亚里士多德说："例如，我们正在看并已经看见，我们正在想并已经懂得，但是，我们正在学习但并未习得，我们正在治疗但并未治愈，而我们正活得好并已经活得好，我们正愉快并已经快乐，……对于这些过程，我们说一类是运动，而另一类是活动。因为任何运动都是不完善的，……我们不能说我们正在行走并已经走完，或者我们正在建造并已经建好，……但是，正在看和看见是一样的，正在想和懂得是一样的。"（《形而上学》，1048b24-34）在这里，感知、思考、生命活动和快乐被认为是活动，它们区别于运动，因为它们的目的在自身之中，它们的过程的每个阶段都是"同质的"、都可以视为对目的的展现，因此过程与目的是同时的和同一的。其次，亚里士多德澄清说运动的目的在自身之外并且它实现在受动者之中，但活动的目的在自身之内并且它实现在活动者之中。他这样说："有些时候，运用或活动（χρῆσις）是最终的东西，例如视觉就是看见，并且在视觉的运用之外没有产生别的东西，但有些时候，（在运用之外）产生了某些东西，例如，从建筑技艺之中产生了房子以及建筑活动，但是，在前一类情形中，活动就是目的的，在后一类情

---

① 我们在这里不同意伯恩耶特区分三种不同类型的变化的观点。在第二卷第五章中，亚里士多德依赖对第一潜在性和第二潜在性的区分，划分了两种不同类型的变化，三种类型的变化的划分并没有充分的文本依据。参看 M. F. Burnyeat, "De Anima II. 5", *Phronesis*, Vol. 47, 2002, pp. 28-90。

② 《物理学》第三卷第一章中说："当潜在者的现实性产生时，运动便发生了，不在这之前也不在这之后。因为每个事物都能够在某时是实现的，而某时不是。例如，可建造的东西，可建造的作为可建造的现实性就是建筑过程，因为这个现实性要么是这个（过程），要么是房子。但是当房子存在时，可建造的东西便不存在了。"（201b7-11）因此，当运动之结果（如房子）存在时，运动自身（如建造过程）便不存在了。

形中，活动比起潜能来更是目的。因为，建筑活动在被建造者之中，它（随着活动一起）被生成为一座房子。当活动之外产生了某物，那么现实性是在受动者之中，例如，建筑活动在被建造者之中，纺织活动在被织造物之中，其他情况也类似，一般而言，运动在受动者之中；当活动之外没有别的产物，那么现实性存在于活动者自身之中，例如视觉活动在看者之中，思想活动在思者之中，生命在灵魂之中。"(《形而上学》，1050a23–36)

因此，感知是完善的活动，它们的目的就在感知者自身的运用之中；"看见""听见""触到""尝到""嗅到"和"察觉到"就是感觉器官接受可感形式的特殊运动。

至此，我们认为《论灵魂》第二卷第十二章开篇将感知描述为"感觉器官接受可感形式，但不以可感物的质料那样（接受可感形式）"就是对感知本身的描述，或者说，尽管亚里士多德并没有使用"定义"这样的语词，但他给出的是一个本质描述。感知是一种特殊的物理运动，也是目的在自身中的活动。

四 结论

在亚里士多德看来，感知是可感对象作用于感知者而在其中产生的效果，这个效果使得感知者与外部的可感对象之间对应起来（correspondence），亚里士多德将其描述为"接受可感形式，但不以可感物的质料那样"。然而，感知者接受可感性质的方式不是在感知灵魂中接受形式，即它不是一种纯粹的精神认知活动，而是发生在感觉器官中的物质运动。另外，感觉器官接受可感性质的运动是一种特殊的物质运动，它们不像一般的性质变化那样是受动者的质料在运动完成之后"例示"推动者的性质，而是在运动的每个环节都展现着目的的活动——感知本身（觉察）就是感官接受可感形式的特殊运动。因此，伯恩耶特的解释正确地把握到了可感对象与感知者之间的直接的原因实在性，但他错误地认为感知活动的主体仅仅是灵魂；而索拉布其虽然正确地认识到感官的物理运动是感知活动的构成部分，但他错误地认为感知是在这种物理运动之外的"精神部分"。

倘若我们事先预设了心灵与物理的绝对的区分，并认为感知属于心灵一边，那么亚里士多德的立场就是难以理解的。实际上，感知是灵魂与身体的共同的活动，它们区别于一般的偶性变化的原因在于感知是由感知灵魂作为内在的原因引起的，但这个原因的直接效果就是器官的运动：感知是"质料化的逻各斯"。所以，在心灵与物理的二分中，我们无法为亚里士多德的感知定位，它既是精神的或心灵的活动，亦是物理运动，因为它是感知灵魂的自我实现，同时又是感官的物理变化。

亚里士多德论理性灵魂的可分离性[*]

田书峰^{**}

摘要：《论灵魂》的第三卷中的第 4—5 章是亚里士多德有关理性灵魂或灵魂的理性能力（*ψυχή νοητική, νοητικόν*）与躯体（包括感觉灵魂与生长灵魂）是否在本体论的意义上可分离（*χωριστός*）的核心文本，本文的研究旨趣并不是要梳理历史上不同注释家关于分离问题的观点，而是意在凭借他们的观点进行问题的阐释。通过深入地分析文本中有关潜能理性（*νοῦς δυνάμει*）和主动理性（*νοῦς ποιητικός*）的分离论证，以及《尼各马克伦理学》和《形而上学》中有关沉思（*θεωρία*）和沉思生活（*βίος θεωρητικός*）的论述，可以得出如下结论：沉思具有个体性以及人的理性与神的理性之间只具有一种非同类的相似性，如此，托马斯·阿奎纳的诠释更为可取。

关键词：理性灵魂；可分离性；潜能理性；主动理性；沉思

一 引言

如何理解理性灵魂或灵魂的理性部分（*ψυχή νοητική, νοητικόν*）与身体和灵魂其他部分可分离（形容词：*χωριστός*；名词：*χωριστός*），或理性灵魂的存在独立于身体或营养与感觉灵魂，一直是一个被后人不断争论的

---

* 原载《哲学与文化》第四十四卷第五期（2017.05），为 2016 年度国家社会科学基金项目"亚里士多德《论灵魂》译注和研究"（批准号：16BZX061）的研究成果之一。

** 作者简介：田书峰（1978— ），北京师范大学哲学学院副教授，主要研究方向为古希腊哲学（尤其亚里士多德哲学）、教父哲学、中世纪亚里士多德主义传统、康德的实践哲学。

问题。亚里士多德本人在《形而上学》和《论灵魂》中都谈到了这个问题，尤其在《论灵魂》中，他更是先后三次提出一定要将这个问题研究清楚。①事实上，他除了在《论灵魂》的第三卷第4—5章中（简称：DA，Ⅲ 4-5）的某些段句式中直接论及理性灵魂的可分离性以外，并没有在其他段落中提及这个问题。正是因为亚里士多德在《论灵魂》中并没有给出一个全面而清晰的解答，才导致在后世先后出现了各种不同的阐释与解读。亚里士多德在 DA Ⅲ 4-5 中将理性分为潜能理性（νοῦς δυνάμει；英文：potential intellect；拉丁文：intellectus possibilis），承受理性（νοῦς ποιητικός；英文：passive intellect；拉丁文：intellectus passivus）和主动理性（νοῦς ποιητικός；英文：active intellect；拉丁文：intellectus agens）。后世争论的焦点主要是针对如何理解理性或主动理性与躯体是可分离的，因为历史上不同时期的评注家和学者对可分离性具有不同的解读。②关于分离，陈康先生、魏婷（Jennifer Whiting）与米勒（Fred D. Miller）都先后提出过不同的类型，③笔者认为，对于人的灵魂中的理性部分，尤其是潜能理性、主动理性与躯体的可分离性来说，最重要的就是本体论意义上的分离，因为，主动理性与躯体、感觉能力和生长能力显然在概念和类别上是可分离的，它与躯体的可分离也不是在空间的意义上，因为这样，它就是具有广延的了。但是，也有学者坚持认为理性灵魂与躯体的可分离是指概念上的分离，而不是本体论意义上的分离，④所以，本文想要解决两个问题：1. 理性灵魂与躯体

---

① 见《论灵魂》第二卷第二章 413b16-24（以下简写为：DAⅡ）；DA Ⅲ 4, 429a10-14；DA Ⅲ 7, 31b16-19。

② 有关历史上不同的评注家对分离的解读见本文的第三、四部分。

③ 陈康先生总结出分离（χωρισμός）具有如下三类不同的表达形式：（Ⅰ）χωριστὸν ἁπλῶς, χωριστὸν τόπῳ, χωριστὰ χρόνῳ, χωριστὸν μεγέθει, χωριστὸν κατὰ μέγεθος,（Ⅱ）χωριστὸν λόγῳ, χωριστὸν κατὰ λόγον, χωριστὸν εἴδει, χωριστὸν τῷ εἶναι,（Ⅲ）χωριστὸν νοήσει。Jennifer Whiting 认为亚里士多德所说的分离可以分为强意和弱意，强意表达的是"independent of"，这主要适用于首要实体与附属体的分离，它是不对称的分离（asymmetrical）；而弱意表达的是"different from"，它表达的是 x 的定义不同于 y，但 y 的定义仍然需要 x，比如红的定义不同于颜色，而颜色的定义需要红，这种分离总是对称的（symmetrical）。Fred D. Miller 则认为亚里士多德所说的分离主要可以分为如下四种：本体论分离（ontological separation）、定义分离（definitional separation）、空间分离（spatial separation）和类别分离（taxonomical separation）。见 Fred D. Miller, Jr., "Aristotle on the Separability of Mind", *The Oxford Handbook of Aristotle*, Christopher Shields, ed., Oxford: Oxford University Press, 2012, pp. 306-342。

④ 见本文第三部分及以下。

是在本体论意义上还是在概念上可分离？2. 人的理性属于个体灵魂的一部分与躯体可分离，抑或是就等同于神性的理性自身？

二 Χωριστός（分离）的不同含义

亚里士多德并不是第一位在哲学史上使用"χωριστός"术语的哲学家，在前苏格拉底哲学家，特别是在苏格拉底和柏拉图那里，这个词是他们用来陈述自己的形而上学和认识论等哲学思想时，所不可回避的一个术语。若追溯"Χωριστός"一词出现的语境或它背后所隐含的问题表述，巴门尼德就已经在该词的原始意义上使用它，即真理之路（ἀλήθεια）引导我们走向有关实是和单一（Sein und Einheit）的知识，而意见之路（δόξα）则引向有关生成和杂多（Werden und Vielheit）的知识。通过理性把握到的实是和单一与通过感觉获得的生成与杂多是不同的，前者与后者分离。①苏格拉底同样地寻求普遍（καθόλου），埃利亚学派则将实是与生成区分开来。而真正将那些可被普遍地谓述之实体与可感实体分离开来的还是柏拉图。在《智者篇》与《巴门尼德斯篇》的第二部分，柏拉图主要集中讨论永恒理念与可感实体可分离的问题。②但是，近来学者对亚里士多德所批判的柏拉图的理念分离学说究竟是何意的问题，看法不一，争论颇多。③无论如何，亚

---

① Siehe, *Die Fragmente der Vorsokratiker*, Erster Band, Kap. 18, Parmenides, Fragm. 1, Vers 28, p. 115 und Fragm. 8, pp. 121 – 122, Hrsg. v. Hermann Diels und Walter Kranz, Berlin: Weidmannsche Buchhandlung 1906.

② 柏拉图的理念包括如下两个命题：1. 理念或者那些可被普遍地谓述的实体（καθόλου λεγομέναι οὐσίαι）是普遍的，与可感实体相分离；2. 分离表示理念具有独立存在的能力。

③ 特任德冷贝格（Trendelenburg），伯尼兹（Bonitz），策勒（Zeller）和纳托颇（Natorp）都认为，亚里士多德所说的 παρά τά αἰσθητά 中的 παρά 就是暗示了柏拉图的分离学说，是对柏拉图的理念与可感实体相分离的批判，παρά 正是 χωρισμός 的标记，而那些讲述理念的人（οἱ ἰδέας λέγοντες）就是指的柏拉图。但陈康先生在他的博士论文《亚里士多德论分离问题》（*Das Chorismos - Problem bei Aristoteles*）中反对这种传统的看法，他认为，παρά 并不是柏拉图的分离学说的暗示，因为亚里士多德在提出分离问题的文本中并没有对柏拉图点名道姓，有可能是针对那些以柏拉图学说为基础而发展出自己的分离学说的哲学家。亚里士多德使用 παρά 只是要清楚地表明，理念是不同于可感实体的另外一种存在，至于前者与后者是否相分离则闭口不谈。陈康先生做出如下惊人的结论：亚里士多德在有关实体可否分离的问题上并不是柏拉图的反对者，而是柏拉图的继承者，因为他对分离问题的基本看法是建立在柏拉图的哲学基础上的。见 Chen Chung - Hwan, *Das Chorismos - Problem bei Aristoteles*, Doktordissertation, Einleitung, Berlin, 1940, S. 1 – 10; S. 170 – 179。

里士多德批判柏拉图的理念说的焦点是,将理念视作普遍的自足自在的实体是有问题的,[①] 因为按照亚里士多德的形式质料说(Hylemorphismus),理念在概念上可以与质料分离,但在本体论的意义上二者不能分离。但是亚里士多德本人在《形而上学》和《论灵魂》中又多次谈到分离,尤其在 Metaph. Ⅶ 1.1029a27 中,将"χωρισμός"看作是实体的必备条件之一。亚里士多德这里所说的分离是指实体与实体可以独立地存在,即他在 Metaph. Ⅻ 1.1069a30 – 35 中所说的三种不同的实体彼此可以独立地存在,[②]人的灵魂属于这三种实体中的哪一种呢? 如若灵魂与躯体不可分,那么它就是属于物理学的研究对象,但是,亚里士多德在 DA Ⅲ 4 – 5 中却说潜能理性是不与躯体掺混($\dot{\alpha}\mu\iota\gamma\dot{\eta}\varsigma$)的,且具有非承受性($\dot{\alpha}\pi\dot{\alpha}\theta\varepsilon\iota\alpha$),因此是可分离的,而主动理性则更是在绝对的意义上与躯体可分离,它是永恒不死的。这样,人的理性灵魂似乎更属于第一哲学或神学的研究对象,即理性灵魂是在本体论的意义上与躯体可分离。但是,接下来的问题是,这种分离是指一种内在的分离还是外在的分离呢? 因为按照内在分离说,理性部分作为个体灵魂的一部分而与躯体相分离;而按照外在分离说,不死的理性部分就等同于永恒的神性理性自身。[③]接下来,我们以 DA Ⅲ 4 – 5 章为基础,来具体分析上述两个问题。

二 《论灵魂》中的分离论证

亚里士多德在 DA Ⅲ 4 的开始部分就提出理性灵魂能否与身体分离的

[①] Fine, Hardie 和 Irwin 都认为,亚里士多德批判柏拉图的分离学说的矛头是指向理念独立存在的能力;而另外一些学者则认为,比如 Mabbott 与 Morrison,分离是指理念与可感实体在数目上不同;又有人认为包括这两者,如 Allen。Spellman 则认为,亚里士多德在批判柏拉图的分离学说时所意指的并不是独立存在的能力(capacity for independent existence),而是理念在数字上与可感实体的不一致性(numerical distinctness of the Forms from the sensible substances)。既然所有在数字上不同的实体,都是个别的实体,那将导致可感实体的形式的不可知性(unknowability)。参看 Spellman, L., *Substance and Separation in Aristotle*, Cambridge: Cambridge University Press, 1995, pp. 5 – 20。

[②] 这三种实体是指被推动的与质料不可分离可感实体(物理学的研究对象)、不被推动的但与质料不可分离的实体(数学的研究对象)、不被推动的且与质料可分离的永恒的不可感实体(第一哲学或神学的研究对象)。

[③] 对于这个问题的论述,见本文第三、四部分。

问题,并将如何解决这个问题看作是接下来要探究的主题。

  关于灵魂用来进行认识和理解($γιγνώσκει\ καὶ\ φρονεῖ$)的部分,它或是可分离的,或是在空间上是不可分离的,只是在定义上可以分离,我们必须探究什么将这一部分区别出来和理性思考($νοεῖν$)是怎么一回事。(DA Ⅲ 4.429a10 – 14)

值得我们注意的是,在这里,亚里士多德只是谈及理性灵魂可否分离,在 DA Ⅱ 2, 413b16 – 24 中,他提出灵魂的其他不同部分是否彼此在空间和定义上可分离。他举例提到不同的植物和昆虫,有些被分开后,每一部分都能继续存活,这就是说每一被分开的部分都具有全部的营养灵魂或感觉灵魂。这表明感觉、运动、想象和欲求等能力在空间和本体论的意义上并不可分,它们只是在种类和定义上可分。而关于理性能力,他说道:

  关于理性和沉思的能力($περὶ\ τοῦ\ νοῦ\ καὶ\ τῆς\ θεωρητικῆς\ δυνάμεως$),情况却并不清晰,它像是另外一种灵魂,仅仅它能分离存在($χωρίζεσθαι$),就如永恒事物与消逝事物相分离一样。(DA Ⅱ 2.413b24 – 27)

在这里,理性灵魂能够独立存在被当作一种结论提出来,而没有对其进行任何哲学上的论证。事实上,亚里士多德在 DA 中的第二卷中除了在 DA Ⅱ 1, 413a4 – 9 以外并没有对理性灵魂的可分离性进行任何哲学说明。但是如果我们仔细分析他的哲学论证,不但没有解决问题,反而给问题增加了更多疑云。

  因此,灵魂或灵魂的某些部分并不能与身体相分离,这一点是显而易见的;因为在一些情况下,某些灵魂部分的自我实现($ἐντελέχεια$;德文:Selbstvollbringung;英文:actuality)属于某些躯体部分的自我实现。但是没有什么能够阻止某些部分是可以分离存在的,因为它们根本就不是躯体的自我实现($διὰ\ τὸ\ μηθενὸς\ εἶναι\ σώματος\ ἐντελεχείας$)。再者,灵魂作为躯体的自我实现是否就像舵手是船舶的自我实现那样,对这一点并不清楚。(DA Ⅱ 1.413a3 – 9)

如何来理解灵魂的有些部分不是躯体的自我实现（ἐντελέχεια）？如果灵魂的某些部分不是躯体的自我实现，那么这似乎与亚里士多德在 DA Ⅱ 1 的灵魂定义——灵魂是潜能地具有生命的躯体的第一自我实现相矛盾。①关于这一点，亚里士多德在 DA Ⅲ 4-5 中才真正展开了论述。在第 4 章中，亚里士多德认为潜能理性因其非承受性（ἀπαθές）、非掺混性（ἀμιγῆ）和能接受各种形式的可能性与身体分离（χωριστός）；另外，就如事物可以和质料分离，同样有关理性的事物也可以分离。但是，在第 5 章中，他却在理性中做出区分，一种是被动理性或承受理性，一种是主动理性；承受理性会随着身体的消亡而消亡，但主动理性则是永恒不灭的，它按其"实体"（τῇ οὐσίᾳ）来说就是现实活动（ὢν ἐνέργεια）。主动理性的提出将分离性问题变得更加复杂起来。

三　潜能理性（νοῦς δυνάμει）的可分离性②

关于理性灵魂与躯体的分离是本体论意义上的分离还是概念上的分离，现当代的专家学者们的意见不一。③魏丁（Michael Wedin）在自己的力

---

① 所以，灵魂是潜能地具有生命的自然躯体的第一自我实现（DA Ⅱ 1, 412a27-28）。"διὸ ἡ ψυχή ἐστιν ἐντελέχεια ἡ πρώτη σώματος φυσικοῦ δυνάμει ζωὴν ἔχοντος."

② 笔者在这里将"νοῦς δυνάμει"翻译为"潜能理性"，是基于 DA Ⅲ 4, 429a28-29。他说，灵魂是所有形式的处所，但这里所说的灵魂只是指理性灵魂，它不是在现实的意义上是形式，而只是在潜能的意义上是形式（οὔτε ἐντελεχείᾳ ἀλλὰ δυνάμει τὰ εἴδη）。后来拉丁世界的评注者们遂用 intellectus materialis 或 intellectus possibilis 来表达 νοῦς δυνάμει。其实，按照原文，应该翻译为在潜能意义上的理性。在潜能意义上的理性是特指人的理性，而相对于没有潜能的神的理性，人的理性是潜能性理性。

③ 如果亚里士多德所说的理性灵魂与躯体的分离是本体意义上的强意分离，即理性灵魂的存在是独立的，不受躯体生死的限制，是不同于躯体的另外一种独立实体，但是问题是，这样的强意分离将会导致一种笛卡尔式的二元论吗？对于这个问题，罗宾逊（Howard Robinson）和海纳曼（Robert Heinaman）就认为 DA Ⅲ 4-5 其实就是二元论的有力代言（endorsement），参看 Robinson, H., "Aristotelian Dualism", *Oxford Studies in Ancient Philosophy*, Vol. 1, 1983, pp. 123-144; Howard Robinson, "Mind and Body in Aristotle", *Classical Quarterly*, Vol. 28, 1978, pp. 105-161. 而维尔科斯（K. V. Wilkes）则认为亚里士多德所说的理性灵魂的可分离性是本体论意义上的，而笛卡尔式的 res extensa 和 res cogitans 的二元对立是认识论意义上的。他通过比较亚里士多德的 ψυχή（灵魂）与笛卡尔的 mens（心灵或心智）认为，ψυχή 在很多方面比 mens 更能解释许多问题。见 Wilkes, K. V., "Psuchē versus the Mind", *Essays on Aristotle's De Anima*, Amelie Oksenberg Rorty & Martha C. Nussbaum eds., Oxford: Clarendon Press, 1992, pp. 110-128。

作《亚里士多德论心灵与想象》中强力捍卫一种定义上的弱意分离。①他认为，这里的分离论证应在亚里士多德的形式质料说（hylemorphism）的基本框架中来理解，并且应该将其放置到《物理学》的大背景下来审视，②即理性与身体分离只是表明它没有专门的物理结构，但是，理性作为一种较高的认识能力仍然需要较低的认识能力，尤其是想象能力。③对于魏丁来说，理性与躯体可分只是表示它不能在身体结构中实现自身，而且它作为一种较高的认识功能仍然需要某种身体器官的实现。魏丁对亚里士多德的理性分离学说所做出的质料性阐释遭到麦基（Magee）和布佘（Busche, H.）的强烈反对。④麦基认为还有另外一种本体意义上的分离，即理性灵魂与躯体分离并不表示它是一种在其自身独立的实体，或理性只是在一种偶性的意义上与身体相连，理性的认识功能来自灵魂的一种能力，它的运作并不是同时是某个身体部分的运作。⑤为了更好地论述这个问题，我们将 DA Ⅲ 4 中有关潜能理性是可分离的结论引述如下：

a. "因为感觉能力不能独立于躯体（οὐκ ἄνευ σώματος），而理性则可以分离（ὁ δὲ χώριστος）。"（DA Ⅲ 4, 429b4 – 5）

b. "普遍来说，就如事物可以和质料分离，同样地那些与理性有关的事物也是这样（τὰ περὶ τὸν νοῦν）。"（DA Ⅲ 4, 429b21 – 22）

首先，我们在 DA Ⅲ 4 的结论（a 与 b）中，并不能确定亚里士多德所说的理性和与理性相关的事物究竟意指何种理性？而理性可以与躯体分离又意指何种分离？从 DA Ⅲ 4 中所讨论的主题来看，这里应该是指潜能理性，尽管亚里士多德并没有明说是"潜能理性可以与躯体分离"。在得出结论之前，亚里士多德首先接受了阿那克萨戈拉所说的理性的几个特性，即可分离性（χωριστός）、非承受性（ἀπάθεια）和非掺混性（ἀ μιγ

---

① Wedin, M., *Mind and Imagination in Aristotle*, New Haven: Yale University Press, 1988, p. 113.

② 在《形而上学》VI 1, 1026a5 – 6 中，亚里士多德写道："很明显，去研究一种确定的灵魂，即并不是没有质料的部分，这是研究物理学的人的任务。"

③ Wedin (1988: 116).

④ Busche, H., *Die Seele als System, Aristoteles' Wissenschaft von der Psyche*, Hamburg: Felix Meiner Verlag, 2001, S. 132 – 146.

⑤ Magee, M. M., *Unmixing the intellect, Aristotle on Cognitive Powers and Bodily Organs*, Westport: Greenwood Press, 2003, pp. 28 – 29.

ῆς）。他说：

> 因为理性能够思想一切（πάντα νοεῖ），就如阿纳克萨格拉所说的，为了能够居于支配地位（κρατῇ），就是说为了能够认识（γνωρίζῃ），所以它应当不具有混合性（ἀμιγῆ）；且如果理性的形式出现，那么任何相异的形式（τὸ ἀλλότριον）都会阻遏和妨碍它。因此，理性除了接受能力外（δύνατον），并无其他本性……任何所谓的灵魂的理性——我称理性为灵魂用来进行思考和判断的能力——在进行思想活动之前（πρὶν νοεῖν），并不属于现实性的存在（οὐθέν ἐστιν ἐνεργείᾳ τῶν ὄντων），因此，可以理所当然地说，它与躯体混合一起是没有道理的（DA Ⅲ 4.429a18－25）。

因为认识就是理性接受认识对象的形式，或与认识对象的形式同化或产生同一性，所以，如果理性能思考一切存在，即一切可知之物（intelligibles）都潜能地可被理性认识，那么就是说，理性可以接受一切认识对象的形式。但是，如果理性自身具有某种形式（现实性）的话，那么，这会妨碍或阻遏它接受所有的认识对象的形式。理性在进行认识之前，并不属于任何现实性的存在，因此，它的本性就是潜能性或接受性，自身不具有任何现实性的形式。非承受性和非混合性也是潜能理性的特性，不与躯体相混合，是因为它并不是任何躯体部位或身体器官的功能，如果那样，它就会具有躯体的特性了，比如发热或发凉。虽然理性和感官都具有非承受性，但二者的非承受性并不一样，按照托马斯·阿奎那的看法，感官虽然不是在其自身的意义上（per se）承受变化，但是却是在偶有的意义上（per accidens）承受变化，感官的和谐会被可感之物的过度声响和光亮等所破坏，但是，理性不但在其自身的意义上，而且在偶有的意义上都不承受任何实质变化。①那么，基于这三种特性，理性可以与躯体相分离到底意指何种分离呢？对这个问题，历来争论颇多。其中，最大争论发生在以托马斯·阿奎纳为代表的天主教的注释传统与以阿维洛伊（Aver-

---

① Thomas Aquinas, *A Commentary on Aristotle's De anima*, Robert Pasnau trans., New Haven & London: Yale University Press, 1999, p. 348. or No. 690.

roes) 为代表的伊斯兰注释传统之间, 托马斯·阿奎纳认为潜能理性并不是一个独立存在的实体或可分离的实体, 因为它就是每个个体借以拥有理性认知能力的载体, 而结论 a 中所说的分离实际上是指理性不像感觉那样具有一个器官而已。[1]相反, 阿维洛伊认为潜能理性 (也称 intellectus materialis) 与主动理性都具有非质料性 (immaterialitas), 并按其本性与躯体相分离而独立存在[2], 并因此而永恒不灭, 不因认识个体的增加而有所增加, 所有曾被认识的, 将被认识的和正在被认识的都是通过这同一一种认识能力和认识行动。而承受或被动理性有时被他视作与想象或记忆等同, 属于个体存在者[3], 他与记忆和想象联系而获得一些习性知识 (habitual knowledge), 并与躯体相生灭。[4]而潜能理性与主动理性具有超个体性。如何来理解那永恒不灭的超个体的潜能灵魂和个体性的潜能灵魂的区别?[5]问题的症结就在于诠释者对于 χωριστός 的理解不同。潜能理性与躯体分离应该是何种意义上的分离呢? 这里显然不是概念上 (κατὰ λόγον) 和空间上的分离, 但是, 这里的分离也并不如阿维洛伊所说的, 潜能理性能够在躯体之外独立存在。因为还有另外一种本体意义上的分离, 即它不表示一种独立的存在实体, 而只是表达潜能理性并不具有相应的身体器官,

---

[1] Aquinas (1999: 350 or No. 699). "Intellect is called separated because it does not have an organ as a sense does." 忒米修斯也持这种看法, 即认为潜能理性基于其非承受性和非混合性而具有的分离性并不表示独立的存在, 而只是相对于与身体感官不能分离的感觉能力来说, 理性是没有相应的身体器官的。Themistius, *On Aristotle's On the Soul*, Robert B. Todd trans., New York: Cornell University Press, 1996, p. 118, No. 94, 34。但是, 总体说来, 在关于潜能理性、被动理性和主动理性的关系上, 并没有一个非常清晰的看法, 就像 Hans Kurfess 所说的: "潜能理性何去何从的问题是最让人难以理解的问题。"见 Kurfess, Hans, *Zur Geschichte der Erklärung der aristotelischen Lehre vom sog. ΝΟΥΣ ΠΟΙΗΤΙΚΟΣ und ΠΑΘΗΤΙΚΟΣ* (Diss. Tübingen, 1911), S. 24。

[2] Averroes (Ibn Rushd) of Cardoba, *Long Commentary on the De Anima of Aristotle*, translated and with introduction and notes by Richard C. Taylor, Yale University Press, 2009, p. 384、454. See also German edition: Averroes, *über den Intellekt, Auszüge aus seinen drei Kommentaren zu Aristoteles' De anima*, hrsg., übers., eingeleitet und mit Anmerkungen versehen von Davi Wirmer, Herder Verlag, Freiburg im Breisgau, 2008.

[3] Averroes (2009: 452).

[4] Averroes (2009: 453).

[5] 比如, Seidl 就认为潜能理性、主动理性和被动理性都属于同一理性概念的三重表达, 即这三种理性只不过表达同一理性的三种不同的实现阶段。Seidl Horst, *Der Begriff des Intellekts bei Aristoteles im Zusammenhang seiner Hauptschriften*, Meisenheim am Glan, 1971。

但是，这并不表示它能独立于身体器官而存在，为了能发挥作用，它仍然需要建基在感觉功能之上的想象能力。亚里士多德将想象能力（φαντασία）看作是介于理性与感觉之间的一种能力，而想象图像（φαντασμάτα）对于理性灵魂来说就像是感觉之物（αἰσθήματα）对于感觉能力一样，感觉能力如果没有感官事物就不能实现出来，同样地，理性如果没有想象内容或想象图像就不能进行思考：

> 对于具有思考能力的灵魂来说，想象图像就如可感事物（αἰσθήματα）一样。当灵魂肯定某种善或否定某种恶时，她就会避免或欲求它。因此，灵魂如果没有想象图像（φαντάσματα）就不会进行理性的认识活动。（DA Ⅲ 7，431a14-17）

通过文本分析，这里的分离既不是阿维洛伊所说的潜能理性是独立于个体之外而存在的精神实体，也不是魏丁所说的潜能理性只是一种定义上的分离而已，而应该是在相对于感觉能力而言的一种实现意义上的分离，即感觉能力实现的原理与潜能理性实现的原理是不同的，两种不同的实现方式——感觉能力的实现需要相应的感觉器官，而潜能理性的实现则没有相应身体器官，因为如果那样，潜能理性就不能思考万物了，但同时，潜能理性仍然需要建基在感觉能力上的想象能力所提供的去质料性了的可感事物的图像，因为没有这些图像，潜能理性就没有可被认识的对象，就如在漆黑的山洞中，混然无物。

四　主动理性（νοῦς ποιητικός/intellectus agens）的可分离性[①]

有关理性灵魂与躯体的可分离性的争论在有关主动理性的可分离性问题上达到顶峰，围绕主动理性的争论不仅最为激烈和扣人心弦，也最令人费解，是灵魂理论中"最难啃的硬骨头"之一，以至于有人抱怨，亚里

---

① 虽然 νοῦς ποιητικός 的用法并没有完全出现在文本中，但是根据亚里士多德在 DA Ⅲ，430a24-25 中提到的 νοῦς ποιητικός 的用法，可以推断出 νοῦς ποιητικός 是作为它的相对者而出现的。之所以翻译为"主动理性"，而不是"行动理性"或"制造理性"，一是为避免与后面提到的实践理性相混淆，二是为了与旨在创制的技艺科学相区分。

士多德倒不如不写这一段（DA Ⅲ 5）更好。①争论的焦点并不是主动理性是否在本体论的意义上与躯体分离，而是主动理性究竟作为个体性灵魂部分而与躯体可分离，还是等同于非个体性的普遍灵魂或神性理性？下面是有关主动理性与躯体可分离的结论：

c. "这个理性（主动理性）是可分离的（χωριστός），不承受亦不掺杂（ἀπαθής καὶ ἀμιγής），按其实体来说就是现实活动（τῇ οὐσίᾳ ἐνέργεια）。"（DA Ⅲ 5, 430a17 – 18）

d. "在分离中（χωρισθείς），它是其所是，仅仅这个理性是不死而永恒的（ἀθάνατον καὶ ἀΐδιον）。②但是，我们对此并无任何记忆，因为它不具有承受性（ἀπαθές），相反被动理性是可消逝的（παθητικὸς νοῦς φθαρτός），没有这种理性，它就不能思考任何事情。"（DA Ⅲ 5, 430a22 – 25）

结论 c 中提到的这两种特性（ἀπαθής καὶ ἀμιγής）也同样被应用到潜能理性上，有些学者认为，在 DA Ⅲ 4 与 Ⅲ 5 中提到的这两种特性应该有一种递进的关系，因为亚里士多德认为作用者（τό ποιοῦν）比被作用者（τοῦ πάσχοντος）或形式（εἶδος）比质料（ὕλης）更加尊贵（τιμιώτερον），因为前者（作用者和形式）是现实活动（ἐνέργεια），而后者则是潜能（δυνάμις），所以潜能理性与主动理性的可分离性的程度也不一样。③按照亚里士多德的形而上学第九卷第八章中的观点，现实活动无论就定义、实体或时间来说，都更早于潜能。如此，主动理性应该在一种更高的程度上具有可分离性、非质料性、非掺混性，正因为要突出主动理性的这种"在更高的程度上"，亚里士多德在结论 d 中使用了分离的另外一种形式：χωρισθείς，一次性过去时的被动态分词（participle aorist passive），这表示这种分离在某个时间段发生，只有在分离后，主动理性的

---

① Wilkes (1992: 126)."I cannot understand this chapter, and none of the secondary literatures has so far helped me to do so... All the same I have to say that I wish he had never written this chapter."

② 下面是一些英文的不同译文。Richard C. Taylor: "And when it is separate, it is what it is alone and that alone is eternally immortal." D. W. Hamlyn: "In separation it is just what it is, and this alone is eternal and immortal." Robert Passnau: "Separated (intellect) is only that which truly is; And that alone is immortal and everlasting." Mark Shiffman: "Only when separated is this just what it is, and this alone is undying and eternal." 这些不同的译文都强调主动理性在某个时候与躯体分离，而只有在分离之后，主动理性才真正是其所是，只有它才是永恒不死的。

③ Themistius (1996: 131).

原本性才显示出来。如果主动理性在与躯体分离之后才真正是其所是，这就是说，分离后的主动理性才是其存在的常态。但是问题是，那些内在主义者（internalists）认为，主动理性的可分离性发生在此世的个体性灵魂之内，它与个体性灵魂不可分；而外在主义者（externalists）则认为，主动理性彻底与此世的个体性灵魂与躯体相分离，从而等同于非个体性的普遍理性或神性理性。虽然这些内在主义者和外在主义者在后来的诠释传承中又各自具有不同的表达形式，①但是一种基本的争论形式早在漫步学派内就形成了，即在特奥弗拉斯图斯（Theophrastus）和欧德莫斯（Eudemus）之间，前者认为主动理性属于人类本性，②而后者则将主动理性等同于神。③这两种立场的基本对立在后来的阿弗洛蒂西亚斯的亚历山大（Alexander of Aphrodisias）与忒米修斯（Themistius）那里也可以找到。④

在中世纪，这种基本立场的对立愈演愈烈，以至于成为阿维洛伊与托马斯·阿奎纳之间不可调和的极端争论，前者主张理性实体论和理性独一说，而后者则主张理性能力说和理性复多论。托马斯·阿奎纳在《论独一理性——驳阿维洛伊主义者》一书中倾尽论证之能事来反驳阿维洛伊有关理性的学说，甚至得出如下惊人的结论："阿维洛伊并不是一个漫步学派分子，而是漫步学派哲学的叛徒。"⑤他在引言中这样描述阿维洛伊的理性学说："他断言理智是一种实体（substantia），它脱离身体而独立存在，而不是作为身体的形式（forma）同身体结合在一起的；而且他还

---

① Fred D. Miller 将内在主义者的表达形式总括为三种：（1）主动理性作为个体性理智灵魂的一部分与身体以及其他灵魂部分在本体意义上可分；（2）主动理性作为个体性理智灵魂的一部分与身体只是在定义上可分；（3）包括主动理性和被动理性的整个人类理性在本体意义上与躯体可分。而将外在主义者的表达形式概括为两种：（1）人的主动理性等同于神性理性（神），在本体意义上与个体灵魂和躯体可分；（2）所有人都分享一个共同主动理性，但它并不等同于神性理性（神），在本体意义上与个体性灵魂和躯体可分。见 Fred D. Miller（2012：321）。

② Themistius（1996：107 – 108）.

③ Simplicius, In libros Aristotelis de Anima commentaria, ed. M. Hayduck. Commentaria in Aristotelem Graeca, Vol. IX.（Berlin：1882）. S. 411.

④ Alexander of Aphrodisias, De Anima cum Mantissa and Aporiai kai Luseis, ed. I. Bruns. Supplementum Aristotelicum, vol. ii, pt. 1., Berlin：G. Reimer, 1887, S. 89, 108；Themistius（1996：128）.

⑤ 托马斯·阿奎那：《论独一理智——驳阿维洛伊主义者》（De unitate intellectus contra Averroistas），段德志译，商务印书馆 2015 年版，第二章第 58 节。

主张,这种潜能理性对所有的人都只是一个(unus)。"①这里虽然只谈到潜能理性,但这同样适用于主动理性,因为对于阿维洛伊来说,这两种理性都是脱离躯体与灵魂而能独立存在的精神实体。阿维洛伊基于理性实体论所理解的"分离"是一种理性外在分离说,相反,托马斯·阿奎那基于理性能力说而主张一种理性内在分离说,即他所理解的"脱离"或"分离"并不是指理性是能够脱离灵魂而独立存在的精神实体,而是说,理性灵魂作为身体的本质形式(substantial form)不会随着身体的消亡而消亡,它仍然在其自身就能进行某些运作(subsistence),人的认识能力至少是超越于身体的器官功能,理性作为灵魂的能力可以和躯体相分离,实体是灵魂,而不是理性。②因为那样,阿维洛伊无论如何都不能解释"这个人在理解"。托马斯·阿奎那在考察了希腊的漫步学派和阿拉伯的漫步学派之后认为,阿维洛伊根本误解了漫步学派的哲学家的思想,因为无论是忒米修斯,还是阿弗洛蒂西亚斯的亚历山大,抑或是阿维森纳(Avicenna, 980—1037)都将理性视为人的灵魂的一种能力,而非是一种外在于作为灵肉复合体的人的某种精神实体,潜能理性和主动理性不是两种独立的理性,而是同一理性在两种不同的条件下的两种状态。托马斯·阿奎那之所以对理性独一论也毫不留情地加以挞伐,是因为它会完全抹杀个体性灵魂的特性,而个体性的灵魂正是基督教中神拯救和惩罚的对象。

五 理性灵魂与亚里士多德的神学

托马斯·阿奎那通过对阿维洛伊的批判而极力地维护一种个体性灵魂实体的存在,理性只是个体灵魂的能力,而非实体。按照托马斯·阿奎那的解读,笔者认为,既然灵魂是个体性的,那么,个体灵魂的沉思也具有个体性,但是,个体性的沉思也不完全等同于神的沉思。首先,亚里士多德所说的理性不能等同于神性理性自身。人的理性只是与神性理性相似。在 *EN* X 8 中,亚里士多德提到了"一种确定的相似性"(ὁμοίωμά τι,

---

① 托马斯·阿奎那:《论独一理智——驳阿维洛伊主义者》(*De unitate intellectus contra Averroistas*),段德志译,商务印书馆 2015 年版,引言第 1 节。

② ST Ia, q. 75, a. 2; Coimbra, Liber II, c. 1, q. 2, a. 2, 49. "Inter animas sola intellectiva est subsistens secundo modo. Probatur, quia omnes animae, excepta intellectiva, educuntur de materiae potestate..."

1178b27），而在 *Metaph.* XII 7 中，他认为在人的沉思与神的沉思之间具有程度的不同（μᾶλλον，1072b25f）。笔者认为，基于 πρὸς - ἕν 的同一性，这是指一种非同类上的相似性（non - generische Ähnlichkeit），① ὁμοίωσις 这个概念具有不同的含义，它既可以指在性质上的相似，也可以指在同种类上的相似，但是，还有另外一种非同类上的相似（*Metaph.* V 6. Top. I 17; *EN* I 4, 1096b26 - 29；尤其 *EN* VII 2, 1155b13 - 16），甚至在不同种类的事物上也可以表现出不同的强度的对比（τὸ μᾶλλον καὶ ἧττον）。我们在 *EN* X 8, 1178b7 - 32 和 *Metaph.* XII 7, 1072b14 - 30 中的文本中都不能十分清晰地看出，亚里士多德所说的人与神的沉思是同一种类上的相似（eine Art - Identität）。在 *EN* X 8, 1178b7 中，他提到人的幸福在于某种的沉思活动（θεωρητική τις ἐνέργεια）与在 *EN* X 8, 1178b32 中所说的人的幸福是某种沉思（θεωρία τις），这两处表述的关键在于这里的不定冠词 τις，它代表着沉思活动中的某种特定的一种，但沉思活动可以有不同种，所以亚里士多德之前说，理性只是在一种相对的意义上具有神性（1177b30f）。在 *Metaph.* XII 7, 1072b14 - 30 中，第一实体或首要原则基于它在本体论上的确定性和可分离性而成为在其自身最被可认识的和清楚的，但是，它对于我们的认识能力来说却是离我们最远的。② 按照 *Metaph.* XII 9, 1074b35f 的说法，人的沉思活动借着与沉思的对象的合一也能思考自己本身，但这只是在一种次要的或附带的意义上人的理性沉思自身（αὑτῆς δ' ἐν παρέργῳ），而神的沉思被定义为理性对其自身的沉思（ἡ νόησις νοήσεως νόησις，1074b34f）。如此，人的理性在沉思活动中的自我

---

① Stephan Herzberg 罗列出如下三种不同的对相似性的理解：（1）阿弗洛蒂西亚斯的亚历山大将人的沉思与神的沉思等同，这里的沉思已经不是人格性的沉思；（2）Norman, Kahn 和 Bordt 认为，人的沉思和神的沉思在种类上相似，不同的只是时间和强度；（3）Wedin, Dudley 和 Oehler 却认为人的沉思与神的沉思具有本质上的不同，神的沉思是在一种无限制的和完美的意义上（in einem uneingeschränkten oder vollkommenen Sinn）得到实现的，而人的沉思只是在一种有限而不完美的意义上（in einem eingeschränkten oder unvollkommenen Sinn）得以实现的。笔者在这里赞同 Herzberg 的主张，即一种非同类上的相似，但为理解神的沉思，人的沉思仍然不可或缺。Herzberg, S., *Menschliche und Göttliche Kontemplation, Eine Untersuchung zum bios theoretikos bei Aristoteles*, Heidelberg, 2013, S. 111 - 112。

② 参见《后分析篇》I 2, 71b33 - 72a5；《形而上学》VII 3, 1029b1 - 12；《动物的部分》I 5, 644b25f。

关联性（Selbstbezogenheit）只是附带或间接意义上的，而神的理性在沉思活动中的自我关联性却是在本有的或直接的意义上的（unvermittelt）。

其次，人的理性沉思具有个体性。亚里士多德无论是在《尼各马可伦理学》还是在《形而上学》中都强调沉思生活（$βίος\ θεωρετικός$）是人在今生所能获得的最大的幸福。对亚里士多德来说，幸福（$εὐδαιμονία$）是一个不断求索、反复实践、坚持不懈的努力过程和结果。面对变动不居的尘世，人应该通过不断的练习而获致伦理德性，达到中道，这就是实践智慧（$φρόνεσις$）；在理论沉思方面，他特别强调，人应该尚真求实，在满足了基本的外在的善和身体的善的前提下，能独立而自足地过一种静观的沉思生活（$θεωρία$）。幸福就是符合最为完美和圆满的德性的现实活动（$ἐνέργεια$）。如若理性灵魂并非具有个体性，那么人为何还要在一生中汲汲寻求一种符合德性的生活？为何还倾尽一生之努力以达沉思之高境？不同的个体因其付出的努力之不同，所达到的符合德性的政治生活或沉思生活的程度也就应该不尽相同，如若人的理性沉思并不具有个体性，亚里士多德的整个哲学之努力岂不落空？所以，不管是支持托马斯·阿奎那还是阿维洛伊的解释，都不可避免地承认上述两个事实，人的理性并不等同于神的理性；人的理性沉思具有个体性。

六　结论

这种争论形式直至今日仍然在亚里士多德专家学者们之间进行着，各有所执，莫衷一是。[1]有的学者否定主动理性的本体意义上的分离说，而认为它只在定义上与身体可分[2]，这样的观点已得到反驳；有的学者倾向

---

[1] Zeller, E., *Die Philosophie der Griechen in ihrer geschichtlichen Entwicklung dargestellt*. 2nd edn, Leipzig, Tübingen: Fues, 1856 – 1868, ii/2. 441; Guthrie, W. K. C., *Aristotle*: *An encounter*, vol. 6, A History of Greek Philosophy, Cambridge Univ. Press, 1981, p. 324; Burnyeat, M. F., *Aristotle's Divine Intellect*, Milwaukee: Marquette Univ. Press, 2008, pp. 48 – 52; Pichter, G., *Aristotles' "De Anima"*, Stuttgart, 1992, S. 391.

[2] 参见 Wedin (1988, ch. 5); Hicks, R. D., *Aristotle De Anima*, With Translation, introduction, and notes, Cambridge University Press, 1907, pp. 505 – 6; Caston, V., "Aristotle's two Intellects, A modest Proposal", *Phronesis* 44, pp. 199 – 227; Shields, C., "Intentionality and Isomorphism in Aristotle", *Proceedings of the Boston Area Colloquium in Ancient Philosophy* 11, pp. 307 – 330。

托马斯·阿奎那一边;①有的学者更认可阿维洛伊的诠释。但是,后两种解读方式都有自己的问题。虽然主动理性、承受理性和潜能理性不是三个不同的理性,而是同一理性在不同方面的表达,但托马斯·阿奎那的理性能力说很难解释这同一理性的三个不同方面在同一个个体身上的差异;而阿维洛伊又无法为理性单一论自圆其说,因为他无法解释"这个人在理解"。在这样的情况下,重新回到亚里士多德的哲学文本不失为一种明智之举。通过 *EN* X 8 与 *Metaph.* XII 6-9 的某些段落,我们可以看到个体灵魂的沉思具有个体性,且人的沉思与神的沉思只是一种非同类上的相似性。如此可知,托马斯·阿奎那的解读方式更为可取。

---

① Brentano, F., *The Psychology of Aristotle, in Particular His Doctrine of the Active Intellect*, Trans. R. George, Berkeley: Univ. of California Press, 1977, pp. 106 – 161; Gerson, L. P., *Aristotle and Other Platonists*, Ithaca, New York: Cornell Univ. Press, 2005, ch. 5.

参考文献

一、研究专著、文集

聂敏里:《20 世纪亚里士多德研究文选》,华东师范大学出版社 2010 年版。

宋继杰编:《BEING 与西方哲学传统》,广东人民出版社 2011 年版。

[英]泰勒:《柏拉图——生平及其著作》,谢随知等译,山东人民出版社 1990 年版。

汪子嵩等:《希腊哲学史》第一卷,人民出版社 1997 年版。

先刚:《柏拉图的本原学说》,生活·读书·新知三联书店 2014 年版。

Ackrill, John, *Essays on Plato and Aristotle*, Oxford University Press, 1997.

Allen, R. E. & Furley D. J. eds., *Studies in Presocratic Philosophy*, Vol. 2: *Eleatics and Pluralists*, London: Routledge, 1975.

Annas, Julia, *An Introduction to Plato's* Republic, Oxford: Clarendon Press, 1981.

Barnes, J., M. Schofield, & R. Sorabji eds., *Articles on Aristotle* (Vol. 3: Metaphysics), London: Duckworth, 1979.

Barney, R., *Names and Nature in Plato's Cratylus*, New York and London: Routledge, 2011.

Baxter, T. M. S., *The Cratylus: Plato's Critique of Naming*, Leiden: Brill, 1992.

Bobonich, Christoph, *Plato's Utopia Recast: His Later Ethics and Politics*, Cambridge: Cambridge University Press, 2002.

Brentano, F., *The Psychology of Aristotle*, *in Particular His Doctrine of the*

Active Intellect, R. George trans., Berkeley: University of California Press, 1977.

Burnet, John, *Early Greek Philosophy*, London: A&C Black, 1920.

Burnyeat, M., *A Map of Metaphysics Zeta*, Pittsburgh, Pa.: Mathesis, 2001.

Burnyeat, M. F., *Aristotle's Divine Intellect*, Milwaukee: Marquette University Press, 2008.

Busche, H., *Die Seele als System, Aristoteles' Wissenschaft von der Psyche*, Hamburg: Felix Meiner Verlag, 2001.

Caswell, C. P., *A study of Thumos in Early Greek Poetry*, Leiden: Brill, 1990.

Chen, Chung-Hwan, *Das Chorismos-Problem bei* Aristoteles (Doktordissertation Einleitung), Berlin, 1940.

Cooper, J., *Reason and Emotion: Essays on Ancient Moral Psychology and Ethical Theory*, New Jersey: Princeton University Press, 1999.

Everson, S., *Aristotle on Perception*, Oxford: Clarendon Press, 1997.

Ferrari, G. R. F., *City and Soul in Plato's Republic*, Chicago and London: The University of Chicago Press, 2005.

Fine, G. *Plato on Knowledge and Form: Selected Essays.* Oxford: Clarendon Press, 2003.

Flashar, H. Q. Döring Klaus, *Grundriss der Philosophie der Geschichte (Ueberweg)*. Band 2/1, Zweites Kapitel: *Sokrates, die Sokratiker und die von ihnen begründeten Traditionen*, Basel, 1998.

Fleury, C., *La fin du courage*, Paris: Fayard, 2010.

Fortenbaugh, W., *Aristotle on Emotion. A Contribution to Philosophical Psychology, Rhetoric, Poetics, Politics and Ethics.* London: Duckworth, 2003.

Frede, Michael, *Essays in Ancient Philosophy*, Oxford: Clarendon Press, 1987.

Frère, J., *Les Grecs et le désir de l'Être*, Paris: Les Belles-Lettres, 1981.

Furth, M., *Substance, Form and Psyche: An Aristotelean Metaphysics*, Cambridge: Cambridge University Press, 1988.

Gerson, L. P., *Aristotle and Other Platonists*, Ithaca, New York: Cornell University Press, 2005.

Granger, H., *Aristotle's Idea of the Soul*, Kluwer Academic Publishers, 1996.

Guthrie, W. K. C., *Aristotle: An encounter* (Vol. 6 A History of Greek Philosophy), Cambridge: Cambridge University Press, 1981.

Hamlyn, D. W., *Sensation and Perception: A History of the Philosophy of Perception*, London: Routledge, 1961.

Herzberg, S., *Menschliche und Göttliche Kontemplation: Eine Untersuchung zum bios theoretikos bei Aristoteles*, Heidelberg, 2013.

Höffe, Otfried (Hrsg.), *Aristoteles - Lexikon*, Alfred Kröner Verlag Stuttgart, 2005.

Horn, Christoph & Rapp, Christof, *Wörterbuch der antiken Philosophie*, München: Verlag C. H. Beck oHG, 2002.

Irwin, T. H., *Aristotle's First Principles*, Oxford: Clarendon Press, 1988.

Irwin, T. H., *Plato's Ethics*, New York & Oxford: Oxford University Press, 1995.

Jaulin, A., *Eidos et Ousia*, Paris: Klincksieck, 1999.

Johansen, T. K., *Aristotle on Sense Organs*, Cambridge: Cambridge University Press, 1998.

Lear, J., *The Desire to Understand Aristotle*, Cambridge: Cambridge University Press, 1988.

Lutoslawski, W, *The origin and Growth of Plato's Logic: With an Account of Plato's Style and the Chronology of His Writing*, Longmas, Green and Company, 1897.

Magee, M., *Unmixing the intellect, Aristotle on Cognitive Powers and Bodily Organs*, Westport: Greenwood Press, 2003.

Minio - Paluello, Lorenzo, *Categoriae et Liber de interpretatione*, New York: Oxford University Press, 1949.

Renaut, O., *Platon, La médiation des émotions, L'éducation du thymos dans les dialogues*, Paris: J. Vrin, 2014.

Pichter, G., *Aristotle's "De Anima"*, Stuttgart, 1992.

Polansky R., *Aristotle's De anima*, New York: Cambridge University Press, 2007.

Roochnik, David, *Beautiful City: The Dialectical Character of Plato's "Republic"*, Ithaca and London: Cornell University Press, 2003.

Rorty, A. O. & Nussbaum M. eds., *Essays on Aristotle's De Anima*, Oxford: Clarendon Press, 1992.

Ross, W. D., *Aristotle*, Oxford: Clarendon Press, 1987.

Seidl, Horst, *Der Begriff des Intellekts bei Aristoteles im Zusammenhang seiner Hauptschriften*, Meisenheim am Glan, 1971.

Shorey, Paul, *What Plato Said*, Chicago: Chicago University Press, 1965.

Spellman, L., *Substance and Separation in Aristotle*, Cambridge: Cambridge University Press, 1995.

Stanley, Rosen, *Plato's Republic: A Study*, New Haven & London: Yale University Press, 2005.

Strauss, Leo, *The City and Man*, Chicago: Chicago University Press, 1964.

Taylor, A. E., *Plato: The Man and his Work*, London: Methuen, 1956.

Vogt, K. M., *Belief and Truth: A Skeptic Reading of Plato*, Oxford: Oxford University Press, 2012.

Wedin, M. V., *Aristotle's Theory of Substance: The Categories and Metaphysics Zeta*, Oxford: Oxford University Press, 2000.

Wedin, M., *Mind and Imagination in Aristotle*, New Haven: Yale University Press, 1988.

White, Nicholas, *A Companion to Plato's Republic*, Oxford: Basil Blackwell, 1979.

Yu, J. (余纪元), *The Structure of Being in Aristotle's Metaphysics*, Kluwer Academic Publishers, 2003.

Zeller, E., *Die Philosophie der Griechen in ihrer geschichtlichen Entwicklung dargestellt.* 2nd edn. Leipzig, Tübingen: Fues., 1856–1868.

二、论文

贝勒葛兰:《亚里士多德：一种生物政治学?》,《欧洲评论》, 2014（春季号）, 第37—56页。

簀益民:《对亚里士多德知觉理论的三种解读》,《云南大学学报》

(社会科学版) 2009 年第 1 期。

宋继杰:《柏拉图〈克拉底鲁篇〉中的 Nomos – Phusis 之辩》,《世界哲学》2014 年第 6 期。

先刚:《试析柏拉图的"辩证法"概念》,《云南大学学报》(社会科学版) 2013 年第 2 期。

余继元:《亚里士多德论 ON》,《哲学研究》1995 年第 4 期。

詹文杰:《论苏格拉底的无知与有知》,《哲学研究》2015 年第 8 期。

Bernard, Williams, "The Analogy of City and Soul in Plato's Republic", *Exegesis and Argument: Studies in Greek Philosophy Presented to Gregory Vlastos*, ed. E. N. Lee etc., Assen: Van Gorcum, 1973, pp. 196 – 206.

Blössner, Norbert, "The City – Soul Analogy", *The Cambridge Companion to Plato's Republic*, G. R. F. Ferrari ed., Cambridge: Cambridge University Press, 2007, pp. 345 – 385.

Burnyeat, M. F., "De Anima II. 5", *Phronesis* 47, 2002, pp. 28 – 90.

Burnyeat, M. F., "Utopia and Fantasy: The Practicability of Plato's Ideally Just City", *Plato 2: Ethics, Politics, Religion, and the Soul*, Fine G., ed., Oxford: Oxford University Press, 1999, pp. 175 – 187.

Burnyeat, M. F., "Is an Aristotelian Philosophy of Mind Still Credible?" *Essays on Aristotle's De Anima*, A. O. Rorty and M. Nussbaum ed., Oxford: Clarendon Press, 1992, pp. 18 – 29.

Burnyeat, M. F., "Socrates and the Jury", *Proceedings of the Aristotelian Society*, Supplementary Volume 54, 1980, pp. 173 – 191.

Calvert, B., "Forms and Flux in Plato's *Cratylus*", *Phronesis* 15, 1970, pp. 26 – 47.

Caston, Victor, "The Spirit and The Letter, in *Metaphysics, Soul, and Ethics*", *Ancient Thought: Themes from the Work of Sorabji*, Ricardo Sellars ed., Oxford: Clarendon Press, 2005, pp. 245 – 232.

Caston, V., "Aristotle's two Intellects, A modest Proposal", *Phronesis* 44, 1999, pp. 199 – 227.

Caston, Victor, "Ephiphenomenalism, Anciet and Modern", *The Philosophical Review* 106, 1997, pp. 309 – 363.

Cohen, Sheldon M., "St. Thomas Aquinas on the Immaterial Reception of Sensible Forms", *The Philosophical Review* 91, 1982, pp. 193 – 209.

Chen, L. C. H., "Onomatopoeia in Plato's *Cratylus*", *Apeiron* 16, 1982, pp. 86 – 101.

Cooper, J. M., "The Psychology of Justice in Plato", *American Philosophical Quarterly* 14, 1977, pp. 151 – 157.

Ferrari, G. R. F., "The Three – Part Soul", *The Cambridge Companion to Plato's Republic*, Ferrari ed., Cambridge: Cambridge University Press, 2007, pp. 165 – 201.

Frede, M., "Introduction", *Aristotle's* Metaphysics *Lambda*, Michael Frede & David Charles eds., Oxford: Oxford University Press, 2000, pp. 1 – 52.

Frede, Michael, "The Unity of General and Special Metaphysics: Aristotle's Conception of Metaphysics", *Essays in Ancient Philosophy*, Michael Frede, ed., Oxford: Clarendon Press, 1987, pp. 81 – 98.

Frede, Michael, "Individuals in Aristotle", *Essays on Ancient Philosophy*, M. Frede ed., Oxford: Clarendon Press, 1987, pp. 49 – 71.

Frede, M., "Substance in Aristotle", *Essays in Ancient Philosophy*, M. Frede ed., Oxford: Clarendon Press, 1987, pp. 72 – 80.

Gill, Mary Louise, "Aristotle's *Metaphysics* Reconsidered", *Journal of the History of Philosophy* 43, 2005, pp. 223 – 251.

Gold, J. B., "The Ambiguity of 'Name' in Plato's '*Cratylus*'", *Philosophical Studies* 34, 1978, pp. 223 – 251.

Heidel, W. A., "Qualitative Change in Pre – Socratic Philosophy", *Archiv für Geschichte der Philosophie* 19, pp. 1906, 337 – 379.

Höffe, "Zur Analogie von Individuum und Polis", *Platon: Politeia*, Hrsg. von O. Höffe, Berlin: Academie Verlag, 1997, pp. 69 – 94.

Irwin, Terence, "The Parts of the Soul and the Cardinal Virtues", *Platon: Politeia*, Hrsg. von O. Höffe ed., Berlin: Academie Verlag, 1997, pp. 119 – 139.

Kahn, C., "Language and Ontology in the *Cratylus*", *Exegesis and Argu-*

ment, Lee & Mourelatos & Rorty (eds.), *Phronesis* supp. Vol. 1, 1973, pp. 152 – 176.

Kosman, L. A., "Perceiving That We Perceive", *The Philosophical Review* 84, 1975, pp. 499 – 519.

Kretzmann, N., "Plato on the Correctness of Names", *American Philosophical Quarterly* 8, 1971, pp. 126 – 138.

Lear, Jonathan, "Inside and Outside the *Republic*", *Phronesis* 37, 1992, pp. 184 – 215.

Lord, Carnes, "On the Early History of the Aristotelian Corpus", *The American Journal of Philology* 107, No. 2, Summer, 1986, pp. 137 – 161.

Luce, J. V., "The Theory of Ideas in the *Cratylus*", *Phronesis* 10, 1965, pp. 21 – 36.

Magee, J. M., "Sense Organs and the Activity of Sensation in Aristotle", *Phronesis* 45, 2000, pp. 306 – 330.

Menn, Stephen, "*Metaphysics* Z10 – 16 and the Argument – structure of *Metaphysics* Z", *Oxford Studies in Ancient Philosophy* 21, 2001, pp. 83 – 134.

Miller, Jr. Fred D., "Aristotle on the Separability of Mind", *The Oxford Handbook of Aristotle*, Christopher Shields ed., Oxford: Oxford University Press, 2012, pp. 306 – 342.

Morrison, D. R., "The Utopian Character of Plato's Ideal City", *The Cambridge Companion to Plato's Republic*, G. R. F. Ferrari ed., Cambridge: Cambridge University Press, 2007, pp. 232 – 255.

Modrak, D. K., "Sense Organs: Matter and Function", *Apeiron* 31, 1998, pp. 351 – 362.

Moss, Jessica, "Appearances and Calculations: Plato's Division of the Soul", *Oxford Studies in Ancient Philosophy* 34, 2008, pp. 35 – 68.

Moss, J. "Shame, Pleasure and the Divided Soul", *Oxford Studies in Ancient Philosophy* 29, 2005, pp. 137 – 170.

Penner, T., "Thought and Desire in Plato", *Plato* Vol. 2, G. Vlastos ed., New Jersey: Anchor Paperbacks, 1971, pp. 96 – 118.

Renaut, O., "Le rôle de la partie intermédiaire (thumos) dans la tripartition de l'âme", *Plato*, *The Internet Journal of the International Plato Society*, 2006, No. 6.

Robinson, H., "Aristotelian Dualism", *Oxford Studies in Ancient Philosophy* 1, 1983, pp. 123 – 144.

Robinson, H., "Mind and Body in Aristotle", *Classical Quarterly* 28, 1978, pp. 105 – 161.

Robinson, H., "Prime Matter in Aristotle", *Phronesis* 19, 1974, pp. 168 – 188.

Robinson, Richard., "The Theory of Names in Plato's *Cratylus*", *Revue Internationale de Philosophie* (1955), repr. in Robinson, *Essays in Greek Philosophy*, Oxford: Clarendon Press, 1969, pp. 100 – 117.

Sachs, David, "A Fallacy in Plato's Republic", *Philosophical Review*, 72, 1963, pp. 141 – 158.

Shields, C., "Intentionality and Isomorphism in Aristotle", *Proceedings of the Boston Area Colloquium in Ancient Philosophy* 11, 1995, pp. 307 – 330.

Schlegel, Friedrich, "Von der sokratischen und platonischen Dialektik", *Friedrich Schlegel's Philosophische Vorlesungen aus den Jahren* 1804 *bis* 1806, Hrsg. von C. J. H. Windischmann., Erster Teil. Bonn 1836. ss. 31 – 33.

Sedley, David, "Philosophy, the Forms, and the Art of Ruling", *The Cambridge Companion to Plato's Republic*, G. R. F. Ferrari ed., Cambridge: Cambridge University Press, 2007, pp. 256 – 283.

Smith, Nicholas, "Plato's Analogy of Soul and State", *The Journal of Ethics* 3, 1999, pp. 31 – 49.

Sorabji, R., "Body and Soul in Aristotle", *Philosophy* 49, 1974, pp. 63 – 89.

Sorabji, R., "Intentionality and Physiological Processes: Aristotle's Theory of Sense – Perception", *Essays on Aristotle's De Anima*, A. O. Rorty & M. Nussbaum ed., Oxford: Clarendon Press, 1992, pp. 194 – 227.

Vlastos, Gregory, "Justice and Happiness in the *Republic*", *Platonic Studies*, G. Vlastos ed., Princeton: Princeton University Press, second printing with corrections, 1981, pp. 111 – 139.

Wilkes, K. V., "Psuchē versus the Mind", *Essays on Aristotle's De Anima*, Amelie Oksenberg Rorty & Martha C. Nussbaum eds., Oxford: Oxford University Press, 1992, pp. 110 – 128.

Wilson, J. R. S., "The Argument of Republic IV", *The Philosophical Quarterly*, 26, 1976, pp. 111 – 124.

Wolfsdorf, D. "Plato's Conception of Knowledge", *Classical World* 105, 2011, pp. 57 – 75.

Woodruff, P. "Plato's Early Theory of Knowledge", *Epistemology: Companions to Ancient Thought* 1, Stephen Everson ed., Cambridge: Cambridge University Press, 1990, pp. 60 – 84.

三、原著文献译注和词典

柏拉图:《蒂迈欧篇》,谢文郁译注,上海世纪出版集团2005年版。

柏拉图:《理想国》,顾寿观译,吴天岳校,岳麓书社2010年版。

海德格尔:《存在与时间》修订译本,陈嘉映、王庆节译,熊伟校,陈嘉映修订,生活·读书·新知三联书店2000年版。

海德格尔:《形而上学导论》,熊伟、王庆节译,商务印书馆1996年版。

卢克莱修:《万物本性论》,包利民等译,中国社会科学出版社2004年版。

马克思:《德谟克利特的自然哲学与伊壁鸠鲁的自然哲学的差别》,贺麟译,人民出版社1961年版。

普罗提诺:《九章集》上下卷,石敏敏译,中国社会科学出版社2009年版。

乔治·桑顿:《希腊黄金时代的古代科学》,鲁旭东译,大象出版社2010年版。

斯宾诺莎:《伦理学》,贺麟译,商务印书馆1958年版。

托马斯·阿奎那:《论独一理智——驳阿维洛伊主义者》,段德志译,商务印书馆2015年版。

亚里士多德:《灵魂论及其他》,吴寿彭译,商务印书馆1999年版。

亚里士多德:《形而上学》,李真译,上海人民出版社2005年版。

亚里士多德:《亚里士多德全集》,苗力田主编,中国人民大学出版社 1990—2003 年版。

Ackrill, J. L. , *Aristotle's Categories and De Interpretatione*, Translated with Notes, Oxford: Oxford University Press, 1963.

Alexander of Aphrodisias, *De Anima cum Mantissa* and *Aporiai kai Luseis*, ed. I. Bruns. In Supplementum Aristotelicum, Vol. ii, pt. 1. , Berlin: G. Reimer, 1887.

Aquinas, St. Thomas, *Commentary on Aristotle's De Anima*, K. Foster, and Silvester Humphries trans. , Notre Dame: Dumb OX Books, 1951.

Aquinas, St. Thomas, *A Commentary on Aristotle's De anima*, Robert Pasnau trans. , New Haven & London: Yale University Press, 1999.

Averroes（Ibn Rushd）of Cardoba, *Long Commentary on the De Anima of Aristotle*, translated and with introduction and notes by Richard C. Taylor, New Haven: Yale University Press, 2009.

Barnes, J. ed. , *The Complete Works of Aristotle*, Two Volumes, New Jersey: Princeton University Press, 1984.

Bloom, Alan, *The Republic of Plato*, New York: Basic Books Inc. , 1968 [1991].

Bunnin, N. & Yu, J. , *The Blackwell Dictionary of Western Philosophy*, MA: Blackwell Publishing Ltd, 2004.

Burnet, John, *Platonis Opera* with introduction and notes, Oxford: Clarendon Press, 1900 – 1907.

Cooper, John M. , ed. , *Plato Complete Works*, Indianapolis: Hackett, 1997.

Deleuze et Guattari, *Qu'est – ce que la philosophie*, Paris: Les éditions de Minuit, 1991.

Diels, H. , *Fragmente der Vorsokratiker*, Kap. 18, Parmenides, Fragm. 1, Vers 28 und Fragm. 8. Vers 50 – 52. Hrsg. v. Walter Kranz, Berlin 1959.

Fowler, H. N. trans. , *Plato*, Vol. VI, MA: Harvard University Press 1953.

Frede, M. & Patzig, G. , *Aristoteles, MetaphysikZ'*: Text, Übersetzung und Kommentar, München: Verlag C. H. Beck, 1988.

Freeman, K. , *Ancilla to The Pre – Socratic Philosophers*: A Complete

Translation of the Fragments in Diels, *Fragmente der Vorsokratiker*, Cambridge, MA.: Harvard University Press, 1957.

Hicks, R. D., *Aristotle De Anima with Translation, Introduction and Notes*, Cambridge: Cambridge University Press, 1907.

Jaeger, W., *Aristotelis Metaphysica*, Oxford: Oxford Classical Texts, 1963.

Kirk, Raven & Schofield eds., *The Presocratic Philosophers*, Cambridge: Cambridge University Press, 1983.

Kurfess, Hans, *Zur Geschichte der Erklärung der aristotelischen Lehre vom sog. ΝΟΥΣ ΠΟΙΗΤΙΚΟΣ und ΠΑΘΗΤΙΚΟΣ*, Diss. Tübingen, 1911.

Liddell, H. G. & Scott R., *A Greek – English Lexicon*, revised and augmented throughout by Sir H. S. Jones, with a revised supplement 1996, Oxford: Clarendon Press, 1996.

Reeve, C. D. C., *Plato: Cratylus*, Indianapolis: Hackett, 1998.

Ross, W. D., *Aristotle's Metaphysics*, Vols. 2, Oxford: Oxford University Press, 1924.

Ross, W. D., *Aristotle De Anima*, Oxford: Clarendon Press, 1956.

Ross, W. D., *Aristotle's Physics*, Oxford: Oxford University Press, 1960.

Sedley, D., *Plato's Cratylus*, Cambridge: Cambridge University Press, 2003.

Shields, C., *Aristotle De Anima*, Oxford: Clarendon Press, 2016.

Simplicius, *In libros Aristotelis de Anima commentaria*, ed. M. Hayduck. In Commentaria in Aristotelem Graeca, Vol. IX., Berlin: 1882.

Slings, S. R., *Plato's Respublica*, Oxford: Oxford University Press, 2003.

Szlezák, Thomas Alexander, *Aristoteles Metaphysik*, Berlin: Akademie Verlag GmbH, 2003.

Szlezák, Thomas Alexander, *Aristoteles Metaphysik*, Akademie Verlag GmbH, Berlin, 2003.

Themistius, *On Aristotle's On the Soul*, Robert B trans., Todd, New York: Cornell University Press, 1996.